우제의 운성·신살·통변 12

글_ 이준성 · 김민조

우제의 운성 · 신살 · 통변 12

- 초판인쇄 : 2021년 12월 20일
- 3판인쇄 : 2024년 7월 30일
- 글 : 이준성, 김민조
- 펴낸곳 : 이안애
- 주   소 : 서울 강남구 강남대로 94길 53(역삼동) 화성빌딩 6층
- 전화번호 : 02-713-6207

※ 이책의 판권은 저자에게 있습니다. 이 책 내용의 전부 또는 일부를 재사용하시려면 반드시 저자의 서면 동의를 받아야 합니다.

값 30,000원

서문

 역학에 입문하여 미천한 실력임에도 부끄럽지만, 역학을 새롭게 배우고자 하는 분들을 위해, 또 다른 기초 책을 출판하게 되었다. 사주 명리에 있어서 가장 기초적이고 중요한 음양오행과 천간지지 그리고 이들에 의한 생극제화 등은 선학들의 훌륭한 책들이 많이 출판되어 있다. 그러나 사주팔자의 해석은 이러한 음양오행의 생극제화에 의해서만 이루어지는 것이 아니고 다른 부가적인 요소들도 많은 영향을 미친다.
 사주 명리의 통변법을 크게 나누면 단식법과 복식법이 있다. 복식법은 음양오행의 생극제화로 풀이하는 것이고 단식법은 12운성 12신살 일반 신살 등을 적용하는 것이다. 사주팔자의 간명에 있어서 이렇게 12운성이나 신살 등을 적용하면 사주의 흐름이나 개인의 품성 등 삶과 운명을 좀 더 풍부하고 다양하게 예측하고 표현할 수 있다.
 그동안 나름대로 12운성이나 신살 등을 공부하였으나 이들을 사주 간명에 대입하여 적용하기에는 어려움이 있었고 무언가 부족함을 느꼈다.
물론 이 모든 것이 나의 우둔함에 기인한 것이지만 나름 이런 난제를 풀어보고자 배우는 자세로 기존 책들을 다시 한번 공부하였고 정리해 보았다.
 사실 역학책과 같은 고서(古書)들의 저술은 기존의 책들에서 가장 정확하고 대부분의 역학 인들에 의해 검증되고 인정받은 지식을 찾아 함께 묶어 글 쓰는 것이다. 그러나 이러한 책들을 집필하는 데 있어 어려운 점은 같은 주제에 관하여 기존 책들에 따라 다른 의견을 제시한 경우가 많다는 것이다.

글쓴이의 의견이나 기존의 잘못된 이론을 그대로 답습하여 인용한 경우 등 여러 가지 원인에 의하여 이런 오류가 발생할 수 있다. 이 책에서도 그러한 오류가 있을 수 있으며 그러한 오류를 줄이기 위해 이견(異見)이 있는 주제에 대해서는 가능한 한 많이 인용된 것을 채택하여 제시하였다.

그리고 앎의 깊이와 표현력이 짧아 선학들의 훌륭한 책들을 참고하고 인용하였음을 밝히고 그분들에게 감사드린다.
12운성이나 신살 등에 대하여 나름의 기존 책들을 참고하여 저술하였으나 이들을 실 사주에 대입하여 통변하는 실례가 적어 많은 아쉬움이 있다.
이러한 아쉬움을 조금이라도 채우기 위해 계획에 없던 사주 실례를 마지막 장에 추가하였다. 각 사주의 통변은 12운성이나 신살 위주의 통변이 아니고 일반적인 복식 통변법을 따랐다.

사주 명리의 백미는 통변이다. 음양오행, 천간 지지, 육친 등 각 퍼즐에 대해서는 이해를 하지만 이들 각각의 퍼즐을 조립하여 하나의 이야기를 만들기는 쉽지 않으며 장기간의 역학 공부에도 이것이 제대로 되지 않아 좌절하고 중도 포기하는 경우가 많다고 생각한다.
즉 이것이 역학 공부의 제일 넘기 어려운 마지막 관문이라 할 수 있으며 본인도 마찬가지로 경험하고 느끼고 있다. 이러한 아쉬움을 해결하고자 여러 가지 책들에서 그 해법을 구했으나 만족스럽지가 않았다.
하여 사주 통변에 있어 이러한 아쉬움을 조금이라도 해소하고자 나름의 방식으로 통변을 기술하였으며 가능한 한 실생활에 맞고 재현성이 있도록 정확한 이론적 근거에 따라 풀이하고자 노력하였다.

많은 예는 아니지만, 이들 통변 사례를 열심히 읽고 공부하다 보면 분명 마지막 관문을 넘어 사주 명리 통변에 대한 혜안이 열리리라 생각한다.

이런 통변을 글로 옮기기는 쉬운 일이 아니었으며 김민조 원장님의 조언과 덧붙임이 없었다면 이루어지지 않았을 것이다. 畵龍點睛. 원장님에게 깊은 감사를 드립니다.

어수선함과 코로나로 힘든 신축년의 초겨울, 조그마한 결실이 맺어졌다.

辛丑, 이 작은 결실은 진흙 속의 보석(?)일까 아니면 진흙이 묻은 보석일까?

판단은 내가 할 일이 아니고 독자들의 몫이리라.

진흙이 많이 묻은 보석이라면 깨끗한 물로 씻김을 마다하지 않을터이니 훌륭한 조언을 주시면 감사히 받고 역학 발전에 힘쓰겠다.

삶은 무엇일까? 항상 봄이거나 항상 겨울일까?

역에서의 삶 역시 계절의 흐름이다. 겨울이 되면 봄이 오고 봄이 가면 언젠가 다시 겨울이 온다.

역은 우리의 삶이 겨울인 동안에 봄을 기다리는 희망을 주는 것이 곧 역이 아닐까.

추워지는 겨울, 사주 명리학의 공부에 있어 절망을 느끼는 분들에게 이 책이 조그마한 온기와 희망이 되기를 기대한다.

                        2021. 辛丑 年. 꽃이 진 자리의 작은 열매

                                      佑齊 李 埈 成

서문

인생은 번지점프, 당신의 선택은?

 번지점프. 과연 뛰어내릴 수 있을까? 아니면 구경만 할까? 누군가는 과감히 뛰어내리고, 누군가는 그 모습을 조마조마한 마음으로 바라보기만 한다.
번지점프를 해낸 사람의 마음은 어떨까? 두려운 마음이 앞섰겠지만 뛰어내린 후 해냈다는 자신감에 쾌감마저 느낄 것이다.
하지만 다른 사람은 이 광경을 바라보면서 좌절감을 느낄 수밖에 없다. 상대에게 존경 어린 눈길을 보내면서 말이다. 감히 자신은 도전도 할 수 없다는 패배감에 젖은 채로.
 인생은 번지점프다.
도전할 것이냐, 바라볼 것이냐의 숱한 기로에 서서 누군가는 쾌감을, 누군가는 패배감을 느끼게 된다.
역학이라는 학문도 마찬가지다. 어떤 이는 용감하게 뛰어들겠지만, 어떤 이에게는 자신이 해낼 수 없는 벽처럼 느껴져 주저하기도 한다. 처음 역학에 입문할 때는 두려움이 앞서기 마련이다. 학문의 깊이와 넓이에 압도되고 인생이라는 바다에서 허우적거리는 기분이 들 것이다.
 하지만 막상 점프하고 나면 수많은 사람과의 상담을 통해 번지점프의 도전 높이가 달라진다. 처음 10m에서 시작한 것이, 어느새 50m, 100m, 인생을 해석하는 배짱이 커진다. 우리의 시선도

달라진다. 10m와 100m에서 보는 세상은 천지 차이다. 높이 올라갈수록 더 많은 것이 보일 수밖에 없다.

혼자 뛰어내리기가 두려울 때는 경험치 많은 조교가 힘이 된다. 점프의 경험치가 많은 사람과 함께 끌어안고 뛰어내릴 때 두려움은 반이 된다. 인생에 있어 든든한 조력자를 만나듯이 말이다.

이 책은 점프를 시도하는 이들에게 크나큰 조력자다.
때로는 응원을, 때로는 리드를, 때로는 함께 점프해주는 조력자다. 의학박사인 우제 선생님이 신살에 대한 이론을 집대성했고, 역학 전문가로서 35년여 쌓아온 본인이 공동필자로서 풍부한 임상을 함께 담아 일반인들도 쉽게 이해할 수 있도록 해석했다.
특히 운명에 있어 신살을 어떻게 대입해 볼 것인지 다양한 임상에서 터득한 내용이 이론에 날개를 달아주었다.

우제 선생님의 해박한 이론과 더불어 나의 다양한 상담에서 터득한 지혜가 시너지를 일으킨 이 책은 역학을 공부하는 분 뿐만 아니라 일반인들도 쉽게 이해할 수 있을 것이다.

코로나로 막혀 있던 일상을 이제 위드 코로나로 조금이나마 돌릴 수 있게 되었다.
신상에 막혀 있던 이들이라면, 번지점프대에서 주저주저하고 있었다면 이제 도전을 시도해 보자.
힘차게 뛰어내리는 순간 인생의 바다에서 등불을 발견할 수 있을 것이다.

21년, 초 겨울에 김 민 조

차 례

제1장 : 12운성(十二運星)

1. 12운성(十二運星)의 의미(意味) 15
2. 12운성(十二運星)의 의의(意意) 18
3. 12운성(十二運星) 찾기 20
4. 12운성(十二運星) 대입법 27
5. 12운성(十二運星)의 종류(種類) 33
    1) 절(絶) 33
    2) 태(胎) 38
    3) 양(養) 43
    4) 장생(長生) 47
    5) 목욕(沐浴) 51
    6) 관대(冠帶) 56
    7) 건록(建祿) 61
    8) 제왕(帝旺) 66
    9) 쇠(衰) 72
    10) 병(病) 76
    11) 사(死) 81
    12) 묘(墓) 85
6. 12운성(十二運星)의 응용 90

제 2장 : 12신살(十二神殺)

1. 12신살(十二神殺)의 의미(意味) ················· 103
2. 12신살(十二神殺) 찾기 ······················· 105
3. 12신살(十二神殺)의 의미(意味)와 길흉(吉凶) ······· 109
4. 12신살(十二神殺)의 종류(種類) ················· 111
　　1) 겁살(劫殺) ···························· 111
　　2) 재살(災殺) ···························· 118
　　3) 천살(天殺) ···························· 126
　　4) 지살(地殺) ···························· 131
　　5) 연살(年殺) ···························· 137
　　6) 월살(月殺) ···························· 147
　　7) 망신(亡身) ···························· 154
　　8) 장성(將星) ···························· 163
　　9) 반안(攀鞍) ···························· 170
　　10) 역마(驛馬) ··························· 177
　　11) 육해(六害) ··························· 188
　　12) 화개(華蓋) ··························· 195

제 3장 : 일반 신살 (一般 神殺)

1. 신살(神殺)의 의미(意味) ····················· 207
2. 천간(天干) 지지(地支)간의 신살(神殺) ··········· 209
3. 지지(地支) 간의 신살(神殺) ··················· 210

4. 신살(神殺)의 종류(種類) ·· 211
  〈 관귀학관(官貴學館) 〉 ······································ 211
  〈 문곡귀인(文曲貴人) 〉 ······································ 212
  〈 문창귀인(文昌貴人) 〉 ······································ 213
  〈 학당귀인(學堂貴人) 〉 ······································ 214
  〈 금신(金神) 〉 ·· 215
  〈 금여(金輿) 〉 ·· 218
  〈 복성귀인(福星貴人) 〉 ······································ 219
  〈 삼기성(三奇星) 〉 ··· 220
  〈 암록(暗祿) 〉 ·· 222
  〈 천관귀인(天官貴人) 〉 ······································ 223
  〈 천사성(天赦星) 〉 ··· 224
  〈 천덕귀인, 월덕귀인(天德貴人, 月德貴人) 〉 ······ 225
  〈 천을귀인(天乙貴人) 〉 ······································ 229
  〈 천문성(天門星) 〉 ··· 233
  〈 천의성(天醫星) 〉 ··· 235
  〈 천주귀인(天廚貴人) 〉 ······································ 236
  〈 태극귀인(太極貴人) 〉 ······································ 237
  〈 황은대사(皇恩大赦) 〉 ······································ 238
  〈 고란살(孤鸞殺) 〉 ··· 239
  〈 과숙(寡宿) 〉 ·· 241
  〈 고신(孤身) 〉 ·· 242
  〈 곡각살(曲脚殺) 〉 ··· 245

〈 과살(戈殺) 〉	245
〈 급각살(急脚殺) 〉	246
〈 공망(空亡) 〉	248
〈 괴강(魁罡) 〉	257
〈 낙정관살(落井關殺) 〉	261
〈 단교관살(斷橋關殺) 〉	262
〈 백호살(白虎殺) 〉	263
〈 삼재(三災) 〉	267
〈 상문과 조객(喪門, 弔客) 〉	271
〈 양인(陽刃, 羊刃) 〉	273
〈 비인(飛刃) 〉	277
〈 원진(怨嗔) 〉	278
〈 귀문관살(鬼門關殺) 〉	282
〈 음양살(陰陽殺) 〉	287
〈 음착(陰錯), 양착(陽錯) 〉	287
〈 천라지망(天羅地網) 〉	289
〈 탕화살(湯火殺) 〉	292
〈 태백성(太白星) 〉	293
〈 평두살(平頭殺) 〉	293
〈 현침살(懸針殺) 〉	295
〈 홍염(紅艶) 〉	296
〈 효신(梟神) 〉	298

제 4장 : 형 충 파 해 (刑, 沖, 破, 害)

1. 형살(刑殺) ··· 303
   1) 형(刑)의 종류 ·· 304
      (1) 寅巳申 삼형 (無恩之刑) ·· 304
      (2) 丑戌未 삼형 (持勢之刑) ·· 304
      (3) 子卯 형 (無禮之刑) ··· 304
      (4) 辰辰, 午午, 酉酉, 亥亥 자형 (自刑) ···························· 304
   2) 형(刑)의 작용 ·· 305
2. 육충(六沖) ··· 313
3. 육해(六害) ··· 319
4. 파(破) ··· 322

제 5장 : 사주 통변

1. 갑(甲) ··· 331
2. 을(乙) ··· 338
3. 병(丙) ··· 346
4. 정(丁) ··· 354
5. 무(戊) ··· 367
6. 기(己) ··· 373
7. 경(庚) ··· 381
8. 신(辛) ··· 391
9. 임(壬) ··· 398
10. 계(癸) ··· 406

제 1 장
12운성(十二運星)

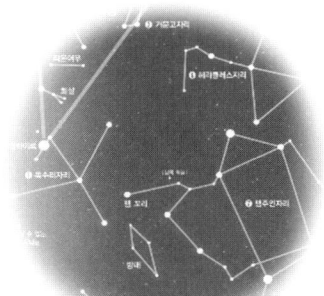

제 1장 : 12운성(十二運星)

1. 12운성(十二運星)의 의미(意味)

   인간 삶의 순환은 어떻게 진행되는가? 다 아시다시피, 어머니가 아버지에게서 받은 생명의 씨앗을 잘 간직하여 키운 뒤 출생시키면, 새롭게 출생된 하나의 개체는 자라고 성장하여 완성된 인격체가 되어 가정을 이루고 사회적인 욕구를 성취하기 위하여 노력한 뒤 시간이 지나 나이가 들면 노쇠해지고 병들고 결국 죽음을 맞이하여 묘(墓)에 묻히는 것이다.
이런 과정에서 하나의 개체는 소멸하나 개체의 씨앗은 다시 자라 같은 과정을 거치는 것이 인간 삶의 순환이다.

이런 생명의 순환과정은 인간에게만 존재하는가? 아니다. 지구상에 존재하는 모든 생명체는 이러한 유사한 순환과정을 거쳐 태어나서 성장하고 소멸하는 것이다.

사주 명리에서는 인간 삶의 흥망성쇠를 음양오행(陰陽五行)의 흥망성쇠에 비추어 추론하였다. 그리고 각각의 음양오행에 하나의 인간적 사회적 언어(六親, 六神)를 부여하여 인간화하였으며 이런 인간화된 음양오행의 생성과 성장과 소멸 과정을 12단계로 나누어 관찰한 뒤 각 단계에서의 해당 오행의 왕쇠(旺衰)와 길흉(吉凶)을 관찰하고 판단하였다.

이러한 12단계를 역학에서는 12운성(十二運星)이라 칭하였으며 그 단계는 다음과 같이 절(絕)·태(胎)·양(養)·장생(長生)·목욕(沐浴)·관대(冠帶)·건록(建祿)·제왕(帝旺)·쇠(衰)·병(病)·사(死)·묘(墓)가 되며 이러한 12운성은 불교의 12연기법(十二緣起法)과도 일맥상통하는 원리로서 각 각의 의미는 다음과 같다.

절(絕)은 죽음으로서 소멸하여 세상의 모든 것과 단절됨을 의미하며 아무것도 존재하지 않는다. 그러나 이러한 절(絕)은 새로운 탄생을 의미하므로 절처봉생(絕處逢生) 또는 포(胞)라고도 한다.

태(胎)는 수태, 잉태를 나타내는 말로써 정자와 난자의 만남을 뜻하며 미세한 형체가 생기기 시작함을 의미하고, 양(養)은 모체 내에서 자라 온전한 완전체로 아이가 생성되는 과정이다. 장생(長生)은 이러한 완전체인 아이가 세상에 태어남을 뜻한다.

목욕(沐浴)은 아이가 태어나 깨끗하게 목욕을 하는 과정이며, 관대(冠帶)는 성장하여 왕성한 기운이 있는 20대의 청소년이 사모관대를 쓰고 사회로 나가기 위함을 뜻한다.

건록(建祿)은 30-40대의 중장년으로서 수신 수학 후에 가정을 이루고 사회에 진출하여 직장 사업 등 왕성한 활동을 하는 사회인을 말하고, 제왕(帝旺)은 40-50대의 장년으로 사회 활동이 무르익어 정점에 달한 것을 의미하며, 쇠(衰)는 60대로서 최고에 달했던 사회 활동을 접고 은퇴한 뒤 체력이 기울어져 쇠약해짐을 뜻한다.

병(病)은 나이가 들고 노쇠하여 원기가 쇠진하고 몸에 병이 생기는 것이고, 사(死)는 이러한 노쇠와 병에 의하여 죽음을 맞는 것이며, 묘(墓)는 죽음으로서 일생을 마치고 무덤에 묻혀 휴식기를 갖는 것이다.

2. 12운성(十二運星)의 의의(意意)

  음양오행은 각 고유의 기능과 왕쇠를 가지고 있으나 이러한 것들은 다른 음양오행과의 관계와 영향(生剋制化, 刑. 沖. 破. 害 등)에 따라 달라지며 이런 변화로 오행의 왕쇠와 길흉에 차이가 생겨 인생사가 달라진다.

  12운성은 주체가 천간(甲. 乙. 丙. 丁. 戊. 己. 庚. 辛. 壬. 癸)이다. 천간(天干)과 지지(地支)의 관계를 살펴 지지가 천간에 미치는 영향이 어떠한가에 따라 천간의 왕쇠와 길흉을 판단하는 것이다. 제언하면 12운성은 천간과 지지의 관계를 보는 것이고 12신살은 지지와 지지의 관계를 보는 것이다.
12운성은 인간 삶의 순환과정을 12단계로 세분하여 구체화한 일생과정이다. 인간의 삶은 계절과 그 흐름에 따라 영향을 받으며 인간 삶의 순환과정을 대변하는 음양오행의 12운성 역시 계절에 따라 영향을 받고 일정 계절에 귀속되기도 한다.

  봄은 만물이 태어나는 시기(창조기, 태아기)로서 절(絕), 태(胎), 양(養)이 속하고, 여름은 만물이 성장하는 시기(성장기, 청소년기)이며 장생(長生), 목욕(沐浴), 관대(冠帶)가 속하며, 가을은 왕성하게 활동한 모든 것들이 수렴되는 시기(성숙기, 중장년기)로서 건록(建祿), 제왕(帝旺), 쇠(衰)가 속하며, 겨울은 쇠퇴하여 휴식에 들어가는 시기(휴식기, 노년기)로서 병(病), 사(死), 묘(墓)가 이에 속한다.

※方位, 節氣와 十二運星

四季節	四方位	生長收藏	生涯	意義	12運星
春	東	創造期	胎兒期	생성시절	絶·胎·養
夏	南	成長期	靑·少年期	성장시절	生·浴·帶
秋	西	成熟期	中·長年期	생왕시절	祿·旺·衰
冬	北	休息期	老年期	노쇠시절	病·死·墓

3. 12운성(十二運星) 찾기

각각의 천간은 각 12지지(子. 丑. 寅. 卯. 辰. 巳. 午. 未. 申. 酉. 戌. 亥)를 만날 때 만나는 지지에 의하여 12운성의 12단계 중의 하나가 정해진다.
예를 들면 천간 갑(甲木)이 12지지 중 亥를 만나면 장생(長生)이라 칭하며 을(乙木)이 亥를 만나면 사(死)라 한다.
만일 병(丙火)이 亥를 만나면 절(絶)이라 하며 정(丁火)이 亥를 만나면 태(胎)라 칭한다.
각 천간이 지지를 만났을 때, 12운성의 단계를 찾는 방법은 아래의 조견표를 보면 쉽게 알 수 있으나 여러 가지 다른 방법도 있다.

※12운성(十二運星) 조견표(早見表)

운성 天干	長生 장생	沐浴 목욕	冠帶 관대	建祿 건록	帝旺 제왕	衰 쇠	病 병	死 사	墓 묘	絶 절	胎 태	養 양
甲	亥	子	丑	寅	卯	辰	巳	午	未	申	酉	戌
乙	午	巳	辰	卯	寅	丑	子	亥	戌	酉	申	未
丙戊	寅	卯	辰	巳	午	未	申	酉	戌	亥	子	丑
丁己	酉	申	未	午	巳	辰	卯	寅	丑	子	亥	戌
庚	巳	午	未	申	酉	戌	亥	子	丑	寅	卯	辰
辛	子	亥	戌	酉	申	未	午	巳	辰	卯	寅	丑
壬	申	酉	戌	亥	子	丑	寅	卯	辰	巳	午	未
癸	卯	寅	丑	子	亥	戌	酉	申	未	午	巳	辰

1) 일반적 방법

 천간이 절(絕) 또는 장생(長生)이 되는 지지부터 시작하여 양간(陽干)은 순행인 시계 방향으로, 음간(陰干)은 역행인 시계 반대 방향으로 진행한다. 절(絕)부터 시작하는 경우는 절(絕)·태(胎)·양(養)·장생(長生)·목욕(沐浴)·관대(冠帶)·건록(建祿)·제왕(帝旺)·쇠(衰)·병(病)·사(死)·묘(墓)의 순서가 되고, 장생(長生)부터 시작하는 경우에는 장생(長生)·목욕(沐浴)·관대(冠帶)·건록(建祿)·제왕(帝旺)·쇠(衰)·병(病)·사(死)·묘(墓)·절(絕)·태(胎)·양(養)을 차례로 붙이면 된다.

제언하면 甲이 絕이 되는 지지는 申, 丙은 亥, 戊도 亥, 庚은 寅, 壬은 巳이다. 여기에 12운성을 대입하면 양간은 순행하므로 甲이 申을 만나면 絕, 酉는 胎, 戌은 養, 亥는 長生, 子는 沐浴, 丑은 冠帶, 寅은 建祿, 卯는 帝旺, 辰은 衰, 巳는 病, 午는 死, 未는 墓가 된다.

음간은 역행하므로 乙이 酉를 만나면 絕, 申은 胎, 未는 養, 午는 長生, 巳는 沐浴, 辰은 冠帶, 卯는 建祿, 寅은 帝旺, 丑은 衰, 子는 病, 亥는 死, 戌은 墓가 된다.

※ 12운성 : 絕. 胎. 養. 長生. 沐浴. 冠帶. 建祿. 帝旺. 衰. 病. 死. 墓

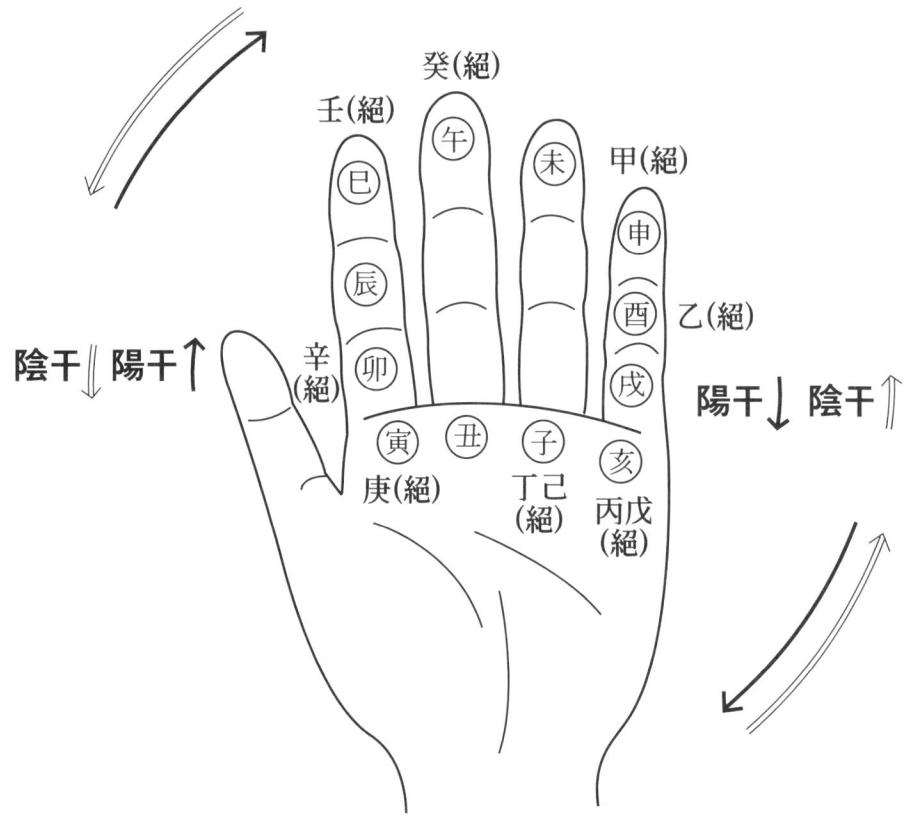

- **陽干 (甲 丙 戊 庚 壬) : 순행(시계 방향)**

  예) 양간 壬이 巳를 만나면 絕이 되며 순행하여 午를 만나면 胎, 未를 만나면 養이 되며 이렇게 흘러 끝에 辰을 만나면 墓가 된다.

- **陰干 (乙 丁 己 辛 癸) : 역행(시계 반대 방향)**

  예) 음간 癸가 지지 午를 만나면 絕이 되고 역행하여 巳를 만나면 胎, 辰을 만나면 養이 되며 이렇게 흘러 未를 만나면 墓가 된다.

2) 삼합(三合)을 이용하는 방법

木(甲)의 삼합은 亥卯未, 火(丙)의 삼합은 寅午戌, 金(庚)의 삼합은 巳酉丑, 水(壬)의 삼합은 申子辰으로 첫 자는 장생, 중간자는 제왕 끝 자는 묘(墓)가 된다. 예를 들면 甲의 장생법을 찾는 방법은 木의 삼합은 亥卯未이므로 亥는 장생, 卯는 제왕, 未는 묘(墓)가 된다. 이것은 삼합을 이용한 양간(陽干)의 12운성 찾기이며, 戊(土)는 丙(火)과 같이 병용하면 된다.
한편 서낙오는 '자평진전평주'에서 '12운성의 생왕묘절' 등은 오행의 생왕묘절이지 십 천간의 생왕묘절이 아니므로 오행의 음양을 가리지 말고 음간도 양간과 같이 본다.'라고 하였다. 그런데도 아직은 심효첨의 '陽生陰死 : 양간의 長生자리가 곧 음간의 死자리' 즉, 양간(甲. 丙. 戊. 庚. 壬)은 순행으로, 음간(乙. 丁. 己. 辛. 癸)은 역행하여 12운성을 찾는 이론이 일반화되어 있다.

십이운성(陽干)	生	旺	墓	絶	십이운성(陰干)	死	祿	養	胎
木의 삼합	亥	卯	未	申	木의 삼합	亥	卯	未	申
火의 삼합	寅	午	戌	亥	火의 삼합	寅	午	戌	亥
金의 삼합	巳	酉	丑	寅	金의 삼합	巳	酉	丑	寅
水의 삼합	申	子	辰	巳	水의 삼합	申	子	辰	巳

3) 시간적 흐름(계절 또는 육친)을 이용하는 방법

존재하는 모든 사물은 시간의 흐름에 따라 생왕사묘절(生. 旺. 死. 墓. 絶)을 순환하며 음양오행 역시 마찬가지이다. 현재의 나는 과거에 태어나 현재에서 씩씩하게 생활하나 미래에는 기력이 쇠잔하여지고 결국에는 먼 피안의 세계에서 소멸하며 새롭게 부활함을 기다린다.

예를 들면 양간(陽干)인 봄의 甲木은 과거 亥子丑 겨울에 태어나(長生) 목욕(沐浴)하고, 옷을 입고(冠帶), 사회에 나갈 준비를 한다. 그 뒤 현재 寅卯辰인 자신의 계절에는 많은 친구, 동료들과 함께 합심하여 열심히 일하고(建祿) 원하는 바를 성취(帝旺)한 뒤 맡은 바 임무를 내려놓는다(衰). 그 뒤 미래인 여름의 巳午未 계절이 되면 과거의 영광을 회고하며 서서히 병(病)들고, 죽음(死)을 맞이하고, 무덤(墓)에 묻힌다. 한편 木은 오행이 대치되는 金인 가을 申酉戌에는 완전히 소멸하여 세상과 단절이 되나(絶), 시간이 흘러 어머니 배 속에서 새롭게 탄생하고자 꿈틀거리며(胎), 양육되어 출생의 날을 기다린다.(養)

庚(金)의 경우, 金은 가을이므로 전(前)의 계절은 戌(土)가 아닌 여름으로 火를 취용한다. 여름의 巳午未 계절에 태어나(長生), 목욕(沐浴)하고, 옷을 입고(冠帶)사회에 나갈 준비를 한다. 가을 申酉戌에서 친구 동료들과 열심히 일하여(建祿), 원하는 바를 성취한 뒤(帝旺), 퇴임하여 일선에서 물러난다(衰). 미래 亥子丑 겨울이 되면 서서히 병들고(病), 죽음을 맞이하여(死), 무덤에 묻히며(墓), 반대되는 봄의 寅卯辰에는 완전히 소멸하여 외부와 단절이 되나(絶) 시간이 흘러 새롭게 탄생하고자 움직이며(胎) 양육되어 출생하기를 기다린다.(養)
다른 양간도 이처럼 유추하면 되고 戊(土)는 丙(火)과 같이 병용하면 된다.

 12운성을 찾을 때, 일단은 양간의 12운성을 철저히 숙지하고 음간은 양간에 대비하여 유추하여 찾는 것도 하나의 방법이다. 동일 지지에서 양간과 음간의 12운성은 다음과 같다. 앞의 글자가 양간의 12운성이고, ( )는 음간의 12운성이다.

 木을 예로 들면 양간인 甲은 亥에서 장생이고, 음간인 乙은 (사)이다. 그러므로 甲(乙)의 12운성은 亥는 장생(사), 子는 목욕(병), 丑은 관대(쇠), 寅은 건록(제왕), 卯는 제왕(건록), 辰은 쇠(관대), 巳는 병(목욕), 午는 사(장생), 未는 묘(양), 申은 절(태), 酉는 태(절), 戌은 양(묘)이다.

※ 陽干과 陰干의 12운성 비교

- 동일한 12地支에서 양간과 음간의 상이한 12운성
- 陽生陰死, 陰生陽死 (양간이 生하는 자리에 음간은 死하고, 음간이 生하는 자리에 양간은 死한다.)

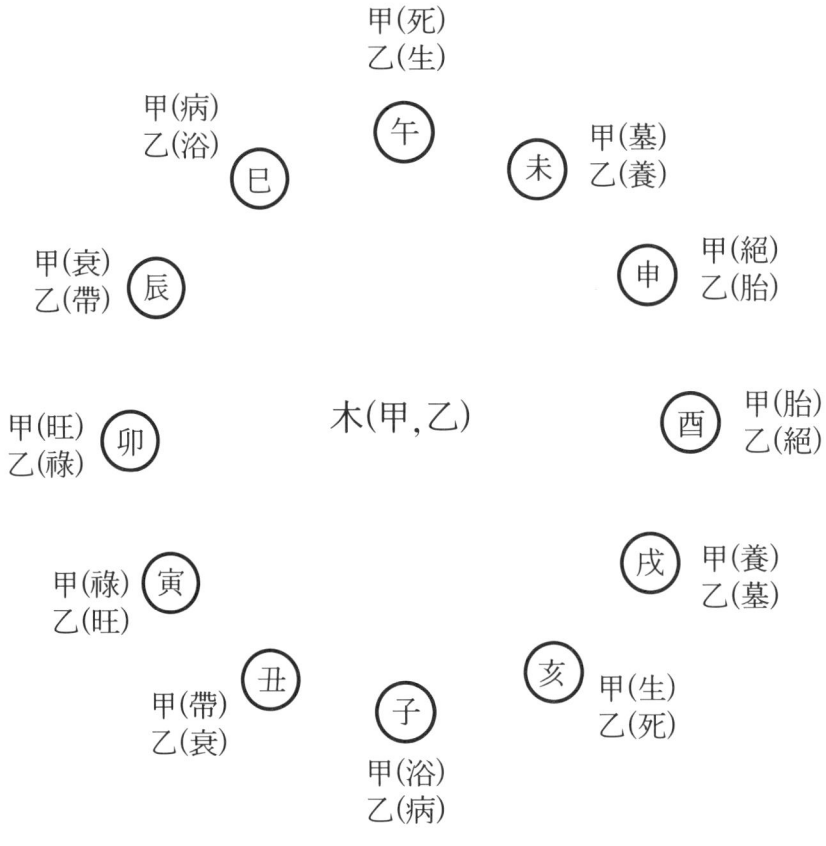

4. 12운성(十二運星) 대입법

12운성은 천간과 지지의 관계를 보는 것이라고 이미 말하였다. 천간을 원국의 지지에 대입할 때도 여러 방법이 있다.

1) 거법(居法)의 12운성(十二運星)

천간과 지지 간에서 각주(년. 월. 일. 시)의 위아래 천간과 지지를 대입하여 보는 것을 거법(居法)이라 하며 대운, 세운에서도 활용한다.

예를 들어)

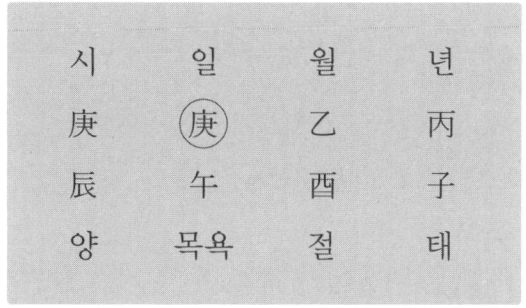

사주 원국이 연주 丙子, 월주 乙酉, 일주 庚午, 시주 庚辰이라면, 연간에 있는 편관 丙(火)은 子에 대입하면 태(胎), 월간에 있는 정재 乙(木)은 酉에 대입하면 절(絶), 일간 庚(金)은 일지 午에 대입하면 목욕, 시간에 있는 비견 庚(金)은 辰에 대입하면 양(養)이 된다. 이것이 12운성을 거법으로 본 것이다.

2) 봉법(逢法)의 12운성(十二運星)

하나의 천간을 연월일시의 지지로 옮겨 대입하여 보는 것을 봉법(逢法)이라고 한다.

위의 사주를 봉법으로 보면

일간 庚(金)이 연지 子에는 사(死), 월지 酉에는 제왕, 일지 午에는 목욕, 시지 辰에는 양(養)이 되는 것으로 이런 방법으로 보는 것이 봉법이다.
이 경우에는 일간이 처음에는 사(死)를 만나고 다음에 제왕, 목욕, 양(養)의 순서대로 힘을 얻게 된다.

위의 사주에서 연간에 있는 편관 丙(火)을 봉법으로 대입해보면

시	일	월	년
庚	庚	乙	丙
辰	午	酉	子
관대	제왕	사	태

편관인 丙(火)이 연지에는 태(胎)를 만나고 시간이 지나면서 월지에는 사(死), 일지에는 제왕, 시지에는 관대로 운이 흐른다고 보면 된다.

만약에 정재인 乙(木)의 흐름을 알고 싶으면 乙(木)에 子, 酉, 午, 辰을 12운성으로 차례대로 대입해서 초년, 중년, 말년의 흐름으로 해석하면 된다. 이렇게 보는 방법이 봉법이다.

3) 인종법(引從法)의 12운성(十二運星)

사주 중의 각 천간, 혹은 대운, 세운의 각 천간을 년, 월, 일, 시 또는 대, 세운의 지지에 각각 끌어당겨 12운성을 정하고 판단하는 것이다.

예를 든 사주가 壬戌 운을 만났다고 가정을 하여 12운성을 배치할려면, 壬戌 운의 지지에 있는 戌을 각주의 천간에 대입한다.

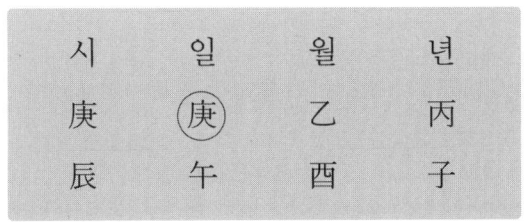

연간에 있는 편관 丙(火)과 월관에 있는 정재 乙(木)은 壬戌 운이 묘(墓)가 되고, 일간과 시간 비견인 庚(金)은 쇠(衰)가 된다. 이렇게 대운이나 연운에서 만나는 운을 12운성에 대입하는 것이 인종법이다.

이런 방법에 따른 12운성의 해석은 다양하지만, 거법은 일정 시점에서 천간의 왕쇠와 길흉 등, 봉법은 삶의 흐름에 따라 변화하는 천간의 왕쇠와 길흉, 인종법은 운에서 만나는 변화 등을 나타낸다고 할 수 있다.

인간을 포함한 모든 생명체는 어머니로부터 태어나고 그 어머니는 곧 월지(宮)이다. 그러므로 월지가 나타내는 육친이나 12운성은 곧 부모에게서 물려받은 선천적인 성품이라 할 수 있으며, 일간에 붙어 있는 일지는 인간이 태어나서 가족을 이루어 만들어지는 후천적인 성품이라 할 수 있다. 그러므로 일간을 월지(봉법)와 일지(거법)에 대입하여 12운성을 찾게 되면 그에 따라 일간의 선천적 후천적인 성품을 유추할 수 있으며, 이런 대입에 따라 성품 이외에도 일간의 다양한 길흉 흥망성쇠를 알아볼 수 있다.

사주에서 일간은 주체가 되므로 이렇게 거법과 봉법을 모두 활용하지만 다른 천간의 육친도 일간과 같이 거법과 봉법을 모두 살펴보면 원국에서 일간에 영향을 미치는 다른 육친의 삶의 흐름도 관찰할 수 있다.

4) 12운성(十二運星)의 작용론

　12운성은 일본에서 주로 운용하고 있으며, 중국에서는 거의 채용하지 않고 있고 한국에서도 12운성에 관한 이론이 잘 사용되고 있지는 않다. 그러나 12운성을 잘 운용하면 적중률이 높아지는 것은 물론이며 12운성을 가지고 성격, 운세, 체질, 직업 등을 판단하는 것도 가능하다.

　그러나 사주명리학은 어디까지나 음양오행의 생극제화나 격국과 용신 등으로 판단하는 것이 원칙이며 12운성은 보조 역할에 지나지 않음을 알고 있어야 한다.
그리고 12운성이 나타내는 속성은 일반적인 경향에 불과하며 그 정확한 판단은 희, 기신(喜, 忌神)을 판별한 후에 응용하는 데 국한되어야 할 것이다.

　사주 통변에서 12운성의 대입은 주로 일간에게 적용하여 일간의 성격 등을 파악하는 데 참고하는데, 사주에서 월지의 12운성은 일간의 성격과 운세에 60%의 영향을 미치고, 일지의 12운성은 30% 정도의 영향을 미친다. 그러므로 일간을 12운성으로 판단할 때는 월지를 중심으로 하고 일지로 보좌한다.

※12운성(十二運星)의 의미(意味)와 길흉(吉凶)

십이운성	吉한六神과 同住	凶한六神과 同住	盛·平·哀	비 고
장생	유덕(有德)·사랑	무덕(無德)·유약	성운(盛運)	대체로 왕성한 기운
목욕	다정다감	색난·황음(荒淫)	최쇠운(最衰運)	
관대	견실·발랄	고집불통	성운(盛運)	
건록	자수성가·성공	파산·용두사미	성운(盛運)	
제왕	자신만만	노력은 많은데 결과가 좋지 않음	최성운(最盛運)	
쇠	권모술수·지혜	방랑·고독	평운(平運)	대체로 쇠퇴한 기운
병	믿음·미력	병약함	평운(平運)	
사	기능·미력함	부실	쇠운(衰運)	
묘	저장·현상유지	막힘·답답함	최쇠운(最衰運)	
절	사지에서 탈출 (절처 봉생)	설상가상	최쇠운(最衰運)	보통 기운
태	성장·회복	연약·무력	평운(平運)	
양	헤어짐·양육	부실·고독	평운(平運)	

5. 12운성(十二運星)의 종류(種類)

1) 절(絕). 부활의 별

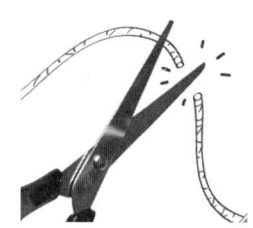

(1) 절(絕)의 의의(意義)

절(絕)은 소심, 걱정, 불안정, 비지속성, 변동, 단절, 색정으로 인한 실패를 상징한다. 절(絕)이 있으면 심신이 불안하다.

인간은 죽음으로 정신과 육신이 분리되어 육신은 흙으로 정신은 대기로 흡수되어 존재가 사라져 주위의 모든 것들과 인연이 단절되는 상태가 되며 이를 절(絕)이라 한다. 절(絕)은 다른 이름으로 포(胞)라고도 불리며 12신살의 겁살(劫殺)에 해당한다.
포(胞)는 곧 새로운 생명의 씨앗인 배아를 의미함으로 절(絕) 역시 단절로 끝나는 것이 아니라 끝나는 곳에서 새로운 생명이 시작됨을 의미하기도 한다.절처봉생(絕處逢生)

절(絕)은 눈에 보이는 체질(體質)의 형체는 존재하지 않으며 기질(氣質)만 있으니 매우 가볍고 변화에 민감하다. 그러므로 절(絕)은 냄비의 물처럼 쉽게 끓고 쉽게 식는 특성이 있다. 생각과 행동이 변화무쌍하며 지구력과 참을성이 약하다.
극도로 쇠약한 운기를 대표하므로 재물과 명예를 감당하기 힘들며 월지가 절(絕)이면 인수와 비겁으로 일간의 힘을 돋워야 재관(財官)을 감당할 수 있다.

 단절, 이별, 고립, 파재, 인색, 호색, 경박 등의 성향이 많고 항상 경제적 불안이 있어 비록 부귀한 가문 출신일지라도 결국 파산할 우려가 있다.
주거와 직업이 자주 변하고 타인의 감언이설에 잘 속아 실패하기 쉽다. 그러므로 타인을 비방하거나 원망하며 처자와 불화한다.
천성적으로 호색하여 색으로 인해 망신당한다.
부모 형제와 인연이 없고 직업으로는 오락업이나 음식업을 하면 소기의 성과를 거둘 수 있다.

(2) 절(絕)의 성품(性品)

 월지나 일지가 절(絕)인 일간(日干)의 성품은 갓난아이처럼 순진 담백하며 귀가 가볍고 변화를 즐긴다. 세상 물정에 어둡고 귀가 가벼우니 남의 말에 현혹되어 속기 쉬우며 쉽게 싫증과 권태감을 느껴 모든 일에 지속성이 없고 무계획적인 삶을 살기 쉽다.
음성적이면서도 주의력이 부족하고 성질이 욱하고 급하지만 오래가지는 못한다.
한편 한 가지에 집중하지 못하고 항상 변화를 추구하며 다방면에 관심을 가지다 보니 잡기에 능하며 기예의 끼도 다분한 재주꾼인 면도 있다.

절(絶)은 물질적인 추구보다는 정신적인 추구에 적합한 성품이다. 물질을 추구하면 부침이 많을 수 있으며 학문, 교육, 종교, 활인업 등 세상 풍파의 영향을 적게 받는 정신적인 직업에 종사하면 적절하다. 한편 변화가 많고 화려한 첨단 산업이나 예능인의 직종도 가능하다.

절(絶)은 끝이기도 하지만 새로운 시작을 의미하기도 한다. 그러므로 현재 상황이 비록 어렵더라도 미래에는 언젠가 좋아질 것으로 절처봉생(絶處逢生)이라는 희망이 항상 잠재되어 있다.

(3) 절(絶) 운(運)

행운(行運)이 절(絶)이면 부모 형제의 덕이 없어지고 부부 이별이 있을 수 있으며 항상 변화를 추구하니 직업이나 주거의 변동이 잦고 파재(破財) 등을 한다.

관성이 절(絶), 태(胎) 운에 들면 고집이 세지고 남의 충고를 무시하며 직장을 그만두고 사업을 하고자 한다.

(4) 각 지지(地支)의 절(絶)

절(絶)이 있는 사주(四柱)의 육친과는 일간의 인연이 박(薄)하다. 年에 절(絶)이 있으면 조상, 月이면 부모·형제, 日이면 배우자, 時면 자식과의 인연이 박하다.

年支: 부모덕이 없어 초년에 고생하며 일찍 고향을 떠나고 가업을 계승하지 못함.

月支: 마음은 착하나 귀가 얇아 잘 속고 직장이나 주거지의 이동이 많음.
다른 사람의 보증 등을 서는 것은 신중히 결정해야 함.
일생 굴곡이 심하고 부모 형제와의 인연이 약함.
충, 형이 되면 욱하는 성격이 심해져 폭력적으로 되기 쉬움.

日支: 甲申, 乙酉, 庚寅, 辛卯
부부인연이 약하여 해로가 힘들므로 결혼을 늦게 하는 것이 좋음.
일지가 절(絶)인데 충, 형이 되거나 연(年)운에서 절(絶)의 운을 만나면 이직, 관재, 파산 등이 발생할 수 있음.

時支: 자손이 불운하거나 자손과 인연이 약함.
그러나 절욕쇠(絶. 浴. 衰) 합국에서 절(絶)이 쇠(衰)를 보면 현출한 자식을 두기도 함.
예를 들어 寅午戌 삼합에서 寅이 절(絶)이면, 午는 목욕, 戌은 쇠(衰)가 된다. 이때 寅은 12신살로는 겁살(劫殺)이 되고, 戌은 반안(攀鞍)이 되는데 반안은 말안장으로 높은 지위를 나타낸 것이므로 출세하는 자식을 얻게 됨.
여자에서 時지가 절(絶)이면 이성 관계가 복잡함.

(5) 육친(六神)의 절(絶)

比劫: 형제 인연이 약하여 큰일을 성취하기가 어려움.
사람의 품성은 순수하고 부화뇌동하기 쉬우나 때로는 자기 주장이 강할 때도 있음.
食傷: 표현력이 부족하고 소심하고 겁이 많음.
남자는 처가와 아내에게 무정하며 여자는 산액으로 자식과의 인연이 약함.
財星: 재물에 대한 욕구는 강하나 성취와 보존이 힘듦.
남자는 처를 고생시키며 처궁이 부실하고 부부 무정하여 해로가 힘듦.
여자는 남편에게 잘하지만, 진정성이 없으며 시가와 소원함.
부친과의 인연이 약하고 덕이 없음.
官星: 남자는 직업과 신상에 변동이 많으며 자식 인연이 약하여 떨어져 살 가능성이 큼.
여자는 남편을 경시하거나 생리사별하기 쉬우며 본인이 가장이 되기 쉬움.
印星: 모친 인연이 약함.
공부를 잘하여도 학업성취가 힘들며 많이 배웠으나 인품이 떨어지고 학문의 실용성이 부족함.

2) 태(胎). 창조의 별

(1) 태(胎)의 의의(意義)

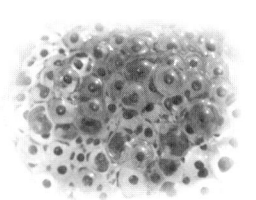

　태(胎)는 의존성, 불안, 평화, 권태, 질병(어릴 때), 임신, 새로운 창조를 위한 계획이나 시작을 의미하며 또한 운기의 쇠퇴를 뜻하기도 한다.

　아무것도 존재하지 않은 절(絶)에서 새로운 생명이 창조되는 시점이 태(胎)이다. 이때부터 기(氣)가 모여 하나의 형질(形質)이 형성되는 것으로 태(胎)는 어머니의 자궁 속에 갇혀서 완전히 보호된 상황에서 서서히 생명을 창조하기 시작하는 것이다. 12신살의 재살(災殺)이며 자궁에 완전히 갇혀 있기에 수옥살(囚獄殺)이라고도 한다.

　태(胎)는 어머니 뱃속이 세상 전부라 여기며 모든 세상과 현실은 이렇게 안전하고 평화스럽다고 생각한다. 그러나 한편으로는 이런 평화가 언젠가는 깨어질지 모른다는 불안감과 이런 평화를 지키려는 초조한 마음이 항상 내재하여 있다.

　태(胎)는 세상 물정에 어둡고 판단력이 미흡하며 순진무구하다. 판단력이 미숙하므로 심사숙고하지 않고 누가 무엇을 부탁하면 그대로 받아들이고 쉽게 약속을 한다. 이렇게 덮어놓고 해놓은 약속 때문에 애를 먹고 약속을 지키지 못하여 본의 아니게 거짓말쟁이가 되기 쉽다.
태(胎)의 직업은 절(絕)과 비슷하다. 창조의 성질을 가지고 있으므로 생명을 다루는 직업에는 좋다.

(2) 태(胎)의 성품(性品)

월지나 일지가 태(胎)인 일간(日干)의 성품은 순진하고 온화하며 조금은 어수룩한 듯해서 현실 감각이 떨어져 보이지만 성격은 원만하다. 성격이 순진하여 대인관계는 무난하나 소심하고 집념과 끈기, 실천력이 약하므로 큰일을 이루기가 힘들고 의타심이 많다.
모든 일에 자신이 없기에 불안하고 초조하여 조바심을 버릴 수 없으며, 인정에 끌리어 남의 부탁을 쉽게 받아들여 놓고는 약속에 대한 책임감이 부족하여서 본의 아니게 신용성에 문제가 생긴다.
인간관계에서 동성끼리는 누구와도 쉽게 친해지나 이성과 부딪히면 얼굴이 금세 굳어 버리고 입이 딱 붙어버리는 등 이성교제(異性交際)나 연애(戀愛)는 아주 서툴다.

태(胎)는 폭력을 배척하고 평화를 갈망한다. 항상 자유와 변화를 추구하여 안정성이 떨어지고 부부간에도 쉽게 권태를 느끼므로 부부 해로가 힘든 경우도 많다.
태(胎)는 천우신조의 운기가 강해 천운(天運)의 덕을 보는 경우가 많다. 즉, 일간의 뿌리에 창조의 별인 태(胎)를 타고난 사람은 죽음의 위기에 처해도 묘하게 죽을 고비를 넘기고 살아난다. 이는 태(胎)가 절처봉생의 부활이 구체화하고 창조되는 별이기에 유독 태(胎)의 주인공만은 죽음에서 언제나 구제되는 특전을 누린다.

(3) 태(胎) 운(運)

행운(行運)에서 태(胎)가 왔을 때는 대체로 평온무사(平穩無事)하고 운기가 길상(吉祥)이지만 간혹 풍파가 있을 수 있다.
성정(性情)과 운질(運質)은 어릴 때는 허약하지만, 중년 후에는 온화하고 건강하며 자비심, 의협심, 반발심, 변덕심 등이 있다.
중년 후에 행운에서 재운을 만나면 재복이 발흥하므로 사업 등을 하면 성재(成財)할 수 있다.

일주(日柱) 지지에 태(胎)가 있으면 재혼(再婚)할 수도 있고 시주(時柱) 지지에 태(胎)가 있을 때는 자손이 딸만 있는 경우도 있다. (胎中頭産養故娘)

또한 태(胎) 년을 만나게 되면 태(胎)는 만물 창조의 시작으로서 새로운 일을 계획하거나 도모하는 시기이므로 다년간 계속하던 업무가 바뀌든지 혹은 새로운 일이나 사업을 시작하게 된다. 그리고 집, 집터, 토지 등을 개축하거나 개업하거나 하며 현재의 직장이나 장소를 바꾸어 일을 시작하는 운기라고 할 것이다.

(4) 각 지지(地支)의 태(胎)

年支: 부모나 조상의 유업이 발흥했으나 부모덕은 별로 없음.
    체질이 허약함.
月支: 부모 형제들과 자신의 행동력이 미약하고 직업의 변동이 심하여 인생의 굴곡이 많음.
    권태를 잘 느끼고 한 가지 일에 전념하지 못해 중년 이후에 전업할 수 있음.
日支: 丙子, 丁亥, 戊子. 己亥, 壬午, 癸巳
    부부 운이 좋지 않고 직장이나 주거의 변동이 심함.
    초년에는 병약하나 중년 이후에는 건강해짐.
    일지에 태(胎)가 있으면 공무원 등 안정된 직장이 좋으며 전문직이 아닌 자영업은 좋지 않음.
    일지의 태(재살)가 겹치거나 쇠(반안살) 또는 묘(화개살)와 삼합이 되면 재복이 많음.
    일지에 태(胎)가 있는 경우, 남자는 권위적이고 잔소리가 많으며 여자는 속내를 감추고 이기적이기 쉬움.
時支: 여아를 많이 보게 되며 남아는 없거나 무력.
    이로 인해 가업이 끊어지기도 함.

(5) 육친(六神)의 태(胎)

比劫: 형제 관계가 소원하고 의타심이 강함.

食傷: 소심하고 겁이 많으며 매사 소극적.

　　　남자는 처가와 인연이 없고 여자는 자식에게 휘둘리기 쉽고 산액이 있음.

財星: 대단히 계산적이고 두뇌가 영민하고 행동이 민첩함.

　　　손재주가 좋고 정밀함을 요하는 곳에서 재능을 발휘.

　　　남자는 잔소리가 많고 하여 부부간에 다툼.

官星: 남의 충고를 무시하고 아집이 강함.

　　　남편이 무능하거나 여자는 남편을 경시하기 쉬워 부부 해로가 힘듦.

　　　관성이 태(胎)지에 있고 합, 충, 형하면 여자는 남편 덕이 없고 남자는 직업이 불안정.

　　　관성이 절(絶), 태(胎) 운에 들면 직장을 그만두고 사업을 하려고 함.

印星: 모친이 무력.

　　　학업을 성취하고자 하나 걸림이 많아 이루기 힘들고 대체로 만학(晩學).

　　　고집이 있는 가운데 고독하고 쓸쓸함.

3) 양(養). 분리와 상속의 별

(1) 양(養)의 의의(意義)

양(養)은 인내력, 노고, 양자, 화합, 상속, 헤어짐 등 친가와의 인연 부족을 상징한다.

태아가 길러져 만삭(滿朔)이 된 상태가 양이다. 그리고 양(養)은 12신살의 천살(天殺)이며 배양의 기운이다.
양(養)은 남녀의 분별이 완전하며 신체의 기능 역시 완성된 태아를 의미한다. 불완전한 포태(胞胎)의 기운으로부터 사지와 오장육부가 완성된 온전한 하나의 인격체가 되었으므로 자신만만하고 생기가 넘치는 여유 있는 상태이다. 이러한 양(養)은 부모로부터 타고나는 상속의 물체지만 이제 곧 출산하여 어머니로부터 헤어짐을 목전에 두고 있다. 그러므로 상속(相續)의 별이자 분리(分離)의 별이라고 한다.

양(養)은 선천적으로 낙천적이고 원만하며 매사에 여유가 있어 누구에게나 호감을 주는 호인인 동시에 다급한 일에도 서둘지 않고 차분하게 처신하는 침착한 노신사(老紳士)의 면모도 있다.

양(養)은 가득 차 있는 만삭의 의미이며 산모의 뱃속에서 힘을 가득 기른 양상으로, 태어나면서 재물을 지니고 온다거나 상속의 재운이 있다고 할 수 있으나 출산에 의한 어머니로부터의 헤어짐이 숙명이기에 혈육과의 인연은 박함을 의미한다.

양(養)은 상속의 별이기에 장남은 가업을 잇게 되나 차남 같은 경우에는 다른 집에 양자로 가 그 집의 가업을 잇고 장자 역할을 하는 예도 있다.

양(養)은 재복과 재능이 있으며 교육자적인 인성이 있어서 자선사업, 육영사업, 종교업, 활인업 등에 적합하나 변동 변화가 많은 직군은 맞지 않는다. 특히 시지에 양(養)이 있으면 다른 자식과 인연이 깊어 입양(入養)을 하게 된다든지 아니면 양계(養鷄)·양돈(養豚)·화원(花園)등 생명체를 기르는 일 등을 많이 하게 된다.

(2) 양(養)의 성품(性品)

월지나 일지가 양(養)인 일간(日干)의 성품은 재복(財福)이 있으므로 성품이 원만하고 낙천적이며 안정적이다. 여유만만하고 믿음직스럽게 처신함으로 누구에게나 호감을 산다. 그러므로 일지가 양(養)인 경우, 다재다능하고 팔방미인인 경우가 많으며 장남이 아니더라도 장남, 장녀처럼 행동하는 경우가 많다.

양(養)은 양생과 양육(養育)의 의미가 강함으로 생명체의 생장을 돕는 역할을 잘한다. 그러므로 사람도 동, 식물도 잘 키우는 본성이 있으며 향학과 신앙의 기운도 충만하고 도량이 넓고 관대하며 성격이 원만하고 인정스럽다. 한편 성정(性情)과 운질(運質)은 윗사람은 존경하지만, 아랫사람에게는 아주 인색한 면도 있다.

(3) 양(養) 운(運)

 양(養)의 행운은 반길반흉(反吉反凶)의 운기이다.
양(養)의 年이 되면 사람을 양육하거나 사람들의 존경을 받거나 아니면 양자(養子)로 갈 수도 있다. 양(養)이 길운으로 작용할 때는 열심히 일해서 이름을 높이든가, 학문과 예술에 정진하여 명성을 해외까지 떨칠 수도 있다.

 반면 양(養)의 年에는 부모와 이별을 하거나 일찍 고향을 떠나는 조기 이향(離鄕)하는 사람이 있는가 하면 노년의 노인은 색정(色情)으로 인해서 큰 손해를 입을 수도 있다. 그리고 양(養)의 운에는 호색(好色)으로 인하여 부부 이별과 재혼(再婚)하는 사람이 많으므로 많은 심신의 수양이 필요하다.

 시주에 양(養)이 있으면 자손이 후덕하지만, 庚辰日 生은 부모덕이 약하고 저항심이 강하여 부부 이별을 하는데, 庚辰은 괴강살(魁罡殺)이기 때문이다.

(4) 각 지지(地支)의 양(養)

年支: 조상 중에 양자가 있거나 조기 이향하는 팔자.
月支: 양자가 되든지 따로 독립하여 일찍 일가를 세움.
　　　중년에 이성 문제가 발생하여 가정과 재물을 잃어버림.
　　　무례지형(子卯 刑)이 있으면 모자간에 분쟁이 심각.
日支: 甲戌, 乙未. 庚辰, 辛丑
　　　부부 연이 약해서 해로하기가 힘듦.
　　　인덕이 없고 구설이 많으나 재복은 있음.
時支: 자손이 효도하기도 하나 자식 인연이 없어 일찍 양자를 들이
　　　거나 자식과 떨어져 살거나 자식을 봉양하기도 함.

(5) 육친(六神)의 양(養)

比劫: 자신과 형제의 입양을 암시하며 육영 사업에 관심이 있음.
食傷: 베풀고 살 팔자로서 종교에 관심.
　　　여자는 독설가로 남자를 경원시하고 타자 양육에 관심.
財星: 재복이 있고 만인을 기르는 공덕을 쌓음.
官星: 남편이 무력하여 여자가 가장 역할.
印星: 종교, 신앙, 교육 등에 관심.
　　　육영, 교육, 원예, 활인업 등의 직종이 적합.

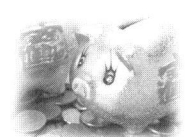 

4) 장생(長生). 기쁨과 인덕(人德)의 별

(1) 장생(長生)의 의의(意義)

장생은 기쁨, 축복, 총명, 온화, 명랑, 발전, 계승, 장수를 상징한다.

장생은 신생아가 태어남을 의미한다. 신생아의 탄생은 모든 사람에게 기쁨이며 축복이기 때문에 이는 길성(吉星)이며 12신살로서는 지살(地殺)이다. 신생아는 순수함 그 자체이며 부모를 비롯한 모든 사람이 후견인이 되어 보호하여 주므로 천우신조의 기운이 강하여 곤란한 상황에서도 타인의 도움을 받아 위기를 극복한다. 장생은 평안과 번영을 의미함으로 일간이 장생을 대하면 좋은 일들이 많다.

• 오행의 장생지를 살펴보면 다음과 같다.
  (甲)木은 北方 水에서 태어나므로 亥가 장생이며,
  (丙)火는 東方 木인 寅이 장생지이고,
  (庚)金은 오곡백과의 열매이므로 여름에 성장하기에 巳에서 장생하며,
  (壬)水는 西方 金에서 발생하기에 申에 장생한다.
  (戊)土는 생사가 없기에 본래 장생이 없지만, 土의 생명인 氣는 하늘(天)에서 태어나고 質(肉)은 땅(地)에서 발생하기 때문에 해가 뜨는 寅과 水가 발생하는 申을 동시에 장생으로 잡는다.

(2) 장생(長生)의 성품(性品)

　장생이 있으면 두뇌가 총명하고 어린아이같이 순수한 마음을 지니게 되며 장수하게 된다.
월지나 일지에 장생이 있는 일간의 성품은 착하고 순하며 원만하고 명랑하여 누구나 쉽게 친해지는 호감형 스타일이다.
신생아의 유약함으로 인해 진취성, 추진력, 결단력 등이 약한 것이 흠이지만 사심이 없고 공명정대하여 신망과 인덕을 얻어 대성할 수 있는 잠재력은 있다. 아이와 같이 감수성이 뛰어나고 모방성도 강해 예기(藝技)의 재능도 있으며 순수한 가운데 취미도 고상하고 박학다식하기도 하다.

　장생은 원만하고 대인관계가 좋으며, 주변의 도움도 많으나 자만하지 않고 상명하복(上命下服)을 할 줄 알기 때문에 조직 생활에 매우 적합하다. 그러므로 모든 공직과 일반 사업의 직장인으로서 적절하며 기술, 기예에도 뛰어나 예술 분야에 좋고 지살의 장생은 이동성이 강해 보험, 무역업 등의 직종도 적절하며 광고, 선전 직종도 좋다.

　신강 사주에 장생이 길신이면 성정이 영민하고 후덕하여 그 영화가 유구하다. 그러나 장생이 형, 충(刑, 沖)이 되거나 공망이 되면 매사가 지연되고 복이 감해진다.

월지와 일지에 장생이 있으면 총명, 근면, 조숙하며 조상의 사업을 계승하고, 직장인은 윗사람의 도움으로 출세하며 부부가 원만하고 가정이 화평하다. 월지가 장생이면 생명력이 왕성하고 풍부함을 의미하기 때문에 장수하는 경우가 많다.

장생이 편관, 편인, 겁재, 상관과 동주(同住)하거나 형, 충, 파, 해(刑, 沖, 破, 害)가 되면 좋은 영향이 감소한다.

(3) 장생(長生) 운(運)

장생은 안락형통(安樂亨通)하는 운기이므로 장생의 행운(行運) 역시 대부분 길한 운이다. 곤란한 일이 있어도 누군가의 도움으로 어려운 일들이 쉽게 풀린다.

장생 年에서는 조상이나 부모의 가업을 계승한다든지 스승의 후계자가 된다든지 아니면 직장에서 승진하거나 신상과 기업이 번성하는 운기라고 할 수 있다.

(4) 각 지지(地支)의 장생(長生)

年支: 조상의 음덕이 있으며 어린 시절 부모의 사랑을 많이 받음. 연간이 재성이고 연지가 일간의 장생이면 부귀한 가문에서 출생.

月支: 부모 형제 덕이 있으며 청년 시절부터 높은 지위에 오르며
　　　중년부터 귀인의 도움으로 사업을 성공.
日支: 丙寅, 丁酉, 戊寅, 己酉, 壬申, 癸卯
　　　남녀 모두 배우자 덕이 좋음. 가정이 편안하고 행복.
　　　남자는 현모양처와 인연이 있고 처가 덕을 누리며 승승장구.
時支: 자식이 귀하게 되며 효도.
　　　본인의 말년 운도 좋아 부귀 장수.

(5) 육친(六神)의 장생(長生)

比劫: 자아가 강하고 과시욕이 있으며 활동적.
　　　구술업이 좋으며 형제가 우애.
食傷: 자비심과 동정심이 있으나 다소 이기적.
　　　의식주가 풍족하고 귀한 자식을 둠.
　　　인물이 좋아 일찍 이성 운에 노출되니 주의.
　　　여자는 대단히 활동적이나 상관견관(傷官見官)하기 쉬움.
財星: 재복이 있고 남자는 현모양처와 인연.
　　　여자는 재물을 이루기 위하여 본인이 열심히 일함.
官星: 건전하고 출세가 빠른 남자와 인연.
印星: 귀인의 도움. 총명하고 지혜가 있어 문장가나
　　　교육자로서 출세.
정유(丁酉) 기유(己酉) 계묘(癸卯)처럼 제왕(子午卯酉)의 장생은 본인이 노력하여 재물을 성취하기 때문에 아집과 집착력이 강하다.

5) 목욕(沐浴). 실패의 별

(1) 목욕(沐浴)의 의의(意義)

목욕은 솔직, 경솔, 천박, 불안정(가정, 직업, 인간관계 등), 호색, 학예, 기술, 유시무종(有始無終), 다정다감 등을 상징한다.

어린아이에게는 목욕이 귀찮고 성가시고 때로는 고통스러운 일이기도 하다.(浴敗) 그래서 싫증을 내고 짜증과 호들갑을 부리기도 한다. 그러나 목욕을 하면 깨끗해지고 깔끔해지니 남에게 과시하고 싶어지고 사치와 허영을 즐기며 주색과 잡기(雜技)도 가까이 하게 된다.

12신살로는 연살(年殺)이며 도화살(桃花殺), 함지살(咸池殺), 패살(敗殺)이라고도 한다.

시기적으로는 젖꼭지를 떠나서 자기 손으로 밥을 먹고 세상에 처음으로 한걸음 내딛는 시기이므로 세상에 대해서는 전혀 백지 상태이다.
보고 듣는 것이 모두 새롭지만, 어느 것이 옳은지 그른지를 전혀 분간할 수 없어서 덮어놓고 있는 그대로를 받아들이고 모방하려 하므로 모든 일이 자모자패(自謨自敗)가 되며 쉽게 싫증을 내고 변덕을 부리기에 어느 한 가지도 시작만 있을 뿐 완성이라고는 없는 유시무종(有始無終)이다.

(2) 목욕(沐浴)의 성품(性品)

　월지나 일지가 목욕인 일간은 쉽게 싫증을 내고 갈피를 잡지 못하는 성품이 흔하다. 모든 일에 주관이 약하고 즉흥적이며 변덕이 심하여 변화 변동이 많고 고독과 이별이 따르는 파란이 많은 삶을 사는 경우가 많다.
목욕은 말로 화를 초래하는 때도 많다. 행동보다 말이 앞서며 내실보다 외형에 치우치는 경향이 강해 거창한 듯해도 부실하며 곧 중단한다.

　호기심이 많아 모든 일에 심사숙고하지 않고 닥치는 대로 덤비고 뛰어드는 천방지축(天方地軸)의 버릇이 있다. 그래서 눈에 띄고 귀에 들리는 것 그리고 남이 해서 좋아 보이는 것 모두를 덮어놓고 모방하려 하나 확고한 목표의식이 없이 시작하다 보니 곧 싫증을 내고 그만두게 된다.
처음 시작은 거창(巨創)하고 정열적으로 하지만 새로운 것이 나타나면 금방 집어던지고 또 다른 새것을 붙든다. 이러한 성향은 사랑, 공부, 직장, 취미 등 모든 부분에서 나타나 항상 분주한 것 같으나 한 가지도 제대로 이루는 것이 없이 공사다망할 뿐이다.
이것은 모든 일을 시행하는 데 있어 뚜렷한 목표 없이 남에게 잘 보이겠다는 단순한 목욕 심리(멋과 폼)에서 비롯되었다고 할 수도 있다.
　목욕은 벗고 씻는 행위이다. 자신의 알몸을 수치심 없이 그대로 드러내 보이는 행위이므로 철부지 아이와 같다 할 수 있다.

더불어 목욕이 있으면 풍류기가 있고 음적(陰的) 호기심이 많아 이성을 추구하고 향락적인 성향이 많다. 목욕이 있으면 흉한 것이 원칙이며 직업과 주거가 자주 변하고 친척과 인연이 없고 여성은 유산을 잘하고, 호색 음란하며 경솔하고 평생 고민이 많다.

한편 목욕은 매일 씻는 행위로서 적극적이고 활달한 의미도 있고 반복의 의미도 내재하여 있어 직업을 구하는 데 있어 단순하고 반복적인 일 등에는 적합하다. 남의 시선을 중요시하다 보니 외적인 멋과 세련미는 있을 수 있으나 내적인 진실이 부족하고 경거망동하여 구설이 많이 따를 수 있으니 주의해야 한다.

목욕이 생왕(生旺)과 합작하면 왕자병, 약물중독, 주색을 탐할 소지가 있으며 사절(死絶)과 합작하면 표리부동하고 간사하며 무례한 행동도 많이 한다. 목욕이 공망이면 귀문관살에 걸린 것처럼 빙의 현상이 나타나고 절제력을 잃거나 신병증세를 보이기도 한다. 그러나 사주에 천월귀인이 있거나 정관, 정인, 재성, 식신과 동주하면 목욕의 흉한 작용이 감소한다. 반대로 상관, 칠살, 편인과 동주하거나 형, 충, 파, 해(刑, 沖, 破, 害)가 있으면 더욱 흉하다.

예술과 기술에 적성이 맞아서 그 방면으로 진출하는 경우가 많다.

(3) 목욕(沐浴) 운(運)

목욕은 가장 위험천만하고 파란만장하며 시행착오와 상처투성이의 기운이지만 한편 다정다감하기도 하여 도화살(桃花殺)이라고도 한다. 그러나 대부분 모든 일에 경거망동하고 심사숙고하지 않아 실패하는 경우가 빈번하다.(敗殺)

목욕 年에는 부모의 유산을 파(破)하고 직업과 사업도 실패하며 아집과 고집이 세 의리를 잃게 되는 등 어떤 일을 하여도 실패하여 슬픔이 생기는 운이다. 그리고 부모·형제가 모두 헤어지고 아내와 인연이 변할 수 있으며 고독하고 빈궁하게 된다. 그러므로 연운이 목욕이면 얻는 것보다 잃는 것이 훨씬 많은 실패의 운기이며 목욕이 합이 되면 이성의 난을 암시한다.
특히 노년에 목욕 운을 만나면 병원에 입원하거나 종명(終命)을 맞을 수 있다.

(4) 각 지지(地支)의 목욕(沐浴)

年支: 조상대에 주색으로 가세가 기울었거나 부모가 고생.
　　　부부의 이별 수.
月支: 부모 형제에게 색난, 사치, 허영.
　　　중년에 가세가 기울거나 부부 인연이 변함.
　　　여자는 잔소리와 불평불만이 많음. (甲子, 乙巳, 辛亥 월주)
日支: 甲子, 乙巳, 庚午, 辛亥.
　　　자신 또는 배우자가 풍류끼.

부모 형제 무덕하고 조기 이향(離鄕)하며 부부 불화.

기예와 문장에 능하므로 문필가, 언론인, 활인업, 예능업이 좋음.

이동성 있는 직장에서 일하기 쉬우나 직주(職住)의 변동이 잦음.

時支: 자식이 속을 썩임.

말년에 고독하고 처자와 무정.

(5) 육친(六神)의 목욕(沐浴)

比劫: 형제자매의 성격이 활발하나 직주의 변동이 심함.
구류술업(九流術業)이 좋음.

食傷: 영감력, 화술이 좋고 미식가이며 풍류에 소질.
상관 목욕은 언행이 경솔하여 구설수.
하극상의 기질이 강하고 참을성이 약하여 주변과 마찰.
타인의 평가에 민감하여 자아를 잃어버리고 주위의 관심을 끌기 위해 헛된 노력.

財星: 이성 난과 낭비벽이 있고 재복도 없으나 아내는 미모.

官星: 남자는 색난이 따르고 자식 덕이 없음.
여자는 활발하여 스스로 가장이 되며 남편 덕이 없음.
비밀을 잘 간직하지 못하여 구설.
정관(正官)이 목욕이면 정해진 업무에 능하고 규칙을 잘 따름.

印星: 공부는 많이 했으나 지성적이 못하고 직업의 변동이 잦음.
어머니가 미인인 경우가 많음.

6) 관대(冠帶). 성장과 출사(出仕)의 별

(1) 관대(冠帶)의 의의(意義)

관대는 자신의 힘으로 운명을 개척하는 별로써 초년에 고생이 있어도 중년에 발달하는 특징이 있는데 고집이 세서 남과 충돌하는 경향이 있으므로 인간관계를 조심해야 한다.

관대는 20대 청소년기의 혈기왕성할 때를 의미한다. 매사에 의욕적이고 적극적이고 독립적이며 자존심과 고집이 세다.
20대로 몸은 성숙하였으나 정신적으로는 아직도 미숙하며 세상의 물정과 사리에도 어두운 상황에서 자신만을 믿고 모든 것을 자신의 의지대로 하려는 욕구가 강하니 무리수를 두어 성취하고자 하는 일에 실패하는 경우가 많다. 기백은 있으나 지혜가 부족하고 자신감은 있으나 지략이 약하여 도모하는 일의 결과가 좋지 않다.
12신살의 월살(月殺)에 해당하며 고초살(枯焦殺)이라고도 한다.

관대는 목욕 후에 의관을 갖추고 출사(出仕)를 하는 것이다. 즉 결혼하거나, 직업이나 사업을 시작하는 사회 진출의 첫 단계를 의미하는 것이다. 외적인 자기 모습에 도취하여 모든 것을 의욕적으로 독단적으로 시행하다가 실패하는 수가 있다. 이러한 실패와 시행착오에 의하여 세상을 알게 되고 타인의 의견을 존중하며 겸손하고 원만한 대인관계를 배워감으로써 성공적인 세상살이의 밑받

침을 터득하는 것이다.

관대는 한마디로 겉은 익고 속은 익지 않은 반숙(半熟)이나 하늘을 보고 고개를 바짝 치켜든 벼의 빈 쭉정이에 비유할 수 있으며 이러한 것들이 마치 따가운 열(여러 번의 실패)에 의하여 서서히 익어가는 완숙(完熟)이나 고개 숙인 벼가 되는 전 단계를 의미하기도 한다.

(2) 관대(冠帶)의 성품(性品)

월지나 일지에 관대를 둔 일간은 매사에 의욕과 추진력이 강하고 독립적이며 고집과 자존심이 세다. 그리고 자신을 과신하거나 자기주장이 강하여 타인의 말을 무시하고 독선적이며 관용보다는 만용을, 타협보다는 무모한 고집을 앞세워 일을 그르치는 단점이 있다.

아는 것도 없이 잘 아는 것처럼 우겨대고 우쭐하고 건방을 떨지만은 속은 텅 비어 있으며 기고만장, 안하무인, 유아독존격으로 버릇없이 날뛰기 때문에 처세와 세상살이가 원만하고 평온하지 않다.
자신의 큰 결점보다 타인의 티끌을 비판하고 선민의식과 우월감에 빠져 자신이 최고인 양 행세하는 경향이 있다.
모든 것을 자기 본위로 독선적, 독단적, 독점적으로 처리하고 처신하기에 모가 나고 적이 많으며 좌충우돌(左衝右突)하고 우격다짐으로 밀고 나가서 어느 것도 순탄하게 이뤄지는 것이 없고, 긁어서 부스럼을 만들 듯 평지풍파(平地風波)를 일으키기에 조용한 날이 없다.

　육체적 기능은 향상하여 용기와 박력이 넘치는 패기 덩어리로 두려운 것이 없으나 아는 것이 없는 빈껍데기로 요령, 수완, 방법이 전혀 없으므로 매사가 시행착오와 실패의 연속이다. 백전백패해도 끝까지 싸우는 오기는 있으나 이는 무모한 고집(固執)과 만용(蠻勇)으로서, 만용과 고집으로 일의 성사는 없고 실패만 따를 뿐이다.
성격이 모가 나고 고집이 지나치게 강하며 융통성이 부족하고 이기적이기 때문에 가정과 사회생활에 어려움이 많다. 자존심이 지나치게 강하여 평범한 신분에 만족할 줄 모르고 항상 불평불만이 많으므로 자신을 스스로 낮추며 수양을 쌓아야 한다.

　그러나 긍정적으로 생각하면 경쟁적이고 투쟁적이며 목표를 달성하고자 하는 의욕이 대단히 강하기 때문에 집요하고 끈질기게 시종일관 추진하여 목표를 달성할 수 있는 좋은 면도 있다.
이런 점에 어울리는 직업으로는 활동적이고 성취가 큰 정재계, 법조계, 언론계, 생사여탈을 다루는 군, 검경, 의료계 등이 적당하다 할 수 있다.

　일지에 관대가 있으면 부부 인연이 쉽게 변하나, 관대가 있는 여자가 사주가 좋으면 교양이 있고 남편을 잘 내조한다. 그러나 사주가 나쁘면 교양이 없고 고집과 편견이 심하므로 가정이 원만하지 못하다.

　사주에 관대가 있으면 중년 이후에 재물 복이 트여 복이 닥치나 부부 궁은 불미하다.
관대가 있고 흉살과 공망이 있으면 만사가 여의치 못하고 불만이 누적되어 투정과 범법을 하고 도박에 탐닉한다.
관대(월살)가 병(역마살)과 합작하면 무속인이 될 수도 있고 여자의 관대는 종교에 심취하여 남편과 불화할 수 있다.
관대가 묘고(墓庫)에 입묘되면 육친에게 흉조가 있게 된다.

(3) 관대(冠帶) 운(運)

　관대의 年을 만나면 자기의 위치가 정해지는 해이기 때문에 여러 가지의 곤란한 일이 있어도 자연스럽게 사람의 위(上)에 서게 되어 공직자나 직장인은 승급(昇級)하고 일반인은 재물을 모은다.
그러나 투기, 도박 등에는 흉(凶)하여 우연히 한번은 승리할 수 있으나 다음에는 반드시 실패하니 주의하여야 한다.

　관대의 긍정적인 면은 활동력이 우수하며 지도자의 자질이 있는 것이다. 성정과 운의 수준이 좋으면 명문가 출생이며 현모양처를 얻고 자손이 총명하며 성공하여 관가에 진출해서 상류 생활을 영위한다.

(4) 각 지지(地支)의 관대(冠帶)

年支: 가문의 덕이 있고 일찍 출세하나 중년 이후 부부 운이 불미.
月支: 출세 지향적인 삶을 살고 주관이 뚜렷하여 일찍 출세를 하나
  가정사를 소홀히 하여 부부 불화.
  본인의 소망은 이룰 수 있으나 직주의 변동이 잦음.
日支: 丙辰, 丁未, 戊辰, 己未, 壬戌, 癸丑
  남녀 모두 고집이 세고 처세에 능함.
  성품이 강하고 의지가 뚜렷하여 공명을 얻고 발전.
時支: 귀하고 뛰어난 자식을 두게 되고 말년이 편안하고 행복.

(5) 육친(六神)의 관대(冠帶)

比劫: 성격이 강하고 기고만장하며 자만심이 강함.
  여자는 배우자와 자식 덕이 없는 편.
食傷: 식신 관대는 수완가로서 처가와 유정하나 상관 관대는
  반복하여 말하는 반음설기(反吟洩氣)의 상으로 잔소리와
  참견이 심함.
財星: 재물은 모으나 냉정하여 처에 무정하고 해로가 곤란.
官星: 여자의 칠살 관대는 남편에게 고통받는 과부지상.
印星: 신심이 깊어 어질고 착하며 경쟁 관계에서 두각을 나타내고
  학문적 성취를 이룸.

7) 건록(建祿). 벼슬과 독립의 별

(1) 건록(建祿)의 의의(意義)

건록은 부귀발전, 개운재록(開運財祿), 자수성가, 건강, 장수 등의 표상이며 12신살의 망신살(亡身殺)에 해당한다.

건록은 30-40대의 청, 중년기로서 20대의 천방지축이던 관대(冠帶)가 육체와 정신이 온전하게 성숙하여 인격과 자신감, 지덕이 겸비된 완전한 성인이 되었음을 의미한다.
인생은 여기서부터 부모 곁을 떠나 자기 스스로 운명을 개척하고 자기 세계를 건설하는 독립적으로 자수성가(自手成家)하는 시기로서 일생의 황금기라 할 수 있다. 어떠한 곤경도 극복해 내는 불굴의 의지가 있고 신념이 확고하며 신체가 건강하여 장수 할 수 있다.

건록은 임관(任官) 또는 사관(仕官)이라 하여 벼슬길에 오르는 것으로 성공과 부귀를 나타낸다. 사주에 건록이 형, 충(刑, 沖)이 되지 않고 청(淸)하다면 귀한 운명으로서 12운성 중 최고의 길성이다. 벼슬에 올라 뜻하는 바를 펼칠 때 공사가 분명하고 불편부당하지 않은 장점도 있으나 때로는 융통성이 적고 너무 뻣뻣하며 권위적이어서 주변에 사람이 없고 인덕이 적은 단점도 있다.

한편 건록은 자주독립할 수 있는 충분한 실력과 자격을 갖추고는 있지만 아직은 실력을 발휘해 본 경험이 적고 세상 물정과 처신에 미숙함이 많으므로 모든 일에 실패하지 않기 위해 심사숙고를 하여 행하나 때로는 그것이 지나쳐 좋은 기회를 놓치는 때도 있다. 건록은 장수(長壽)하는 좋은 운명으로서 중년부터 크게 복이 닥쳐 명리를 이룬다.

(2) 건록(建祿)의 성품(性品)

월지나 일지가 건록인 일간의 성품은 온후하고 총명하며 고결하다. 체력과 지력이 풍부하고 왕성하며 만사에 주도면밀(周到綿密)하고 유능하며 독립심이 강하여 자수성가한다.
이론과 경험을 모두 겸비하고 있어 일을 도모하고자 할 때는 행동하기 전 심사숙고하여 무리 없이 치밀하고 빈틈없게 진행하고 성취한다.

건록은 천간과 지지가 비견(比肩 : 甲寅, 乙卯, 庚申, 辛酉... 등)으로 조합되어 일간이 신강하다. 이는 독립심과 자존심이 강하고 자수성가의 능력도 큰 것을 의미할 수 있으나 타인의 참견이나 충고를 무시하고 독단으로 흐르기 쉬운 성품을 의미하기도 한다. 그러므로 건록은 본인에게는 부귀 양명의 길성이지만 배우자 간에는 불화를 초래하는 흉성이기도 하다.

특히 여성의 건록은 자신이 유능하고 가정 대소사보다는 사회

활동을 우선시하여 가정불화를 초래하는 등 삶이 힘들 수 있다. 이런 경우 남편의 성품이 조용하고 비활동적인 12운성의 쇠, 병, 사, 묘, 절이라면 부인에 대해 이해의 폭이 넓으므로 불화가 적어질 수 있다.

건록에 적합한 직업은 정신노동이 좀 더 적절하여 교육계, 의료계 등과 연구 분야가 좋고 사주가 맑으면 정·재계에서도 탁월하게 성공할 수 있다.

(3) 건록(建祿) 운(運)

건록은 타인의 존경을 받으며 입신양명(立身揚名)하는 운기이다. 건록 年을 만나면 직업을 얻든지 직책이 올라갈 수 있고 재물을 성취한다. 본인의 재능이나 재질을 인정받고 예기(藝技)로서 인기와 재물을 얻기도 한다.
일반적으로 좋은 運이며 자손에게까지 발전을 전하는 운기라 할 수 있다.

40세를 전후하여 운세가 달라진다. 대, 세운이 좋으면 크게 발달하고 경력이 충만해진다.

(4) 각 지지(地支)의 건록(建祿)

年支: 조상이 부귀하였으며 만년 발복.
　　　세록격(歲祿格).
月支: 부모 특히 형제자매가 조기 이향하여 자수성가.
　　　운이 초년에 좋지 못하였다면 중년부터는 좋아짐.
　　　고집과 자존심이 세며 활동적이고 독립심이 강함.
　　　월지 건록의 여자는 가장의 역할을 함.
　　　건록격(建祿格).
日支: 甲寅, 乙卯, 庚申, 辛酉.
　　　의지가 굳고 매사 계획적이며 주관이 뚜렷하고 독립적이어서
　　　부부불화가 있음(특히 甲寅 여명).
　　　예기의 재능을 발휘하여 공명.
　　　전록격(專祿格).
時支: 자손이 발전하고 효순하며 말년이 편안.
　　　귀록격(歸祿格).

(5) 육친(六神)의 건록(建祿)

比劫: 고집이 세고 자수성가하나 주위의 견제로 재물 취득은 쉽지
　　　않음.
食傷: 여명은 현달한 자식을 두나 본인은 만혼을 해야 함.
　　　언변과 수단이 좋고 눈치도 빨라 인기가 있으나 교만함.

하극상의 기질이 있고 의협심도 강하나 포용심은 부족.
외면에 관심이 많아 멋과 맛을 추구.

財星: 처복과 재물 복이 있으며 미인과 인연이 되는 이성 운.

官星: 남명은 후덕하고 처세에 품위가 있으며 학식이 높고 자식 덕이 있음.

印星: 공평무사하고 교양과 예의가 있으며 지성이 걸출.

8) 제왕(帝旺). 전성기의 별

(1) 제왕(帝旺)의 의의(意義)

제왕은 절정, 독립, 독선, 명예, 권력, 횡포, 쇠퇴, 운세의 변화, 낭비, 이별 등을 상징한다.

제왕은 권위와 지혜, 중후함과 예리함, 최고와 성공, 독립과 독선, 독행의 표상이다. 그러므로 자신을 과신하여 모든 일을 독단적으로 처리하려는 경향이 강하며 대단히 출세 지향적이고 권위적이며 배타성과 독립심이 강하다.
40, 50대의 장년기로 일생의 최고 전성기를 의미하나 최고는 곧 내려오는 길밖에는 없기에 쇠퇴함과 변화 변동을 예고하기도 한다. 제왕은 12신살로는 장성살(將星殺)에 해당하며 12운성 중에서 가장 힘이 강력하다.

세상을 살아오면서 다양한 삶을 모두 경험하고 세상 물정과 만사에 통달하여 능소능대(能小能大)하며 천하를 통솔하고 호령하는 제왕의 기상이 있어 자신이 최고인 양 행동하며 자존심과 독립심이 유달리 강하다. 사주가 맑으면 대업을 이룰 수 있으나, 꺾일지언정 굽히지 않는 성질 때문에 대인관계가 좋지 않고 적이 많다. 그러나 산전수전을 경험하면서 터득한 깊은 지혜와 영민함은 매사를 신중하고 몸가짐을 조심하게 처신하게 하며 함부로 나서거나 대적하게 하지 않는다. 그러므로 사람을 대하거나 어떤 일을 행할 때 유연하나 재빠르며 날카로우나 부드러움이 있고 언행에 무게가 있다.

　제왕은 안목(眼目)이 원대하며 통이 크고 배짱이 두둑하면서도 미련을 떨지 않고 번개처럼 민첩하며 소소한 이익의 추구보다는 큰일을 이루기 위하여 노력한다. 이러한 대업을 이루기 위하여 제왕은 배포가 크고 도량이 넓으며 다양한 재능의 비범함을 겸비하고 있다.

　그래서 그는 하나를 얻기 위해서 두 번을 수그리며 비록 겉으로는 어수룩하고 쉬어 보여도 자기중심이 확고하고 치밀하며 부화뇌동 하지 않는다. 친절하고 겸손하지만, 속마음은 확고부동하고 중심이 꽉 잡혀있는지라 뼈대 없는 행동도 하지 않는다.
치사한 것과 옹졸함을 제일 싫어하여 남에게 의지하거나 신세를 지지 않으려 하고 항상 당당하려고 노력한다.

(2) 제왕(帝旺)의 성품(性品)

　월지나 일지가 제왕인 일간은 모든 일에 능소능대하고 자수성가하며 대부분은 박학다식하고 수양이 풍부하며 지도자적인 능력과 아량·관용·신의가 있고 또한 이를 갖추어야 성공할 수 있으며 그렇지 못하면 고생하고 실패한다.

제왕은 양인(羊刃)의 기운이 있어 강하지만 자신을 발전시키기 위해 노력하고 타인의 조언을 받아들이는 개방성과 관용의 미덕도 있고 신뢰 관계가 이루어지면 힘껏 도와주는 인정과 신의도 있다.
한편 영웅적인 기질로 오만하고 권위적이며 잘난 체를 잘하여 주변에서 배척을 당하기도 하며 혈육·친지간에도 무정하여 외롭다.

겁재의 기질이 내재하여 있어 부부 운이 불미하고 무정한 사이가 되기 쉬우며 특히 여자는 아는 게 많고 이론에 밝고 신기(神氣)가 있어 남편과 충돌이 예상된다.
여자가 제왕이 있고 사주에 편인, 상관, 겁재, 괴강 등이 있으면 남편을 극하여 부부생활에 애로가 많다.

적절한 직업군으로서는 정·재계, 교육계, 육영 사업, 무역업, 자유업 등에서 발전하나 일반적인 공직자도 적당하다.

(3)제왕(帝旺) 운(運)

제왕 年은 대체로 길운이다. 제왕은 자신력과 실천력이 왕성한 운기로서 조상의 은덕을 받든지 재물을 성취하든지 하며 예능이 있는 사람은 재주로 명성과 부를 이룰 수 있는 운기이다.
또한 학자·의사·성직자·공직자 등도 이름을 빛내 명예가 해외까지 알려지게 되든지 또는 재록(財祿)을 받아서 주거가 안전하고 부귀하게 되며 일반인 역시 부귀 발복하는 운세이다.

제왕의 기질은 남자에게는 긍정적으로 작용을 하나 여자가 제왕을 타고나면 남편을 도리어 부양하고 다스려야 하니, 인물은 여걸이라고는 하나 다복하지 못하다. 즉 가정보다는 사회적인 여성이므로 대외적으로는 비범한 여성이지만 가정적으로는 불만과 부족함이 많아 부부간의 조화에도 어려움이 많으며 이런 양상은 제왕 년에 더욱 심해질 수 있다.

여자의 경우, 제왕 年에는 남편에게 재해(災害)가 발생할 수가 있으니 마음을 가다듬고 성실한 신앙생활 등을 하면 운기가 변하여 재앙을 피하고 입신출세(立身出世)도 할 수 있다.

(4) 각 지지(地支)의 제왕(帝旺)

年支: 명문가의 자손으로 자비스러우며 가문을 일으킴.

月支: 본인은 심성이 고강하고 모든 일에 능력이 있고 독립심이 강하여 자수성가.

　　　남에게 굽히길 싫어하며 남의 부하가 되기를 거부.

　　　월지 제왕(帝旺)의 여자는 배우자 운이 약함.

日支: 丙午, 丁巳, 戊午, 己巳, 壬子, 癸亥

　　　자신감이 있고 포부가 크고 진취적 기상이 있음.

　　　의지가 굳고 독립심이 강해 자수성가하나 성격이 강한 탓에 성패가 다단.

　　　사주에 관살이 있으면 신중하고, 관살이 없으면 성급하고 고집이 세어 파멸을 초래.

남녀를 막론하고 부부의 인연은 박함.

특히 여자는 부부 연이 약하여 떨어져 살거나 이별도 하는데 사회생활을 하면 액이 감해짐.

일지에 제왕이 있으면 향학심이 강하고 박학다식하며 늦게까지 공부.

권위적이고 현학적이며 선민성이 강해 타인을 무시하기 쉬움.

時支: 뛰어난 자식을 두어 자식이 가문을 일으키고 본인의 말년도 편안하고 명예가 높음.

(5) 육친(六神)의 제왕(帝旺)

比劫: 성격과 의지가 강하고 독립적이어서 일찍 자수성가.
뛰어난 형제가 있으며 형제간에 우애가 있음.
이성 문제에 취약하고 삼각관계에 빠지기 쉬움.

食傷: 상관견관(傷官見官)이 뚜렷하고 여자는 아이를 낳으면 남편과 이별하기 쉽다.(得子夫別)
남자는 직업 변동이 잦음.
사회봉사 활동에 많은 관심.
자기주장이 강하고 직언을 망설이지 않음.
반대나 지는 것을 용납하지 않아 구설이 많음.
감정변화가 심해 욱하는 성질을 부릴 때가 많으나 곧 정화.

財星: 부친이 수완가이며 유력자.
　　　 남자는 부인이 현달하나 가정보다 사회활동에 전념하며
　　　 기가 센 편.
　　　 여자는 고고(苦苦)하고 독립심이 강하며 다소곳하지 않아서
　　　 부부관계가 소원.
官星: 권력 계통에서 대성할 수 있으나 사주가 탁하면 건달이 됨.
印星: 지성이 뛰어나고 공명정대하여 따르는 사람이 많으며 교육
　　　 및 조직 생활에 적합.
　　　 태과하면 아는 척을 많이 하고 외골수의 편협된 성격.

9) 쇠(衰). 노인과 혜안(慧眼)의 별

(1) 쇠(衰)의 의의(意義)

쇠(衰)는 소극(消極)과 수동(受動), 온순과 융화, 쇠약(衰弱)과 기약(氣弱), 퇴직(退職)과 향학(向學), 지혜와 지략의 표상이다.

쇠(衰)는 제왕의 왕성한 전성기를 지나 서서히 기울기 시작하는 50, 60대의 초로(初老)로 상징되며 은퇴하여 휴식을 취하는 시기이다.
육체는 늙고 쇠퇴하고 약하여 용기·패기·박력이 부족하고 소극적이지만, 정신은 현역에 못지 않다.
살아온 삶의 경험이 풍부하게 녹아 있어 지혜의 대명사로 불리 울 정도로 비범한 지성을 표출하며 현실을 지혜롭게 살펴 적당히 타협하고 적절하게 처신하며 생각하는 게 깊고 온순하고 원만하여 실패의 무리수가 적다.

대체로 길성으로 간주하며 육체적인 쇠퇴 때문에 적극성과 진취성이 부족해 큰일을 이루기는 어려우나 풍부한 경험과 지혜로서 기획과 기존의 일반 업무를 수행하거나 적절한 조언을 하는 데에 일가견이 있다,
인내심과 타협심이 풍부하고 성실하며 책임감 또한 강하며 순종적이기 때문에 조직 생활에서 일찍 성공하는 편이다.
12신살의 반안(攀鞍)에 해당한다. 쇠(衰)의 반안은 지나간 왕성한

시절의 제왕을 회상하고는 상념에 젖어 현실을 비관하고 후회도 한다. 그러나 쇠의 반안은 일시적 굴곡은 있으나 반안(衰)이 건록이나 제왕과 합작하면 만년에 발복하기도 한다.

(2) 쇠(衰)의 성품(性品)

월지나 일지가 쇠(衰)인 일간은 지혜롭고 성정이 온순하고 원만하며 화가 나도 겉으로 드러내지 않고 속으로 삼키며 감정을 잘 드러내지 않는다. 점잖고 온화하며 성격이 좋고 잘 참는 편이고 인심이 후해 친구가 많다.
다정다감하고 동정심 또한 많아 남의 뒤를 잘 봐주는 편이나 이러한 인정 때문에 평생 손해를 많이 보기도 한다. 그래서 남의 신원과 재산 보증(財産保證)을 서는 것은 금물이다. 이렇게 인정이 많고 눈물에 약하여 남을 잘 도와주니 인간미는 최고라 할 수 있지만, 처세술에는 문제가 있다.

쇠(衰)는 추진력이나 통솔력이 부족하기에 창업이나 책임자로서는 적합하지 않지만, 상사에게 순종하고 동료에게는 온화하니 직장인으로서는 적격(適格)이며 직업적성은 꼼꼼하게 기획하고 연구하는 정신노동과 교육계, 일반적인 조직 생활, 종교 및 신앙계통, 활인업 등에 적절하다.
한편 남자의 경우에는 자립정신과 추진력이 부족하고 수동적이므로 경쟁 관계에서 자주 밀려 만년까지 말단으로 머물다 퇴직하는 경우도 많다.

그러나 쇠(衰)인 여자는 온화하고 순종적이며 잘 참고 화를 내지 않으므로 좋은 부인이 되거나 시부모를 잘 섬긴다.
월지나 일지에 쇠(衰)가 있으면 가정적이고 욕망이 적다.

(3) 쇠(衰) 운(運)

  쇠(衰)는 노고가 많은 운이다. 성정과 운기는 온후자중(溫厚自重)하지만 의심(疑心)이 있고 출생은 부유한 집에서 태어날지라도 중년 후에 집이 기우는(敗家運) 운기가 있으며 재혼을 하는 등 생의 노고가 많다. 그리고 성패가 다단하며 쇠퇴·빈곤·병약·담백·고지식하고 부모덕은 없으며 자손 운도 불길하다.
쇠(衰) 年을 만나면 조상의 유산과 재물을 모두 파산하고, 집안에 환자가 발생하며 열심히 일해도 공이 없는 등 맵고 쓰디쓴 해(年)라 할 수 있다.

(4) 각 지지(地支)의 쇠(衰)

年支: 부모가 어려워 어릴 때 고생.
　　　내면은 성실하나 일찍 능력 발휘하기가 힘들고 말년 운 또한 좋지 않음.
月支: 형제나 친구 덕이 없고 마음이 약하여 사기나 보증 등에 의해 손재.
日支: 甲辰, 乙丑, 庚戌, 辛未
　　　내성적인 성격으로 비사교적.

학문과 예술적 소질이 많으므로 학자, 예술가, 의사가 되면
　　　재능을 발휘.
　　　남을 위해 너무 신경 쓰면 본인에게 해로운 것이니 조심.
　　　육친과 인연이 약하여 타지에서 자수성가.
　　　결혼 운이 좋지 않아 결혼이 늦어지거나 결혼 후 가정이 파탄.
　　　여자의 甲辰, 庚戌, 辛未 일주는 백호, 괴강, 현침의 작용으로
　　　기가 세서 부부 궁이 불미.
時支: 자식이 병약하고 운이 좋지 않으며 배우자와 일찍 사별.
　　　월, 일지의 반안이 시지 쇠(衰)를 보면 늦게 발복.
　　　시지의 반안(쇠)이 역마(병), 화개(묘)와 동주하면 문장가
　　　및 대 역술가로 이름을 떨침.

(5) 육친(六神)의 쇠(衰)

食傷: 자식이 현달하며 출세.
　　　경박한 경향이 있으며 말이 횡설수설.
財星: 남자는 어진 아내와 인연이 있어도 아내가 허약.
　　　부친이 유력하며 경제적 도움.
　　　재복이 있으며 중년 이후 발복.
官星: 관운은 일찍 이루어지지만, 중도 사퇴.
　　　여자의 배우자는 직업 이동이 심함.
印星: 성격이 조급하나 착함.
　　　재욕이 강하고 계산에 민감.

10) 병(病). 환자와 배려의 별

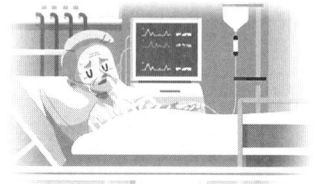

(1) 병(病)의 의의(意義)

병(病)은 이해와 배려, 신경질, 결벽증, 약기(弱氣), 질병, 취미의 탐닉, 오락, 우유부단, 친척과의 무 인연 등을 상징한다.
병(病)은 병마와 고독, 피로와 허약, 그리움과 기다림, 신심과 종교, 공생과 협조, 후회와 절망 등이 내재하여 있으며 12신살의 역마살에 해당한다.

이순(耳順)의 노년기로 늙음이 깊어지고 영육(靈肉)이 무기력하며 육체는 병들고 정신은 쇠퇴함을 의미한다.
사람이 병들면 병실에 누운 채 꼼작할 수 없으니 외롭고 답답하며 서러움만이 있다. 눈을 지그시 감고 건강하고 영예롭던 과거시절을 조용히 회고해 보면 고독이 뼛속까지 스미지만, 과거의 잘잘못을 회상하고 반성하며 남들에 대한 이해와 배려의 폭을 넓혀 가는 시기이기도 하다. 이처럼 병(病)은 육신을 괴롭히지만, 철부지의 사람에게는 참인생과 삶의 진실과 도리를 가르쳐 주는 위대한 철학자이고 스승이기도 한 셈이다.

사주에서의 병(病)은 육체적 관점에서는 완전한 쇠퇴와 노쇠(老衰)를 의미하지만, 정신적 관점에서는 원숙하고 노련한 정기(精氣)의 충만함을 의미하기도 한다.

그러나 이러한 성향은 양, 음간(陽, 陰干)에 차이가 있다. 양일간의 병(病)은 나름 적극적이고 진취적 기상이 있어 창업할 수 있지만, 음 일간의 병(病)은 소극적이고 수동적이라 수성(守城)을 해야 한다. 그리고 주중에 사, 절(死, 絕)이 있으면 모두 흉이 배가 된다.

쇠(衰)와 병(病)의 작용에서 쇠(衰)는 퇴직한 지 얼마 되지 않았으므로 과거보다는 떨어지나 나름 육체적 정신적으로 활동을 하나 병(病)은 모든 것이 쇠퇴하였으므로, 쇠(衰)를 활동적 휴수기라면 병(病)은 비활동적 휴수기라 할 수 있다. 그리고 병(病)은 실질적으로 육체의 질병을 의미하기도 하여 일지가 병(病)인 일간은 육체와 정신 어딘가에 질병이 있음을 의미하기도 한다.

(2) 병(病)의 성품(性品)

월지나 일지가 병(病)인 일간은 다정다감하고 인정이 있으며 세상살이에 밝다. 병(病)은 외로움과 서러움 그 자체이므로 고독을 가장 싫어하여 누구와 더불어 이야기하기를 즐겨 공동체를 그리며 미래지향적 발상을 잘하는 편이다.

사주의 병(病)은 박애주의의 기질이 있어 일지에 병(病)을 놓은 사람은 그렇지 않은 사람에 비해 친절하고 부드러우며 상대편의 처지를 잘 이해하고 배려하는 편이다. 남의 괴로운 사정을 보고 가만히 있지 못하고 어떻게든 도와주고 보살피는 데 앞장선다.

한편 병(病)은 몸이 비정상적이듯 기분과 감정도 기복이 심하여 변덕스러우며 감상적인 음악이나 이야기를 좋아한다. 기력이 떨어져 실행력이 약하니 자연히 공상이나 망상을 즐기나 그동안의 경험에서 얻은 지혜와 지모는 출중하여 남 돕기를 잘한다. 변덕은 있을지언정 마음이 착하고 순하므로 친구가 많다.

병(病)은 외적으로는 태연해도 내적으로는 우울하고 근심이 많으며 귀가 얇아 쉽게 타인의 의견에 부화뇌동하는 심리가 있다.
이는 조직에서 밀려나서 생기는 외로움에 대한 두려움에서 기인하며 이를 종교나 신앙생활 및 무리에 속함으로써 극복하고자 한다.
이런 연유로 병(病)은 모임에 적극적으로 참석하고 남을 위하는 마음이 많다 보니 모임의 총무 역할을 자임하기도 한다.
병(病)의 직업적성은 모두를 따뜻하게 감쌀 수 있는 문학계, 의료계, 종교계, 교육계, 활인업, 상담 등이 적절하다.
병(病)이 환자를 의미하므로 병(病)은 환자와 인연이 많은 의사, 약사, 간호사 등의 사주에서 흔히 볼 수 있다.

(3) 병(病) 운(運)

병(病)은 상심쇠잔(傷心衰殘)한 운기이다. 성정(性情)과 운질(運質)은 체력이 약하고 가난하며 자손이 있으면 불효하고 병약하여 부모와 인연이 없다.
본인은 평화롭고 정숙한 면은 있으나 자기 본분과 도리를 지키지 못하고, 동경심과 질투심이 서로 부딪쳐서 만사가 제대로 되지 않고 자신이 단명할 수 있다.

병(病) 년을 만나면 집안 식구들이 병(病)을 앓거나 직장과 업무에 여러 가지의 변화 변동이 생기며, 부부가 불화하든가 이별을 할 수 있다.

그리고 부모와 자식 간에, 형제간에 불화하여 집안이 시끄럽고 흉사가 발생할 수 있다.

(4) 각 지지(地支)의 병(病)

年支: 조상이 청빈. 본인의 초년 건강이 좋지 않음.
月支: 중년 운이 쇠퇴하고 질병을 앓고 가정 내에 근심하는 일이 많음.
　　　다정다감하나 소극적이고 신경이 예민.
　　　이동수가 많고 창업의 기회가 있으나 실행력이 약해 현실성 결여.
日支: 丙申, 丁卯, 戊申, 己卯, 壬寅, 癸酉
　　　두뇌는 명석하나 신경질적이며 인내력이 부족.
　　　체질이 병약하여 쉽게 병이 생김.
　　　중년 이후에 부부 이별(戊申, 癸酉)할 수 있으며 배우자는 온화하거나 폭력적 등 극단적 성격.
　　　여자는 성질이 까다롭고 형식적인 부부 인연을 가질 수 있음.
時支: 자식 운이 박하며 본인의 말년이 건강하지 못함.

(5) 육친(六神)의 병(病)

比劫: 수단이 좋고 직주 이동이 많은 형제들이 있음.

食傷: 자녀가 먼 곳에서 공부할 운.

위, 장, 간 계통에 병.

財星: 재물 복이 약함.

남자는 먼 곳에서 배우자를 얻음.

官星: 직장이나 주거지의 이동이 심하고 분주하며 특히 외국과 인연.

印星: 지혜롭고 깔끔하나 호기심이 많아 진득하지 못함.

형제간에 멀리 있어도 우애가 좋음.

중년 이후 열심히 향학하나 목표를 달성하면 곧 새로운 것을 찾으니 지속성이 없으면 성공하기 힘듦.

어머니의 잔소리가 심하며 부모 중 한 분이 일찍 헤어질 가능성이 있음.

타인의 마음을 잘 헤아려 모임에서 총무 역할을 자임.

11) 사(死). 청산의 별

(1) 사(死)의 의의(意義)

사(死)는 쇠퇴, 죽음, 학예, 기술, 신용, 부부 인연이 없음을 상징한다. 사(死)에는 분리와 절연, 추상과 이상, 장애와 중단, 횡액과 재앙, 본질과 자연, 무력(無力)과 무상(無常) 등이 내재하여 있으며 12운성의 육해살(六害殺)에 해당한다.

병(病)이 지나치면 육신은 결국 죽음에 이르러 영(靈)과 육(肉)이 완전히 분리되어 육체는 별반 의미가 없어지고 정신만이 존재하게 된다.
사(死)의 죽음은 현세에서의 육체적 욕구를 충족시키기 위한 제반 욕심을 떨쳐버려 재욕(財慾) 등은 사라지고 고고한 정신적 세계에 몰입하므로 종교, 철학, 심리, 역학 등 근원적인 학문 연구를 추구한다. 그래서 사(死)는 정신적·지능적인 직업이 적절하고 또한 신앙·철학 등에도 깊은 관심을 두게 되고 이를 추구하는 것이 인생관이자 목표이다.

사(死)는 육친의 생사와 건강을 가늠할 수 있는 유용한 지표로서 육친이 사(死)에 해당하면 그 해당 육친의 생사와 건강은 좋지 못하다. 그리고 용신이 사(死)에 놓이면 일신에 횡액이 예상된다.

(2) 사(死)의 성품(性品)

　월지나 일지가 사(死)인 일간은 육체적 활동이 적고 정신적인 활동이 왕성하며 성품은 성실하고 담백하며 신앙심도 깊어 묵묵히 정진 수행하는 자세로 삶을 산다. 기본적으로 육체는 없고 정신만 존재하므로 활동성이나 적극성 등은 부족하여 왕성한 대업을 꿈꾸거나 이룩할 수가 없다.

　한편 책임감이 강하고 항상 겸손하며 분수에 맞게 처신하고 대인관계가 원만하여 적이 없는 편으로 신망이 높으나 경쟁 관계에서는 조금 밀린다. 그러나 외부로부터 지나친 간섭이나 공격, 침해를 당하면 폭발적으로 분노를 표출하기도 한다.
질병, 고뇌, 겁쟁이 등의 성격과 소극적 성격으로 결단력이 없어 좋은 기회를 자주 놓친다.
남자는 처와의 인연이 쉽게 변할 수 있다.
남녀 모두 이성을 좋아하여 부부의 인연이 변할 수 있다.

　사(死)의 직업적성이나 활동 분야 역시 육체적이거나 경쟁적인 분야보다는 조용하고 정신적인 분야가 좀 더 적절하다. 그래서 사(死)의 성품을 가지고 태어난 사람은 학술, 예술, 기예, 의술, 미술, 종교, 신앙, 철학 분야에 많이 진출하고 심지어는 역학 분야에서도 많이 볼 수 있다.
그리고 두뇌가 총명하고 선견지명이 있으며 대외적인 화려한 활동보다는 대내적 · 사색적 · 신앙적 · 철학적인 정신개발 활동에 가장 적절한 성정이다.

(3) 사(死) 운(運)

사(死)는 매사에 발전이 적은 운이다. 성정과 운에서는 지혜가 총명하고 다정유순(多情柔順) 하며 학문과 예술을 즐긴다. 그러나 적극성과 활동력이 적어 모든 일에 발전이 느리고 결단력은 있으나 조급하여 천신만고 끝에 얻은 재물도 쉽게 잃어버리기도 한다.

사(死) 년을 만나면 일의 진전이 없어 대부분이 제대로 이루어지지 않는다. 백사(百事)에 열심히 일하려고 하여도 이루어지기 어렵고, 분별이 있어도 용기가 없어 실행에 옮기기 힘들고, 열심히 일해서 부자가 된 사람도 조급한 결단으로 손재(損財)가 있을 수 있다.
어떠한 육친이 사(死)를 좌하에 두고 있는 상황에서 행운에서 같은 사(死)운을 만나면 해당 육친의 생명이나 건강에 이상이 온다. 예를 들어 辛 일간에 甲午가 있다면 甲에서 午를 12운성으로 보면 사(死)가 되고, 甲을 일간 辛에서 보면 정재이므로 정재는 사(死)가 된다. 그런데 행운에서 午를 다시 만나면 甲(정재)이 사(死)를 또 만난 것이므로 정재에 해당하는 부인이나 아버지에게 나쁜 운이 된다. 그러므로 부인이나 아버지가 건강이나 생명이 위험하거나 그렇지 않으면 나와의 인연이 멀어지게 된다.
그래서 사(死) 년이 되면 운이 좋지 않음을 깨닫고 스스로 수신제가하고 조용하게 신앙생활 등을 하여 액난(厄難)을 피하도록 노력하는 것이 좋다.

(4) 각 지지(地支)의 사(死)

年支: 조상이 청빈하고 부모 인연이 박함.
　　　소극적이고 남에게 양보를 잘함.
月支: 총명하고 부지런하지만, 부모 형제의 인연이 박함.
日支: 甲午, 乙亥, 庚子, 辛巳
　　　부부지간에 의견이 맞지 않고 서로 냉담하여 가정이 고독.
　　　몸이 허약하고 질병이 있으며 삶이 곤곤함.
時支: 자손과 인연이 약하거나 자손이 없어 양자를 들일 수 있음.
　　　자손이 있다면 자손에 의해 마음고생.

(5) 육친(六神)의 사(死)

比劫: 형제자매가 무력하고 서로 간에 인연이 없음.
食傷: 자식(특히 첫 자식)을 잃는 비애.
　　　화술이 좋아 말은 잘하나 잘난 체를 하여 구설수.
財星: 부친이나 처가 허약하고 질병이나 수술.
　　　재물 손실.
官星: 남편과 자식 덕이 없음.
　　　여자는 재혼을 반복하지만, 소극적이어서 해로가 곤란.
印星: 모친과의 인연이 박하고 학문적 성취가 힘듦.

12) 묘(墓). 절약과 경제의 별

(1) 묘(墓)의 의의(意義)

묘(墓)는 욕심, 세심, 축척, 계획, 고독, 종교, 계승, 이별, 부부 인연의 바뀜을 상징한다.

묘(墓)는 절약과 수집, 절연과 분리, 중단과 침체, 헛됨과 무상, 고집과 외곬의 표상이다. 12신살의 화개살(華蓋殺)에 해당한다.

묘(墓)는 가장 늙은 고령의 인생을 상징하며 생리학적으로는 완전한 침잠과 생명의 정지이며 이로 인하여 마지막으로 도달하는 인생의 종착역(終着驛)이다.

묘(墓)는 수렴하여 보관하는 곳으로 주검의 안치는 물론 재물의 수납공간으로도 활용되어 고(庫)또는 장(藏)이라고도 한다. 나이가 많이 들어 죽음을 앞두고 무덤(고려장)에 들어간 노인은 마지막 밥상을 앞에 두고서 죽음의 길을 기다린다. 음식이 있는 동안은 살 수가 있으나 음식이 떨어지면 모든 것이 끝나는 것이다. 그래서 최후까지 그릇의 밥을 먹기보다는 움켜쥐고 있어 생명을 연장하고자 하는 욕구가 강하다. 그러므로 벌 줄은 알아도 쓸 줄을 모르는 구두쇠가 바로 묘(墓)이다. 사치와 낭비는 생각조차도 할 수 없고 돈을 생명보다도 더 중하게 모시고 섬기는 것이 묘(墓)의 인생관이다. 무덤은 수북이 쌓아놓은 재화와 물질의 보따리며 금고이다.

(2) 묘(墓)의 성품(性品)

　사주의 묘(墓)는 운용 방법에 있어서 육친의 묘와 재물의 묘에 차이가 있다.
묘(墓)는 흙무덤으로서 묘(墓)를 깔고 앉은 육친은 토지의 특징인 영속성과 고정성 그리고 비이동성과 확장성의 성품을 가지고 있다. 세상사에 무관심하고 현재에 충실하며 자기만의 세계에 안주하려는 안정 지향적, 보수적인 성품이며 순수하고 담백하지만 사사로운 감정에 집착하는 외골수의 성향도 있어 편인과 같이 자신이 좋아하는 일에만 몰두하는 편집증적 성향을 보이기도 한다.
좌하(坐下)에 묘(墓)를 깔고 있는 육친은 묘(墓)가 충, 형을 당할 때 그 육친의 건강이나 수명에 손상이 올 수 있으니 묘(墓)는 육친의 면에서는 흉하다.

　재물의 관점에서 묘(墓)를 해석할 때는, 돈을 최고의 가치로 여기는 알뜰하고 소심한 스타일로 부부간에도 서로 경제권을 가지고자 다툰다.
그러나 묘(墓)는 재물의 운용보다는 축적에 좀 더 관심이 많다. 그러므로 돈을 불리기 위해서 노력하기보다는 일단 돈이 들어오면 일절 낭비하지 않고 모아둔다. 사주에 묘(墓)를 보는 사람은 대체로 재물 집착이 강해 구두쇠 소리를 들으며, 여자도 현모양처지만 돈 되는 일을 우선으로 하고 남편을 뒷전으로 하여 불화를 초래하고 근검절약이 생활화되었으며 이해타산 또한 강하다. 이런 부인에게는 마음껏 경제 활동을 하게 하는 것이 좋다. 이렇게 되면 가정도 편안해지고 경제적으로도 유복해지기 때문이다.

묘(墓)를 타고난 인생은 남녀 간에 경제관념이 뚜렷하고 검소와 절약을 추구하니 늙어서도 생활의 어려움은 겪지 않는다. 그러나 인색한 구두쇠가 되기 쉽다.

사주의 재고(財庫)가 극제됨이 없으면 경제관념이 투철하며 재물복이 있다. 재고가 합, 충, 형이 되면 재운은 멈추나 합, 충, 형 된 재고를 합, 충, 형 하는 행운에서 발복한다. 사주에 충, 형이 없는 재고는 행운에서 충, 형 할 때 발복한다.

직업적성은 안정된 수입이 보장되는 직업이나 정신노동 영역, 경리계통이나 은행원 등 금융계통이 적절하다.

(3) 묘(墓) 운(運)

묘(墓)는 자수성가의 운기이다. 성품은 검소하고 실리적이나 동시에 원만하여 일을 잘 처리하고 꾀를 잘 쓴다. 부유함은 있으나 부모의 덕이 없어 노력과 고생으로 자수성가하는 격이며 부부 인연이나 자식과의 인연 역시 박하다.

묘(墓) 년을 만나면 양친과 이별하든가 양친에게 불행이 있을 수 있다. 그리고 큰 손해로 파재(破財)하든가 아니면 부부의 인연이 변하든지, 형제가 불화하든지, 양자가 될 수도 있다. 부부의 인연이 변하여 바뀔 수 있는 운기이므로 조심하여야 한다.

(4) 각 지지(地支)의 묘(墓)

年支: 선대가 근면하고 고향에서 조상의 유업을 지키고 안정된 생활을 추구.

月支: 초년고생이 심하고 중년에 직업이나 주거의 잦은 변동.
여자는 중년에 별거나 이혼.

日支: 丙戌, 丁丑, 戊戌, 己丑, 壬辰, 癸未
대체로 배우자 운이 불미하여 부부 인연이 바뀔 위험이 많고 삶의 굴곡이 심함.
조기 이향하며 직주의 변동이 심하나 묘고를 충, 형 하는 시점에 발복.
의지가 약하고 타인과의 이야기를 즐기고 타인에게 충고하거나 상담자 역할.

時支: 자식 운이 좋지 못하고 본인도 말년에 근심이 있고 고독.
그러나 재물 복은 있음.

(5) 육친(六神)의 묘(墓)

比劫: 형제자매가 불화하고 이들 중 세상을 떠난 사람이 있음.
食傷: 여자는 산액이 있으며 자식에 의하여 근심.
財星: 부친과 아내와의 인연이 박하나 사주 구성에 따라 재물 복은 있음.
官星: 남편이 무능하고 횡액이 예상되며 부인이 가장 역할.

여자는 남자를 경원시하고 고집이 강함.

여자는 남자를 까다롭게 선택하나 결혼하면 남편이 무기력하게 됨(남편이 관고에 입묘됨).

남자는 잔소리와 참견이 심함.

여자는 이성에 취약.

관성을 묘에 두면 결혼은 늦게 하고(晩婚) 직장도 남자가 많은 곳에 근무하는 것이 좋음.

印星: 모친과 인연이 약하고 근원적 학문에 심취하나 학업 성취는 힘듦.

만학을 하며 활인이나 종교 신앙 등에 관련된 학문을 하면 좋은 성과.

6. 12운성(十二運星)의 응용

　12운성의 각 단계는 일생의 순환과정을 시기별로 구분해서 표현한 언어일 뿐 실질적인 사건의 발생을 의미하는 것은 아니다. 예컨대 병, 사, 묘(病, 死, 墓)는 실제로 병들어 죽고, 무덤에 묻히는 시기를 나타내는 것이 아니고, 그 시기가 되면 병들고, 죽고, 무덤에 묻히는 가상의 상태가 되어 육체와 정신의 상태가 이와 유사한 상황이 된다는 것을 의미할 뿐이다.

　예를 들어 천간 육친의 뿌리인 월지나 일지에 쇠, 병, 사(衰, 病, 死)를 타고난 사람은 육신이 비록 젊다 하더라도 행동이나 마음이 나이와는 무관하게 이미 늙고 병든 노인과 같은 기질(氣質)과 천성(天性)을 보인다는 것이다.
반대로 천간 육친의 뿌리가 장생이나 목욕과 같은 12운성의 육친은 항상 아이 같은 앳된 기분과 감정을 그대로 간직해 몸은 늙어도 마음은 늙지 않는다. 그리고 뿌리가 강한 건록과 제왕의 경우에는 선천적으로 성숙한 어른의 기질과 성품을 간직하므로 어려서부터 생각하고 행동하는 것이 주도면밀하며 어른다워 일찍부터 조숙하게 보인다. 그래서 천간의 육친이 만나는 각 12운성의 단계를 관찰하면 그 육친의 천성과 육체적, 정신적인 상태를 쉽게 유추할 수 있다.

　이는 천간 육친에게 12운성을 대입하였을 때 유추할 수 있는 육체적, 정신적 일면뿐만 아니라 이외에도 다양하게 12운성을 사주 통변에 응용할 수 있다.

12운성을 사주원국이나 운에 대입하여 통변을 하는 경우, 오행이나 육친의 길흉을 먼저 판단한 뒤 이것이 길하면 12운성도 좋은 것으로 통변하고, 흉하면 나쁜 것으로 통변하는데 이는 12신살도 동일하다.

12운성으로 육친을 판단할 때, 기본적으로 체질(體質)적인 면인 육체적, 외적, 행동적인 것보다는 기질(氣質)적인 면인 정신적, 내적, 품성적으로 통변하는 것이 적중률이 높다.

12운성에서 절, 태, 양(絶, 胎, 養)은 어머니 배에서 아직 태어나지 않은 상황이다. 이런 경우, 육체적이거나 행동적인 면과 정신적인 면은 모두 약하다고 할 수밖에 없다. 이것은 쇠, 병, 사, 묘(衰, 病, 死, 墓)의 경우도 마찬가지다. 만일 12운성이 쇠(衰)라면 육체적으로는 약한 상황이니 추진력은 없으나 정신적인 면에서는 아직도 건강하고 다양한 지식과 경험이 있어 남들에게 적절한 조언을 할 수 있는 능력이 있다.

장생, 관대, 건록, 제왕 등은 육체적, 정신적으로 발달하고 성숙하므로 행동과 정신 모두 왕성하다고 할 수 있다.

한편 이러한 대입은 음, 양간(陰, 陽干)에 따라 차이가 있다.
예를들어 丙(火)에는 寅이 장생이며, 丁(火)에는 酉가 장생이다. 이때 丙(火)과 丁(火)은 장생에 해당하므로 내적인 성품이나 정신적인 면은 모두 장생의 품성을 지니고 있다. 그러나 체질적이나 육체적인 면에서는 차이가 있다.

寅월, 봄의 丙(火)은 체질적으로도 힘이 있으니 신강이라 할 수 있으나, 가을, 酉월의 丁(火)은 장생을 깔고 있으나 체질적인 면에서는 힘이 없어 신약하므로 행동이나 물리적인 힘은 없고 유약하다고 할 수 있다. 그러므로 12운성을 통변할 때는 이런 점을 염두에 두고 통변하는 것이 좋다.

1) 사주원국에서 12운성 찾기(예)

(1) 거법(居法)

시	일	월	년
庚	ⓒ庚	乙	丙
辰	午	酉	子
비견	자신	정재	편관
편인	정관	겁재	상관
양	목욕	절	태

각 주(년, 월, 일, 시)의 천간을 바로 아래의 지지에 대입하여 12운성을 찾는 것을 거법의 십이운성이라 하였으며 대운, 세운에서도 활용한다.

사주 원국이 연주 丙子, 월주 乙酉, 일주 庚午, 시주 庚辰이다.

일간 庚(金)을 일지 午에 대입하면 12운성은 목욕이며 이는 거법에 따라 찾은 것이다. 일간 이외의 다른 천간을 거법으로 찾으면 다음과 같다. 연간 丙(편관)은 子에 태(胎), 월간 乙(정재)은 酉에 절(絶), 시간 庚(비견)은 辰에 양(養)으로 이것 역시 거법으로 12운성을 찾은 것이다.

(2) 봉법 (逢法)

시	일	월	년
庚	庚	乙	丙
辰	午	酉	子
비견	자신	정재	편관
편인	정관	겁재	상관
양	목욕	제왕	사

하나의 천간을 연월일시의 지지로 옮겨 대입하여 보는 것을 봉법의 12운성 찾기라 한다.

위 사주의 경우,
일간 庚(金)이 연지 子에는 사(死)가 되며, 월지 酉에는 제왕, 일지 午에는 목욕, 시지 辰에는 양(養)이 되는 것으로 이렇게 12운성을 보는 것은 봉법으로 판단한 것이다.
12운성은 천간을 지지에 대입하여 보는 것이므로 지지에 있는 육신을 12운성으로 해석하지 않는다.

예를 들면 거법에서는 연간에 있는 丙(火)이 子에 태(胎)가 되므로 편관이 태(胎)에 해당하는 것이고, 상관인 子는 태(胎)가 되는 것이 아니다.

또한 월간에 있는 乙(木)이 酉에 절(絶)이 되므로 정재인 乙이 절(絶)에 해당하는 것이고, 겁재인 酉가 절(絶)이 되는 것이 아니다. 봉법으로 보면 연지에 있는 子는 일간 庚(金)에서 보면 사(死)가 되는데 이때 상관인 子가 사(死)가 되는 것이 아니라 일간 庚(金)이 연지에 사(死)운을 만난 것이므로 초년에 사(死)운을 만난 것으로 해석한다.

또한 월지에 있는 酉는 일간에서 보면 제왕이 되는데 이때 겁재가 제왕이 되는 것이 아니라 일간 庚(金)이 제왕을 만나서 힘이 강해진 것이므로 청년기에 제왕의 운을 만난 것으로 해석한다.

이런 방법에 따른 12운성의 해석은 다양하지만, 거법은 일정 시점에서 천간의 왕쇠와 길흉 등을 보는 것이고, 봉법은 삶의 흐름에 따라 변화하는 천간의 왕쇠와 길흉 등을 나타낸다고 할 수 있다.
사주에서 일간은 주체가 되므로 거법과 봉법을 모두 보지만 다른 천간(육친)도 일간과 마찬가지로 거법과 봉법을 모두 대입해보면 원국에서 일간에 영향을 미치는 다른 육친의 삶의 흐름도 관찰할 수 있다.

2) 통변

　사주의 통변은 사주팔자 안에 있는 다양한 요소들의 복합적인 상관관계에 의하여 이루어진다. 아래의 통변은 전적으로 12운성을 위주로 한 통변이기에 의견을 달리할 수 있으나 이러한 방법으로 12운성을 사주 통변에 대입할 수도 있다는 것으로 이해하면 좋을 것 같다.

예) 남자

시	일	월	년
庚	ⓖ庚	乙	丙
辰	午	酉	子
비견	자신	정재	편관
편인	정관	겁재	상관
양	목욕	절	태……(거법)
양	목욕	제왕	사……(봉법)

- 일간을 12운성으로 보는 방법

　酉월의 庚(金) 일간의 남자로서 비겁과 인성이 도와주므로 신강하다(羊刃格). 그러므로 丙(火)을 용신으로 삼고 乙(木)을 희신으로 하였다.

庚(金) 일간의 월지 酉가 제왕으로 성품은 강하고 능소능대하고 자수성가하는 스타일이나 영웅적인 기질로 오만하고 권위적이며 잘난 체를 잘하여 주변에서 배척을 당할 수 있다고 해석할 수 있는데 이때 신강사주에 제왕은 나쁜 역할을 하므로 제왕의 좋은 점보다는 나쁜 점을 부각시킨다.

일지 午가 목욕인데 午는 火로 용신이므로 좋게 해석을 할 수 있다. 목욕의 좋은 점인 다정다감하고 기예와 문장에 능하고 풍류심이 많고 대인관계가 좋다.
그러나 목욕이 나쁜 역할을 할 때는 패살(敗殺)로서 일어날 수 있는 나쁜 일들 즉, 주색으로 문제가 일어나고 부부 인연이 변할 수 있으며 내실보다는 외적인 멋과 세련미를 좀 더 추구하여 내적인 진실이 부족하고 경거망동하여 구설이 많이 따를 수 있으니 주의해야 한다고 예방적 차원에서 이야기해 주는 것도 필요하다.

일간 庚(金)의 삶의 흐름을 보면 초년인 연지에 사(死)가 있으므로 조상이 청빈하고 부모 인연이 좋지 않아 일찍 고향을 떠나 고생을 했다.
본인은 월지에 제왕이 있으므로 심성이 고강하고 모든 일에 능력이 있고 독립심이 강하여 자수성가한다.
일지에는 목욕이 있어서 기예에 능하고 풍류기가 있어 부부간에 불화가 있을 수 있으나 좋은 역할을 하므로 사람들에게는 인기가 있고 따르는 사람이 많다.

노년인 시지에는 양(養)으로 직장이나 주거지의 변동이 잦고, 자식 인연이 없어 시간에 있는 비견(庚)인 동생을 후계자로 삼을 수도 있다.

- 직장생활을 12운성으로 보는 방법

양인격에 편관 丙(火)이 일지(午)에 뿌리를 두고 연간에 투간하였으므로 초년에 군, 경찰 계통에 투신하였다. 초년에는 편관인 丙(火)이 子에 십이운성으로 태(胎)에 해당하는데, 태(胎)는 엄마 배 속에 있는 상태이므로 내근직으로 근무하였다.

丙(火)을 월지 酉에 12운성으로 대입하면 사(死)가 되므로 35세 전까지는 직장생활이 힘든 상황이었다. 그러나 丙(火)을 일지 午에 12운성으로 대입하면 제왕이므로 결혼을 하고 나서부터 승승장구하게 되었다.

참고

이 사주는 용신이 火인데 火가 관성이므로 火의 세력으로 직장생활에서의 성공 여부를 보게 된다. 그러므로 火가 강할 때는 직장에서도 세력을 얻게 되므로 출세를 하게 되고, 힘이 약할 때는 직장에서도 세력을 잃게 되므로 고전을 하게 된다.

그러나 火가 기신에 해당하면 관성인 火가 강해질수록 직장생활에 문제가 생기게 된다. 이렇게 관성이 기신이 될 때 운을 보는 방법은 관성을 12운성에 대입하여 세력을 보는 것보다 일간을 12운성에 대입하여 세력을 보는 것이 더 정확하다. 말하자면 관성이 기신이 될 때 직장생활은 일간이 힘이 강한지, 약한지를 보고 성공 여부를 판단한다. 일간의 힘이 강하면 비록 관성이 기신이어도 이를 이겨낼 수 있으니 힘들지만 직장 생활을 유지할 수 있다.

- 배우자를 12운성으로 보는 방법

월간에 있는 乙(木)은 정재로 부인이 되는데 지지에 酉를 만났다. 乙(木)에서 酉를 12운성으로 대입하여 보면 절(絶)이 된다. 그러므로 부인의 성격은 순진하고 솔직하며 세상 물정에 어둡고 약하지만, 일간인 庚(金)과는 乙庚 합으로 주인공과는 인연이 있다. 게다가 배우자의 자리인 일지에 용신인 火가 있으므로 내조를 잘한다.

- 자식을 12운성으로 보는 방법

일간인 庚(金) 주인공은 월지에 酉가 있으므로 양인격(羊刃格)이 되고, 이것을 12운성으로 대입하여 보면 제왕이 되므로 자존심도 강하고 자기주장이 강하여 주변 사람과 다툼도 있다. 그러나 자식인 丙(火)이 연간에 있으므로 결혼하여 일찍 얻은 아들로 인해 절제력을 배우게 된다. 아들인 연간의 丙(火)은 연지에 子가 있는데 12운성으로 보면 태(胎)가 되므로 초년에 아들은 남성적인 성격이 아니고, 활동성도 약하며 몸도 허약하다.

월지에 酉는 자식인 丙(火)의 사(死)가 되므로 만약에 3~40대에 酉운을 다시 만나면 아들은 더욱 약해져서 생명이 위험할 수도 있다. 그러나 일지에 있는 午가 丙(火)의 제왕이 되므로 나이가 들수록 아들은 힘이 강해지고, 시지에 辰은 관대가 되므로 어릴 때는 비록 병약하고 나약한 아들이지만 성장하면서 몸도 정신도 강해져 충분히 제 몫을 다하여 자수성가하는 훌륭한 사람이 될 것이라 말할 수 있다.

– 운의 흐름을 12운성으로 보는 방법

초년에는 직업인 편관 丙(火)이 지지에 子를 두고 있는데 이것을 12운성으로 대입하면 태(胎)가 되므로 직장생활이 불안정하다. 이럴 때 대부분 사람은 이직(離職)이나 창업에 대해 생각을 하게 된다. 그렇다면 과연 창업하면 성공할 수 있는지를 예측하는 것은 재성의 흐름이 어떤지를 살펴봐야 한다. 이때 중요한 것을 관성으로 직장에서의 성공 여부를 보는 것과 같은 방법으로 재성이 좋은 역할을 할 때는 재성을 12운성에 대입해서 판단하면 된다. 그러나 재성이 나쁜 역할을 할 때는 일간을 12운성에 대입하여 판단해야 한다.

모든 일을 성공적으로 달성하기 위해서는 행운(幸運)이 뒷받침 되어야 한다. 그러므로 무조건 사업을 시작하기보다는 사전준비가 필요하다.

- 12운성으로 창업의 시기를 보는 방법

　(재성이 좋은 역할을 할 때)

　12운성의 태(胎)운은 무형에서 유형으로 새로운 기운과 형태를 만들어가는 시기이므로 이때 무엇을 할 것인지를 계획하고, 양(養)의 운에는 어머니 배 속에서 자라나듯이 힘을 기르고 계획이 완성되고 모든 준비가 끝나서 장생의 운에서 사업을 시작한다면 사업의 실패를 줄이고 성공을 높일 수 있다.
예를 들어 재성이 壬이라면 태(胎)는 午가 되고, 양(養)은 未가 되고, 장생은 申이 된다.

- 12운성을 활용하는 방법

　이처럼 일간이 무엇인가를 시도하고자 할 때는 일간의 입장에서의 목적이 되는 육친인, 결혼은 財, 官, 취업은 官 등을 12운성으로 살펴보는 것이 도움이 된다. 이때 제일 중요한 것은 일간이 힘이 있는지, 없는지를 반드시 살펴보고 12운성을 대입해야 한다.

제 2 장
12신살(十二神殺)

제 2장 : 12신살(十二神殺)

1. 12신살(十二神殺)의 의미(意味)

　사주팔자를 간명(看命)하는 방법은 여러가지이다.
운명의 길흉을 나타내는 12개의 신살인 12신살 역시 운명 간명의 한 방법이나 이에 대한 유용성에는 혹자들 간에 이론(異論)이 있다. 12신살은 사주 간명에 있어 가장 우선으로 적용되는 방법은 아니지만, 복잡한 인간의 운명을 간명함에 있어 하나의 방법에 치중하기보다는 다양한 방법으로 접근하는 것이 좀 더 정확하지 않을까 생각되며, 이런 관점에서 12신살은 운명 간명에 있어 보조적인 수단으로 유용한 가치가 있다고 생각된다. 그리고 12신살은 길흉

화복(吉凶禍福)의 완성을 말하는 것이 아니라 활동 양상, 환경이며 경향이나 속성(屬性)을 나타내는 것으로 생각하는게 좋다.

사주팔자의 간명에 있어 길흉의 판단은 그 글자 자체가 가지고 있는 고유의 의미보다는 사주팔자 전체를 분석하는 가운데에서 그 글자가 사주에 미치는 영향에 따라 판단해야 한다.

일례로 겁살이 글자로서는 나쁜 의미의 손재수(損財數)지만 이것이 일간에게 좋은 영향을 준다면 좋게 해석하여 횡재수(橫財數)도 된다는 것을 항상 염두에 두어야 한다.

 12신살은 겁살(劫殺), 재살(災殺), 천살(天殺), 지살(地殺), 연살(年殺), 월살(月殺), 망신(亡身), 장성(將星), 반안(攀鞍), 역마(驛馬), 육해(六害), 화개(華蓋)로 구성되어 있다.

 사주 간명에 있어 12신살의 적용법은, 과거에는 연지(年支)를 기준으로 한 당(唐) 사주법을 적용하였으나, 조상의 기운보다는 자신인 일간(日干)을 중시하는 오늘날의 사주 간명 법에서는 일지(日支)를 중심으로 해야 한다는 학자도 있다. 그러므로 연지를 중심으로 해야 하느냐, 혹 일지 위주로 해야 하느냐 아니면 두 가지를 혼용해야 하느냐 등에 대한 명확한 지침이 정립되지 않아 약간의 혼란이 있다.

한편 사회적인 것, 태생적인 것 등의 간명 시에는 연지 기준으로, 개인적인 것, 인간관계, 대, 세운 등을 간명할 시에는 일지를 기준으로 하였더니 유용성이 좀 더 높다는 이야기도 있다.

2. 12신살(十二神殺) 찾기

  12신살은 12운성과 마찬가지로 연지나 혹은 일지를 삼합(三合)으로 만든 다음 그 삼합을 중심으로 12신살을 부여하고 이를 토대로 다른 곳의 지지에 신살을 부여하여 간명한다.
12신살은 지지(地支)와 지지의 관계를 살피는 구조로서 일지나 연지를 기준으로 하여 삼합을 대입하는 반면, 12운성은 천간(天干)과 지지의 관계를 두루 살피는 구조로서 일간이나 천간을 기준하여 지지의 동태를 살피는 것이다.

  12신살을 사주에 대입하여 간명을 할 경우, 사주의 각 지지가 무슨 신살인지를 재빠르게 파악하는 것도 간명에 중요하다.
예를 들어, 연주가 寅으로 호랑이띠이거나 일주가 甲寅일 경우, 각 연지나 일지 寅의 삼합(三合)은 寅午戌이다.
寅午戌은 12신살로서 각각 지살, 장성, 화개이다. 그러므로 일지 기준으로 일지를 보거나 연지를 기준으로 연지를 보면 항상 지살, 장성, 화개 중의 하나에 해당한다.

  12신살을 찾을 때 신살 간의 충(沖) 관계를 알아두면 좀 더 빨리 12신살을 찾을 수 있다. 지살과 역마는 '지역'이 되고, 망신과 겁살은 '망겁'으로 서로 충하며 사생(四生) 寅申巳亥이고, 재살과 장성은 '재장'이 되고 연살과 육해는 '연육'으로 역시 서로 충하며 왕(旺)지의 子午卯酉이며, 월살과 화개는 '월화'가 되고, 천살과 반안은 '천반'으로 서로 충하며 사고(四庫)의 辰戌丑未이다. 이것을 지역 망겁, 재장 연육, 월화 천반으로 외워두면 편하다.

실례로 12신살을 찾아보자.

癸酉(년) 壬戌(월) 丙子(일) 庚寅(시)의 사주인 경우, 연지 酉를 기준으로 하였을 때, 酉의 삼합은 巳酉丑(지, 장, 화)으로 연지는 장성이며 월지 戌은 반안, 일지 子는 육해, 시지 寅은 겁살이 된다.
일지 子를 기준으로 하였을 때는, 일지 子의 삼합 申子辰(지, 장, 화)중 일지 子는 장성에 해당하며 연지 酉는 연살, 월지 戌은 월살, 시지 寅은 역마가 된다.
이런 방식을 각 대운과 세운에도 적용하여 12신살을 찾아 간명하면 된다. 첨부하면 장성, 역마, 화개는 여자에서는 좋게 여기지 않으나, 남자에서는 길신(吉神)으로 간주한다.
12신살은 때로는 좋고 나쁜 방향을 찾는 데 이용되기도 하므로 12지지의 방위(方位)를 알아두면 편리하다.
子는 正北 방위, 丑은 東北 방위(북쪽에 가까움), 寅은 東北 방위(동쪽에 가까움), 卯는 正東 방위, 辰은 東南 방위(동쪽에 가까움), 巳는 東南 방위(남쪽에 가까움), 午는 正南 방위, 未는 西南 방위(남쪽에 가까움), 申은 西南 방위(서쪽에 가까움), 酉는 正西 방위,

戌은 西北 방위(서쪽에 가까움) 亥 역시 西北 방위(북쪽에 가까움)를 나타낸다.

12신살에 이를 대입하여 신살의 방향을 추정하면 다음과 같다. 예를 들어 일지나 연지(띠)가 寅午戌중 하나인 경우, 겁살은 亥로서 西北 방향(북에 가까움), 재살은 子로 正北 방향, 천살은 丑으로 東北 방향(북에 가까움), 지살은 寅으로 東北 방향(동에 가까움), 연살은 卯로서 正東 방향, 월살은 辰으로 東南 방향(동에 가까움), 망신은 巳로서 東南 방향(남에 가까움), 장성은 午로서 正南 방향, 반안은 未로서 西南 방향(남에 가까움), 역마는 申으로서 西南 방향(서에 가까움), 육해는 酉로서 正西 방향, 화개는 戌로서 西北 방향(서에 가까움)을 의미한다.

※12地支의 방위

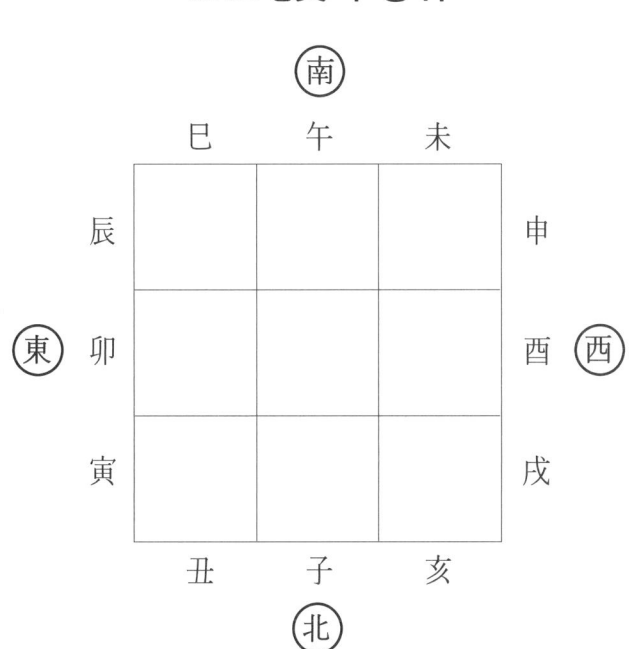

※12신살(神殺) 종류

神殺 年支,日支	劫殺	災殺	天殺	地殺	年殺	月殺	亡身	將星	攀鞍	驛馬	六害	華蓋
申子辰	巳	午	未	申	酉	戌	亥	子	丑	寅	卯	辰
亥卯未	申	酉	戌	亥	子	丑	寅	卯	辰	巳	午	未
寅午戌	亥	子	丑	寅	卯	辰	巳	午	未	申	酉	戌
巳酉丑	寅	卯	辰	巳	午	未	申	酉	戌	亥	子	丑

※12신살(神殺)과 12운성(運星)

십이신살	겁살	재살	천살	지살	연살	월살	망신	장성	반안	역마	육해	화개
십이운성	절	태	양	장생	목욕	관대	건록	제왕	쇠	병	사	묘

3. 12신살(十二神殺)의 의미(意味)와 길흉(吉凶)

※12신살(神殺) 해설표

區分	年 柱	月 柱	日 柱	時 柱
겁살 (劫殺)	조상패망, 유년기 죽을 고비	부모·형제 이산, 고독, 객지생활	부부 이별, 불구, 패질	자손 끊김, 노상 횡액
재살 (災殺)	조상패망, 조상 중 옥살이	육친무덕, 상처 질병, 고생	상처, 관재, 실물	자식 흩어짐, 고생, 흉터
천살 (天殺)	부 선망, 고독, 정신적 지주 없음	심장, 간 이상, 형제 덕 없음	부친 무덕, 친척 무덕, 구설	낙상
지살 (地殺)	일찍 타향살이, 부모 등짐, 고생	부모 망하고 질병, 두 분 모친 섬김	문장력, 부부 궁이 약함	말년 부귀, 자녀 떠남
연살 (年殺)	조부모 외도, 유년기 풍족, 귀염 받고 자람	부모 색정 빠짐, 어려서 연애	주색, 풍족, 부부 파탄	분주, 늦바람
월살 (月殺)	조상 중 스님, 신불 모심, 가내전통불심	부모가 스님, 신불을 좋아함	신기 있고 질병, 부부 풍파	입산 귀의
망신 (亡身)	조부모 후처나 첩, 서자출신	어머니 후처나 첩, 실수가 잦음	처궁이 불미, 만혼이 좋음	재산탕진, 자식 연애
장성 (將星)	조상에 공명, 권력가	부모가 권력가, 형제 덕 없음, 극부	자신이 권력가, 잘못되면 깡패나 해결사	자식이 권력가, 말년 좋음
반안 (攀鞍)	조상에 참모급 벼슬	부모가 참모급 벼슬	처궁이 좋음	부호, 자식궁이 좋음
역마 (驛馬)	함지에 충이면 타관객사, 공망은 거주 불안	성품이 순수, 관록과 부를 일으키지 못하면 허송세월	장사로 패물 얻고 처궁에 풍파, 금슬이 안 좋음	분주, 풍파, 축첩하지 말 것
육해 (六害)	조부모패망, 태어나면 서부터 건강 약함	부모가 쇠퇴, 큰 집에 가난한 사람	자기 대에 가산 탕진	일 번거롭고 막힘, 형제가 드뭄
화개 (華蓋)	총명, 재주, 고독, 조상때 학자, 도덕군자	부모 궁에 고생이 있음	처궁이 소멸	자손이 끊김

참고

존재하는 모든 것에는 양면성이 있다. 살(殺)은 절대적으로 흉(凶)한 것만이 아니고 길(吉)한 경우도 많다. 12신살 역시 신(神)과 살(殺)로 구성되어 있으므로 용어만으로 좋은 작용을 하거나 나쁜 작용을 하지 않는다.
좋은 작용을 하면 신(神)이 되고 나쁜 작용을 하면 살(殺)이 된다.

그런데 겁살, 재살, 천살... 로 살을 붙인 것은 겁, 재, 천... 으로 쓰게 되면 용어의 혼란이 오게 되므로 혼란을 줄이기 위해 살을 붙인 것이다. 또한 망신, 반안, 역마... 에 살을 붙이지 않은 것은 비교적 용어의 혼란이 오지 않으므로 뒤에 살을 붙이지 않은 것이다. 그러므로 겁살, 재살, 천살... 이 반드시 나쁜 뜻이 아니고 좋은 역할을 하면 겁(劫)이 살(殺)이 아니라 겁(劫)이 신(神)의 역할을 하는 것이고, 나쁜 역할을 하면 겁(劫)이 살(殺)의 역할을 하는 것이다. 망신, 반안... 도 마찬가지로 좋은 작용을 하면 망신이 신(神)이 되는 것이고 나쁜 역할을 하면 살(殺)이 되는 것이다. 그러므로 12신살은 신(神)과 살(殺)을 구분해서 판단해야 한다.

이 책에서는 신살(神, 殺)의 긍정적인 면에도 비중을 두어 일부의 殺에는 殺을 제외하는 등 혼용하여 기술하였다. 혼란스러울 수도 있으나 이해를 바란다.(일반신살도 동일)

4. 12신살(十二神殺)의 종류(種類)

1) 겁살(劫殺)

(1) 겁살(劫殺)의 의의(意義)

 겁살이란, 겁(劫)이란 글자가 빼앗긴다는 뜻이니 외부로부터 겁탈당하거나 의외의 화(禍)를 입는다는 뜻으로 적장이나 역모(逆謀) 주동자와 같은 역할을 한다.
 겁살은 말뜻 그대로 자기의 의사와 관계없이 '겁탈당한다.'는 것으로 손재, 탈재, 분산, 낭비, 파산, 도난, 겁탈, 실물, 속패, 재앙, 억압, 탈취, 강간, 사기당하는 것 등이 이에 속한다.

 겁살은 살(殺)중의 우두머리로서 작용력이 강하다.
삼합(三合) 끝 자 다음 자로 寅申巳亥가 되며, 망신과 충(沖)하며 12운성의 절지(絶地)에 해당한다. 스스로 큰 재앙을 자초해 그 속에 빠진다는 의미로 낙상살(落傷殺) 또는 재산상의 손실을 본다는 의미로 대모살(大耗殺)이라고도 한다.

(2) 사주원국의 겁살(劫殺)

 사주 원국에 겁살이 한개 있으면 권성(權星)이 되니 복이 오고 부귀 양명하나 2개 있으면 사람이 정확하지 못하고 도심(盜心)이 있고 3개 있으면 야수와 같이 성격이 흉포하다.

겁살은 외부로부터 일어나는 재액(災厄)과 관재 사고를 주도하는 살로 12신살 중 최악의 살이다. 그러나 겁살이 반드시 흉살(凶殺)만이 아니고 격국(格局)이 청(淸)하고 희, 용신(喜, 用神)에 해당할 때는 적장이 나를 도와주는 것과 같아서 우연한 기회에 발전하거나, 어떤 위기 시에는 전화위복 되는 수가 있으며, 다른 사람의 재물이나 실력 등을 자연스럽게 이용하여 의외로 크게 발전하기도 한다.

겁살이 길 작용(吉 作用)을 하면 총명, 권위가 있고 기(技), 예(藝), 무(武)에 재주가 있으며 횡재할 수도 있다. 그러나 흉(凶)이 되면 횡사, 급질, 돌발사고, 교통사고, 구속 등이 있을 수 있다.

겁살이 희신에 해당하면 총명하고 지모(智謀)가 뛰어나며 민첩하고 활발하다. 특히 천을귀인(天乙貴人)이나 천월덕(天月德)등의 귀성(貴星)과 동주(同住)한 사람은 모사(謀事)에 능하고 위엄(威嚴)이 있으며 관계(官界) 등에서 이름을 떨치나, 기신(忌神)에 해당할 때는 간사하거나 사기성이 있고 겉과 달리 속마음이 혹독하거나 무자비하여 범죄행위에 가담하기가 쉽다.

겁살이 기신일 경우에는 형, 충 당할 때 재액이 발생하는데, 괴강(魁罡)이나 양인(羊刃)과 같이 있으면 교통사고 등 횡사 또는 급사를 당하거나 형액을 면키 어렵다.

겁살이 희신일 때, 관성이면 정계나 관계에서 발전하고 재성이면서 일지에 있을 때는 처덕이 많고 처로 인하여 축재할 수 있으며 편인일 경우는 역술계나 예술계 등 구류술업(九流術業)에서 이름을 날리며, 정인일 경우 문장력이 뛰어나고 학계에서 인정을 받고 외가덕(外家德)이 있으며, 식상일 경우 능란한 화술로써 재물을 획득할 수 있으며 외교 활동이 뛰어나다.

 겁살이 기신일 경우, 일지에 있거나 재성에 해당하면 처로 인하여 손재를 당하거나 화가 미치고, 식상이 기신 겁살에 해당하면 글이나 말로 인하여 화를 당하거나 남자는 처가로 인한 피해를 보고 여자는 자식이나 남편으로 인한 재액이 그칠 날이 없다.

 겁살이 공망(空亡) 또는 원진(怨嗔)에 해당하면 수치를 모르거나 도둑 심보가 있다.
겁살과 도화(桃花)가 동시에 함께 있으며 기신에 해당할 경우, 주색잡기나 춤바람 또는 불륜관계 등으로 가정파탄을 일으키기 쉽다.
겁살이 양인이면 성격이 흉포하여 패륜아가 되기 쉽다.
겁살과 망신이 서로 충하거나 악살(惡殺)과 겹치면 가난하지 않으면 단명한다.
겁살이 고신과 공망이면 스님과 같은 탈속의 팔자가 될 수 있다.
겁살이 길신으로서 귀인과 동주하면 두뇌가 총명하고 꾀가 많으며 정관이나 재성이면 부귀하고 재복이 있다.

관성이 겁살인 사람은 생사여탈이나 금속성 집기를 사용하는 직업을 하면 길하다.

나의 겁살에 해당하는 년에 태어난 자식은 대체로 성격장애나, 잔병을 앓거나 출생 이후 재물을 탕진하여 나에게 고생 수를 안긴다.

문의자(問議者 : 상담을 하러 오는 사람)가 자신의 겁살 일에 상담하러 오는 경우에는 대개 사활이 걸린 중대한 일로 찾아오는 경우가 많다.

(3) 겁살(劫殺) 운(運)

겁살 운은 사치와 낭비가 심하고 도난, 부도 등 재산상의 손재가 있을 수 있으며 매사에 실패할 수 있으니 사업의 창업, 확장보다는 수성에 주력해야 한다. 그러므로 기신인 겁살 운에 투기사업, 신규사업하면 진퇴양난에 빠져 실패할 수 있다.

겁살 운은 흉한데 겁살이 사주 원국에 있고 대운에서 거듭 만나면 흉액을 피할 수 없다. 원국에 겁살이 있는데 대운, 세운에서 형살을 만나면 불치병에 걸릴 소지가 있다.
겁살이 세운(歲運)에서 들어오면, 생각지 않은 갑작스러운 조정, 변화, 발령, 금전의 지출이 생긴다.

겁살 행운(行運)에는 일종의 역마 작용으로 먼 곳으로 이동, 발령,

출장 등 직장이나 거주지의 이동이 심하여 한곳에 정착하기가 쉽지 않다.

겁살 年에는 주로 수리, 보수공사, 고치고, 조정… 등을 해야 할 일이 많이 생기나 복잡한 문제를 일으킬 수 있으므로 적법절차에 따라야 한다.

겁살 운에는 주도권 다툼이나 투쟁성이 강해져 정치 활동이나 단체에서도 야당 편에 서는 경우가 많고 가정이나 사회에서 불화가 자주 발생하기도 하며 무리수를 둠으로써 신체 쇠약이나 수술 수가 있으니 조심해야 한다.

겁살 대운, 세운, 월운에는 테러나 사고가 발생할 수 있으므로 밤길을 조심하여야 한다.

여자의 겁살이 편관이면 남자로 인해 겁탈을 당하거나 망신수가 있다.

겁살 운에는 내가 빼앗기는 운이기에 혼기에 든 독신인은 결혼하는 시기이다.

사주에 겁살이 있는 대학지망생이 학과를 선택한다면 법으로 상대를 강제로 제압하는 등 강제성이 있는 법과의 선택이 좋고, 학업성적이 좋지 않으면 육체적으로 상대를 강제로 제압할 수 있는 체육학과도 좋다.

(4) 방위(方位)

 자기가 사는 집의 방향에서 겁살 방향은 조잡스럽고 부실하며 언젠가 문제가 발생할 수 있는 공간이다. 그러므로 겁살 방위의 부동산은 미관상 흉물지구로서 현재 사용이 불가하거나 앞으로 개간 개발이 되어야 하는 부동산이며 겁살 방위에 부동산을 건축하면 수리해야 할 일이 많이 생길 수 있다.

- 巳酉丑 생은 寅방위 (동북)의 부동산에 木(나무, 목재, 삼림… 등)
- 亥卯未 생은 申방위 (남서)의 부동산에 金(금속, 돌… 등)
- 寅午戌 생은 亥방위 (북서)의 부동산에 水(물, 홍수, 수해… 등)
- 申子辰 생은 巳방위 (동남)의 부동산에 火(불, 전기, 가스… 등)
  등에 의하여 문제가 생기거나 고쳐야 하는 일이 발생할 수 있다.

(5) 각 지지(地支)의 겁살(劫殺)

年支 : 일찍 타관 객지에서 고생, 궁핍한 생활.
月支 : 부모 형제와 인연이 박함. 독수공방 및 건강 이상.
日支 : 배우자로 인한 손재, 관재 등.
時支 : 자식 덕이 없고 자손이 병약, 본인 말년 고생.

(6) 육친(六神)의 겁살(劫殺)

比劫 : 형제자매와 인연이 박하며 주변인, 동료들에게 본의 아니게
　　　 민폐를 끼침. 동업 금물.
食傷 : 현재 삶이 곤하거나 일의 막힘이 있음.
　　　 기존 업무의 중단이 있거나 건강에 이상.
財星 : 고부 갈등 및 부부불화는 물론 부친과 무정, 아내 문제로
　　　 손재수, 부도, 파탄, 사기수도 있음.
官星 : 직업의 변화가 많고 남편과 자식에게 문제가 발생, 직업
　　　 이직 및 중단, 처의 이성 문제 또는 관재구설.
印星 : 부모와 이별하고 계약과 관련하여 불리.
　　　 손윗사람으로부터 관재구설, 계약 파기.

2) 재살(災殺)

(1) 재살(災殺)의 의의(意義)

재살은 일명 수옥살(囚獄殺)이라고도 하는데, 겁살이 적장이라면 재살은 적병(敵兵)과 같다. 삼합의 가운데 글자인 장성살을 충하는 子午卯酉로서 급격한 재난이나 질병, 교통사고, 횡사, 납치, 구속, 송사 등의 관액을 주도하여 재난살(災難殺)이라고도 한다. 12운성의 태(胎)에 해당한다.

재살은 타인 또는 외부로부터 강탈당하거나 빼앗기거나 감금당하는 신살로서 물건을 잃어버리거나 빼앗기는 것은 물론 불안 심리가 팽배하여 의기소침하고 기가 눌리기 쉬운 상황이다. 그러므로 가정에 변동이 많고, 심신마저 편안하지 못하고 불안하다.
모든 일에 한걸음 뒤로 물러서서 다시 한번 생각하는 마음으로 임하고 정면대립을 피하고 감언이설과 현혹됨을 조심해야 한다.

(2) 사주원국의 재살(災殺)

재살이 원국(原局)에 있으면 권력 지향적이며 타인을 압도하는 눈빛, 언어 구사력, 상황을 판단하는 능력 등이 탁월하며 두뇌가 총명하고 지혜가 출중한 아이디어맨으로서 분석력과 비판력을 동시에 겸비한 수재이며 꾀돌이 기질이 있다.

원국에 여러 개가 있으면 재난이 자주 생기고, 손재를 많이 당하며 부모 유산이 있더라도 지키기 어렵다.

격이 낮고 사주가 탁(濁)하면 고단수의 범죄자, 사기꾼, 도둑이 될 수 있으나 격이 높고 청(淸)하면 군경, 검찰 등에서 권력자가 된다.

재살이 용신인 경우, 경찰관, 형무관, 정보 수사기관에 종사하거나 형권직(刑權職)을 갖게 되면 길하며 군, 경찰, 법관, 형무관, 사법관 등에 근무하면 이 살의 흉액이 발생하지 않는다.

원국에 재살이 있는 사람은 말 바꾸기를 잘하며 살아가면서 직업 분야도 자주 바꾼다. 그러므로 재살이 있는 사람은 유능하지만, 계약서 등을 쓸 때는 명확히 해야 하고 공증까지 해야 잦은 말 바꾸기에 대처할 수 있다.

어떤 분야의 일을 열심히 하다가 갑자기 때려치우고 전혀 다른 이질적인 분야에 가서 활동하기도 하는 등, 꾀돌이는 자기 꾀에 잘 넘어가기 때문에 살아가면서 파란과 변화가 심하여 재살은 운명적으로 기복이 많은 삶을 살아간다.

나의 재살에 해당하는 띠(年支)와는 어쩔 수 없는 주종관계를 제외하고는 나를 피곤하게 하는 사람이므로 대인관계를 맺지 않는 것이 좋으며, 동업이나 돈거래, 보증 등도 하지 말아야 한다. 잘못하면 당한다.

사업이나 장사하는 사람이 급하게 돈을 구할 때는 재살 방향에 있는 사람이나 재살 인자의 오행에 해당하는 성씨를 가진 사람에게 빌리면 빌릴 수 있다. 하지만 그 돈을 약속기한 내에 갚지 못하면 심한 독촉을 받게 될 것이다.
재살에 해당하는 오행은 子는 水, 午는 火, 卯는 木, 酉는 金이므로 성씨의 한자가 이에 해당하는 것이다.

상대의 일지(日支)가 나의 재살인 사람은, 나의 생사여탈을 쥔 사람이다. 회사원일 경우 본인의 신분을 결정하는 인사과에 있는 경우가 많으며 실력자다.
나의 재살 띠에 해당하는 사람은 나를 속속들이 잘 알고 나를 능가하는 지혜를 가진 자다.
나의 재살에 해당하는 해에 자식을 낳으면 그 자식은 나를 능가하며 출세를 하게 된다.
주위 사람 중 나를 헐뜯는 자가 있으면 나의 재살 띠거나 일지가 나의 재살에 해당하는 사람이다.

(3) 재살(災殺) 운(運)

원국에 재살이 있는데 대운에서 형,충이 되면 이 해에 재액이 발생한다. 그리고 행운(行運)에서 재살이 들어오면 특히 재난에 유의해야 한다.
특히 원국에 재살이 두개 있거나 행운에서 다시 들어오거나 형, 충이 되면 먼저 명예를 손상당한 후 손해를 보거나 관재를 당할 일이 생길 수 있다.

재살 대운은 자기 실속에만 몰두하고 조직에서 맡은 일에는 소홀하며 윗사람 눈치만 보거나 조직에 불성실하며 반항을 하는 상관성의 기질이 강해지는 운이다. 그러므로 대운에서 재살 말기 운이 되면 직장인은 직장에서 잘리거나 권고 해직을 당할 수 있으니 조심해야 한다.

행운에서 재살이 상관(傷官)이면 직장을 그만두고 이직한다.

- 행운에서 재살 오행 운이 오면 만나는 재난
  木 재살이 있는 사람은 몽둥이로 맞거나 나무에 의한 재난.
  火 재살이 있는 사람은 화상이나 화재.
  土 재살이 있는 사람은 낙상하거나, 전염병.
  金 재살이 있는 사람은 총검에 의하여 또는 쇠로 인한 재난.
  水 재살이 있는 사람은 물에 빠지거나 홍수 등 수액.

그러나 이들 역시 원국 오행의 길흉에 따라 해석이 달라진다. 그리고 변화가 적거나 활동을 많이 하지 않는 직업이나 정신노동자는 재살 대운에서도 흉을 피하여 잘 지내기도 한다.

재살 대운에는 힘보다 지혜를 활용하는 운이다. 그러므로 재살 대운에는 주위 사람을 이용해 소기의 목적을 달성하는 것이 좋으므로 일 처리를 본인이 직접 하는 것보다는 타인의 손을 빌려 하는 것이 낫다. 만약에 사업을 한다면 직접 경영보다는 동업이나 위탁 경영이 좋고, 업종도 유명 브랜드에 편승하는 것이 길하다.

대, 세운 재살에서 학생은 명문대에 가고 싶은 욕구가 생기므로 향학열이 생겨서 공부를 열심히 하게 된다. 그러므로 시험성적이 오르고, 쉽게 진학하므로 명문대에 합격할 가능성이 높다.

여자가 재살 대운을 만나면 비록 미인은 아니라도 싹싹하고 깔끔해서 매력적이므로 결혼 적령기에 있는 여자는 인기가 많아 쉽게 결혼할 수 있다.

(4) 방위(方位)

재살 방향에는 나에게 좋지 않은 감정을 가지고 있거나, 나의 비밀이나 허물을 주위 사람에게 퍼트려서 구설수에 오르게 하는 사람이 있거나, 투기심이나 질투심 혹은 적개심을 가진 사람이 사는 방위로서 한마디로 말해 나를 피곤하게 하는 상대가 있다.

한편 재살 방위에는 나를 공격하거나 힘들게 하는 사람이 있으므로 세입자의 경우에는 집주인, 회사에서는 본인의 신분을 결정하는 사람이 사는 곳이기도 하다.

예) 申子辰생은 午가 재살로서, 남쪽에 사는 사람, 붉은색 옷을 입은 사람, 또는 얼굴이 붉게 보이는 사람, 그리고 午인 火의 성씨인 남, 유, 하씨... 등은 나를 힘들게 하거나 구설수에 휘말리게 하는 사람이다.

사업장이나 가게 등에서 책상 배치를 할 때 재살이나 육해 방위에 놓으면 돈이 잘 들어온다고 한다. 그러므로 상담이나 계약을 할 경우, 사업자의 책상은 재살 방위에 두고, 자신은 재살을 등지고, 시선은 장성을 향해 앉아서 사업이나 상담을 하면 길하다.

재살 방향의 색상을 입으면 상대방의 기운을 내가 빼앗는다는 의미에서 각종 시험과 계약에 유리한 결과를 얻을 수 있다.
병원을 선택할 경우 내 몸속의 병이 빼앗긴다는 의미에서 재살 방위의 병원이나 약국을 찾아가면 길하고 병원 출입구도 재살 방향이면 좋다.

재살 방위에는 드라이버, 송곳, 칼… 등 날카로운 것이나 기밀문서나 맹견, 운동기구, 가정상비약 등을 두면 좋다.
재살 방위에 있는 건물이나 공간은 손대지 않는 것이 좋다.
이를 어기면 탈이 난다.

문의자가 자신의 재살 일진에 상담을 하러 오는 경우에는 재살이 삼합되는 시점에 당면한 문제가 해결될 수 있다고 조언하면 된다.
예) 巳酉丑 생은 卯가 재살로서 亥卯未 삼합이 되는 해(年)나 달(月)이나 날(日)에 문제가 해결될 수 있는 것으로 조언을 하면 된다.

(5) 각 지지(地支)의 재살(災殺)

年支 : 조상이 패망(敗亡)한 집안.
　　　 조상 중에 옥살이를 한 사람이 있음.
月支 : 부모·형제 등 육친 덕이 없고 초년고생.
　　　 부모·형제가 납치, 감금, 관재수가 있음.
　　　 부모 유산을 지키기 어려우나 旺地에 임하면 복이 많음.
日支 : 처(여자는 남편)로 인해 골치 아픈 일이 생김.
　　　 상처(喪妻), 관재, 실물수 등이 있음.
　　　 중년 운이 좋지 않고 삶에 파란이 많음.
時支 : 자손 덕이 박하여 자손의 비명횡사.
　　　 자손으로 인한 재난이 발생.
　　　 말년에 병을 앓거나 재액이 있음.

(6) 육친(六神)의 재살(災殺)

比劫 : 형제, 동료, 친구… 등으로 인한 관재 송사 구설.
食傷 : 아랫사람으로 인한 사고 발생, 심하면 배신당함.
　　　 여자는 자손으로 곤란한 일이 발생하거나 자녀 중에서 감금당하는 자녀가 있음.
財星 : 여난(女難)이 있거나 아버지, 처로 인한 재산압류, 구설 시비, 송사 등이 발생.
　　　 그러나 재성이 길신일 때는 경찰, 형무소, 군인 상대로 사업을 하면 재물 취득.

官星 : 자식, 직장으로 관재가 발생,

　　　여자는 남편이나 남자로 인해 관재구설(男亂).

　　　남편이 해외 출장이 잦거나 아니면 병원에 입원하거나 투옥.

印星 : 부모 흉사, 학업으로 인한 어려움, 문서 불운, 의식주 불안.

　　　반체제운동, 독립운동 등으로 구금되어 감옥에 갔다 오기도 하며 이로 인해 유명해지기도 함.

　　　정인이 재살이면 감옥에 들락거리는 혁명가.

3) 천살(天殺)

(1) 천살(天殺)의 의의(意義)

천살은 천(天)이 가리키듯이 상제와 군주로 왕을 의미하며 문자 그대로 하늘이 내리는 형벌이며 천재지변을 의미한다.
천살은 인간의 의지와 상관없이 발생하는 살로서 폐해의 범위는 천지인(天地人)에게 골고루 영향을 미친다.

천살이 있으면 하늘을 보고 한탄할 일이 생긴다고 하는데 불의의 천재지변을 당한다는 살로 한해(旱害), 수재, 벼락… 등 자연재해, 정신질환, 악성 선천성 질환, 불치병… 등 인간의 힘으로 어쩔 수 없는 천연으로 발생하는 재앙이 따르는 것이다. 사람의 손으로 어떻게 해볼 도리가 없는 그런 상황 사건이 발생하는 것이므로 천살을 사람들이 제일 견디기 힘들어 한다.

삼합의 첫 글자인 지살의 앞 글자가 천살에 해당하는데 지지로는 辰戌丑未에 해당하고, 반안과 충하며 12운성의 양(養)에 해당한다.

천살은 하늘에서는 천신이고, 땅에서는 지신이며 가정에서는 조상신으로 사람이 하늘을 우러러 공경하고 조상을 잘 섬기어 천살을 대비하면 별 탈이 없이 지나가는 살이기도 하다.

(2) 사주원국의 천살(天殺)

원국에 천살이 있는 사람은 성격이 까다롭고 방자하기 쉬워 타인을 업신여기는 기질이 있다. 승부수에 강하고 절대 지고는 못사는 사람이며 특히 여자는 남편을 무시하는 경향이 있어 생사 이별도 할 수 있으니 조심해야 한다. 그러므로 천살이 있는 사람과는 대립하는 것보다는 살살 달래서 타협하는 것이 좋으며, 남과의 화합이 쉽지 않으므로 독보적인 사업이나 특수 기술직 등의 직업을 가지면 좋다.

천살이 있는 사람은 천재지변에 취약하므로 농, 수산 사업은 수확을 기대할 수 없어 좋지 않다.

상대의 일지가 자신의 천살에 해당하면 동업하지 말아야 한다. 아버지의 천살이 자식의 일지에 해당하면 자식이 부모를 업신여기거나 재산을 탕진 할 수 있다.

(3) 천살(天殺) 운(運)

대운에서 천살을 만나면 원국 천살보다 그 영향이 배로 강하게 나타난다. 천살 대운에는 횡액수가 있다. 특히 戌, 亥, 辰, 巳의 천라지망을 둔 사람은 같은 연운에 관재, 손재, 부부 이별을 할 확률이 높다.

천살을 충하면 뜻하지 않게 하늘의 재앙을 당할 수 있다. 그러므로 천살 대운에 반안과 충하면 일이 지체되거나 막힘이 있다.
천살 대운에 천살 세운을 만나면 뇌졸증, 심장마비, 신경성 질환, 암 질환... 등 중병으로 고생한다.
원국에 金水가 많은 사람은 천살운에 냉해(冷害), 수해(水害)를 당하기 쉬우며 木火가 많은 사람은 천살운에 한해(旱害)를 당하기 쉽다.

천살 행운(年運)에는 부동산의 변동이 있으나 매매... 등 문서계약은 좋지 않다.
천살 행운에는 일등의식과 선민의식이 강해 직장을 버리고 자영업을 하나 자존심을 버리지 않으면 실패한다.
천살 연운에 직장인은 승급, 승진... 등을 할 수 있으나 천살 운이 지나면 몰락의 하향기로 접어들어 좌천, 불운을 맛보게 되며 사업하는 사람 역시 천살 운에서는 사업이 번창하나 천살 운을 지나면 사업 기득권을 잃거나 민·형사 사건 등 관재수를 당할 수 있어 천살에서의 행운(幸運)은 득보다는 실이 많을 수 있다.

(4) 방위(方位)

방위학적인 측면에서, 천살 방향은 일명 조상 또는 선생님 방향으로 높고 높은 상고좌(上高坐)를 의미한다. 그러므로 조상이나 부모에게 제사를 지낼때는 제사를 지내는 사람(祭主)의 일지를 기준으로 천살 방향을 향해 제사를 지내거나 선산을 모시는게 길하다. 신에게의 기도할 때는 육해 방향이 좋다.

천살은 조상이 있는 곳으로 종교적인 물건을 두면 좋지 않다. 예를 들어 성경이나 불경을 비롯하여 십자가 또는 성모마리아 상이나 절에서 가져온 달력이나 그림 역시 피하는 것이 좋다.

공부하는 학생들은 시선이 본인의 천살 방향을 향하도록 책상을 두고 공부를 하면 학습 능률이 오르지만, 반대로 시선이 반안 방향이 되도록 책상을 놓고 공부를 하면 실력이 떨어진다. 하지만 잠을 잘 때는 머리가 반안 방향이면 길하나 천살 방향은 나쁘다.

(5) 각 지지(地支)의 천살(天殺)

年支 : 조상의 인덕이 없고 곤하며 의기소침하고 고독.
月支 : 육친 간에 반목하고 배우자가 이상행동.
　　　　항상 건강이 좋지 않고 뜻밖의 일이 많이 생김.
日支 : 배우자가 왕 노릇.
　　　　일찍 외국이나 타향에 나가 고생. 그러나 말년은 부유.
時支 : 일의 불성과 간난신고(艱難辛苦).
　　　　말년이 곤하고 불행. 활인을 하고 덕을 쌓으면 구제.
　　　　자식이 윗사람, 본인이 희생해야 자식과 인연.
日과 時 : 별로 나쁜 작용이 없어 殺이라 하지 않아도 좋음.

(6) 육친(六神)의 천살(天殺)

比劫 : 의타심, 잘난 체, 선민성, 자만심, 경거망동.
食傷 : 반항심, 구설수, 유시무종, 모사작패(謀事作敗).
財星 : 노다공소(勞多功少), 분주다망, 손재수, 초조불안.
官星 : 관재, 불치병, 직장 · 주거 이동 등.
印星 : 의식주 불안, 역마, 변덕, 무례, 감정 기복.

4) 지살 (地殺)

(1) 지살(地殺)의 의의(意義)

땅이 움직인다는 살(地殺)로서 동분서주하는데 개인보다는 집단 임무를 띤 이동이 많게 된다. 이동, 이사, 여행, 변화, 변업(變業), 해외 이주, 타국 등을 전전하며 가정, 업무의 잦은 변동 등이 있다. 지살이 길하면 취업, 승진, 문서획득이 있으나 흉하면 아무런 소득 없이 동분서주하며 객지 풍상을 겪는다.

지살은 여행이나 이사 등의 변화와 이동을 주관하여 역마와는 거의 같은 것으로 작용이 비슷하다. 다른 점이 있다면 역마는 능동적이고 적극적이어서 넓고 크게 응용되나 타의에 의한 움직임이라면 지살은 수동적이고 소극적인 것이어서 작고 가볍게 응용되며 자의에 의한 자체의 변화, 변동에 의한 움직임이라 하겠다.

지살은 일명 군마(軍馬)라고 하여 왕이 타는 가마에 비유되기도 하는데, 한편으로는 소식이나 정보를 제공하는 문공 또는 정보 통신 장관에 비유하기도 한다.
삼합의 첫 자로서 寅申巳亥다. 12운성의 장생(長生)에 해당하며 아기가 처음 태어나 활보한다는 뜻으로 성장과 활동성을 나타낸다. 장성과는 합이 되지만 역마와는 충이 되는 지지이다.

(2) 사주원국의 지살(地殺)

원국에 지살이 여러 개 있으면 초년부터 풍상을 겪게 되고 사방으로 유랑하거나 먹고살기 위해 동분서주한다. 고향을 떠나 타향에서 살게 되거나, 객지를 전전하며 활동하는 직업에 종사하는 사람이 많다. 그러나 격이 원만하면 해외에 진출하여 승승장구하기도 한다.
지살이나 역마가 많은 사람은 해외 출입이 빈번하거나 타국에서 주로 산다.

신약(身弱)하고 상관이 태왕(太旺)한데 역마, 지살이 있는 경우에는 교통사고를 당하기 쉽다. 지살이 형, 충 되거나 상관이나 칠살에 임하면 교통사고를 조심해야 한다.

지살이나 역마가 있는 사람은 운수사업을 하면 길하다.
寅巳가 지살이며 관성일 경우는 항공계, 申일 경우는 차량, 철도, 亥일 경우는 수산업, 어업 등에 종사하기 쉽다.
직업상으로는 외교, 무역, 해외 이민, 기술 분야에 의한 해외 진출 등 그리고 운수 수송, 운전기사, 항해사, 항공사 등을 한다.
지살이 장성, 화개와 삼합을 이루면 어떤 분야에 일가를 이루는 전문가가 된다.
자식이 나의 지살에 해당하면 유학을 보내거나 일찍 자립시키는 것이 좋다.

(3) 지살(地殺) 운(運)

 지살 대, 세운(大. 歲運)에는 새롭게 시작하거나 활동성이 강화되며 길운이면 크게 발전하는 계기나 발판이 되나, 운의 흐름이 나쁘면 점진적으로 망하거나 힘들게 된다.
길운의 지살 운이 되면 취업, 승진, 명예, 문서입수, 이사 등 좋은 변동이 있으며 조직 내에서는 윗사람으로부터 신망을 받게 된다.

 지살 일주가 육해나 원진 .귀문관살 운을 만나면 관재구설, 사고 등을 조심해야 한다.
지살이 운에서 역마와 충하면 이동수가 생기며 여자의 경우, 역마가 관성이면 국제결혼 등을 한다.
지살을 세운(歲運)에서 만나면 외국에 나가게 되며, 지살을 충하는 해에도 외국에 갈 수 있다.

 寅巳申 삼형을 일지에 놓은 공직자는 지살 행운에 승급, 승진한다.
지살 운에는 기본적으로 망신, 구설수가 따르는데, 이러한 지살 대운의 나쁜 것은 역마 세운에서 해소된다.
원국에서 재성 혹은 관성이 지살로서 길신인 경우에 대, 세운에 육해를 만나서 지살을 묶으면 움직이지 못하게 된다. 이렇게 되면 모든 활동이 일시 정지되어 조직 내에서 분란 사고, 갈등, 구설…. 등이 발생할 수 있다.
역마 운에 해외에 있다가 역마가 합이 되는 운이 되면 해외에서 들어오게 된다.

사주에 지살이 있는 학생이 학과를 선택할 때는 정치외교학과나 언론에 관계되는 신문방송학과 외국어대학, 외교학과... 등 해외나 방송과 관련이 있는 학과를 선택하면 무난하다.

(4) 방위(方位)

사업과 관련된 출입문은 반드시 지살 방위에 두어야 하며, 특히 업소의 간판 및 선전물은 지살 방향에 게시해야 효과가 있다.

지살 행운시의 적절한 업종은 광고홍보, 운수업, 보험, 무역업 등 이동성이 강한 업종이 좋다.

지살 방향으로 출근하면 사장이나 업주가 되고 역마 방향이면 월급에 의지하는 사람이 될 수 있다.

(5) 각 지지(地支)의 지살(地殺)

年支 : 선조 때부터 고향을 떠나 객지와 인연.
　　　조상의 가업을 지키지 못하고 조실부모로 고생.
　　　중년 후에는 발복하며 자수성가.
月支 : 잦은 이동과 처와의 불화 혹은 이별 수.
　　　이사도 많이 하고 형제가 고독.
　　　부모와 일찍 이별하고 중년 후에 성가(成家).

日支 : 재능에 비해 결과가 초라함.

여자는 남편이 장애인.

분주하게 돌아다니며 직장을 자주 옮기고 일생의 부침이 심함.

본인이 고향을 떠나 이민도 가고 배우자도 먼 곳에서 인연(因緣).

日干이 충을 받는 가운데 지살 역마가 모두 있으면 교통사고를 당할 우려가 큼.

時支 : 자손이 고향을 떠나고 해외 출입이 잦음.

말년에 부귀해지나 자손이 외지에서 액을 당할 수 있음.

(6) 육친(六神)의 지살(地殺)

比劫 : 형제, 친우가 해외에 있음.

친, 인척 및 동료의 자본으로 사업을 하거나 조기이향.

食傷 : 자손이 해외 출입. 돈 안 되는 일에 분주다망.

財星 : 재물에 집착.

외부로 돌아다니며 돈을 버는 영업직.

배우자를 돌아다니며 만나거나 원처(遠處)에서 만난다는 것을 암시.

官星 : 원처 사업 및 무역 사업에서 돈을 벎.

외교관, 외국인 상사나 국외지사에서 근무.

남자는 자손이 해외와 인연이 있고, 여자는 남편의 해외 출입이 잦거나, 해외 근무.
　　　국제결혼과 인연이 있음.
印星 : 외국어. 편인 지살이면 창조성이 뛰어남.
　　　지살이 인성과 합되거나 동주하면 외국유학이나 특파원.

5) 연살(年殺)

(1) 연살(年殺)의 의의(意義)

연살은 도화살(桃花殺), 함지살(咸池殺), 욕패살(浴敗殺)등 동의어가 다양하다. 월살을 내당 마님으로 표현하는 데 반해 연살을 시녀(侍女)라고도 한다. 가족 중 나의 연살에 해당하는 띠가 있으면 그 사람은 나를 위해 궂은일을 도맡아 해준다. 연살이 있는 사람은 누군가를 위해 봉사를 잘하는 습성이 있다.

연살은 삼합(지장화)의 첫 자인 지살의 바로 뒤에 오는 지지로 子午卯酉에 해당하고, 육해와 충하며, 12운성의 목욕에 해당한다. 목욕은 더러운 것을 씻어내는 것과 동시에 벌거벗은 것을 상징하므로 음란(淫亂)을 주도한다고 한다.
인생에 비유하면 사춘기 시절과 같아서 유행과 화려한 색감에 민감하고 감정에 치우치며 색정(色情)에 빠져들기가 쉽고, 일방적으로 전력투구하다 실패할 확률이 높아 패살(敗殺)이라고도 한다.
진중하지 못하고 색정의 의미가 많아서 부정적인 요소로 인식되었으나 현대적 관점에서는 대인관계에서 인기도 좋고 활동적이므로 오히려 긍정적이고 바람직한 신살이라 할 수도 있다.

연살이 길신에 해당하고 생왕(生旺)하면 용모가 수려하고 기술적 재능과 기교 즉 끼가 있지만, 고상한 선비 기질이 있고 풍류를 좋아하는 일면도 있다. 또 시중을 들어주는 사람들을 거느릴 수가 있으며 아랫사람의 도움이 있고, 어디서나 인기가 있으며 사람을 끌어들이는 힘을 지녔다고 하겠다.

 도화(桃花)란 호색, 풍류, 사교를 나타내며 때로는 외정(外情)의 잦음을 의미하기도 한다. 도화가 용신이면 친절하고, 명랑하며 수완과 솜씨가 뛰어나고 많은 사람이 따르게 된다. 여자는 미모가 있으니 자연 남자관계가 복잡하다.
도화살은 바람피우는 살이라 해서 심히 나쁘게 여기지만 본인이 음란해서라기보다는 이성을 끄는 매력이 있어 자연 주위에 이성이 많아지고 이로 인해 사건 사고가 생기는 것이라 보아야 한다.

 연살이 기신이면 언행이 불손하고 패륜 행위, 변태적인 애정 문제, 주색잡기나 방탕한 생활로 가산을 탕진하거나 사회에 물의를 일으키기 쉽다.
연살이 귀인에 해당하면 유흥업이나 여자로 인하여 돈을 벌거나 부인이 부정적인 방법으로 돈을 벌어 부자가 되는 경우가 많다.

 영웅호걸이나 귀인의 명조에도 연살이 많이 있고, 때로는 열부(烈婦)나 정숙한 여인(貞女)의 명(命)에도 도화가 많이 있다. 그러므로 도화가 있다고 꼭 음란하다고는 말할 수 없으며, 이 역시 격국과 희, 기신의 관계를 잘 살펴 판단해야 한다.
연살이 공망되는 것은 길한 것이나, 합과 형을 가장 꺼리며, 원진이 있고 왕(旺)하면 악처를 만나기 쉽다. 또한, 도화가 사절(死絶)에 해당하면 언행이 교활하고, 방탕에 휩쓸리고 음란을 좋아하며 가업에 소홀하여 전전 유랑하게 된다.

도화가 합이 되면 염문이 많다. 지지합(支合)은 중하나 천간합(干合)은 경하다. 특히 삼합이 되면 간음을 하고서도 부끄러운 줄 모르는 뻔뻔스러운 성품이다.

남자의 재성이 연살과 합이 되면 처가 방탕하거나 정부(情夫)와 내통하기가 쉽고, 연살이 편관과 동주한 자는 화류계가 아니면 연예계 또는 예술계에 종사하는 사람이 많다.

(2) 사주원국의 연살(年殺)

일(日)이나 시주(時柱)에, 연살이 양인과 동주하면 학식이 있고 재주가 있으나 주색으로 몸을 해치는 수가 많은데 이때는 도화를 연지(年支) 기준으로 본다.

형(刑)과 같이 있으면 음란함은 물론 수치를 모르고 불륜관계로 인하여 타지로 도주하기가 쉽다.

연살은 일지를 기준으로 하여 보기도 한다. 일지를 기준으로 하여 연지나 월지에 연살이 있으면 남자는 연상(年上)의 여인이나 유부녀를 좋아하여 사통(私通)하기도 하며 여자도 같다.

눈웃음과 볼우물의 매력이 있는 사람은 대개 원국에 연살이 있다.

도화는 성질이 조급한 편으로 비밀을 잘 지키지 못하고, 도화가 좋은 작용을 하여 현숙하다 하여도 간교하고 질투심이 많다.
여자가 도화가 있는데 水가 강하면 색정이 매우 강하며 이로 인한 화(禍)가 심하다.

연살은 子午卯酉로 사왕(四旺)의 기가 집중되는 곳으로, 상관의 기운이 강하며 예쁘게 단장하여 남의 시선을 잘 끌기 때문에 자신을 공교하게 드러낼 수 있는 구술업, 의료업, 디자인, 인테리어, 예술가, 이미용(理美容) 등과 같은 직업과도 잘 맞는다.

도화는 시주(時柱)가 작용력이 가장 강하고 일, 월, 년은 작용력이 떨어진다.
도화와 양인이 생시에 동궁하면 다재다능하다. 예를 들어 甲戌일에 卯時생이면 甲에서 卯는 양인이 되고, 卯는 일지(戌)기준 도화가 된다.
원국에 子午卯酉가 두字이상 있으면 도화가 아니더라도 도화로 본다.
사주에 연살이 있고 다른 곳에 또 子午卯酉가 많으면 주색을 탐하여 패가망신한다.

신약 사주에 도화가 있으면 나쁜 작용이 매우 심하며 도화살이 흉신이나 악살(惡殺)에 놓이면 간계(奸計)로 불륜을 범한다.
도화살이 흉할 때는 특히 女子는 천성이 음란하고 성격이 강하며 간부(姦婦)를 두기도 한다. 남자 사주에 재성이 목욕, 도화와 함께 동주하면 처가 활동한다.
음(陰) 일주의 도화보다 양(陽) 일주 도화가 바람기가 더 많다.

 사주가 좋고 도화가 생왕하면 용모가 아름다워서 본의 아니게 남들이 잘 따르고 항상 유혹 속에 있다.
도화가 좋은 작용을 하면 타인이 유혹하더라도 절개를 지키게 되고 유흥업이나 연예계에 종사하여 크게 이름을 떨치고 대성하기도 한다. 도화가 귀인이나 건록과 함께 있으면 유흥업이나 여자로 인해 돈을 번다.

 도화가 장생, 건록, 제왕 등 왕성한 기운에 해당하면 용모가 아름답다.(단 日支나 時支가 모두 도화 = 酒色으로 敗家)
도화가 제왕과 함께 있으면 친족이나 육친 간에 소송 등이 있고 처첩 간에도 다툼이 있다.

• 풍류(風流) 도화
  도화살이 합이 된 것으로 총명하다.
• 유랑(流浪) 도화
  도화와 역마가 함께 있는 것으로 정부(情婦)와 도주한다.
• 곤랑(滾浪) 도화
  일간과 시간이 간합하고 일, 시가 상형(相刑)된 것으로 성병 등과 색정으로 패가망신을 하는 것이다.

- 나체(裸體) 도화

  일간이 일지에 목욕살을 놓은 상황(日柱 : 甲子, 乙巳, 庚午, 辛亥)에서 연지 기준으로 일지가 도화가 해당하는 것으로 경국지색(傾國之色)이나 음탕하다.

- 녹방(祿榜) 도화

  일지 정관이 도화이거나 정관 도화가 일지와 합이 된 것을 의미한다. 여자는 애교가 있고 절세가인이나 水가 많으면 음란하다.

- 편야(偏野) 도화

  원국, 대, 세운에서 子午卯酉가 모두 있는 것으로 들판에 핀 야생화를 의미한다.

  남자는 성질이 급하고, 교묘하며 기술, 예술, 문학계통으로 성공할 수 있으나 주색으로 망한다. 여자는 음탕하여 정부와 도망가 골육과 등진다.

(3) 연살(年殺) 운(運)

연살은 운세가 좋고 나쁨이 뚜렷하게 구별되는 경우가 좀 더 많다. 연살운에서는 모든 일이 늦게 이루어지고 너무 느려서 탈이 생긴다. 연살 대운에는 뛰어난 능력과 재능을 가지고 있음에도 이것을 펼칠 기회가 없어 실력발휘를 못 하는 경우가 많다.

행운에서 연살이 나쁜 역할을 하면 주색으로 인한 구설과 관재가 염려되고 망신을 당하기가 쉽다. 한편으로는 피곤하고 짜증스러운 일이 반복되는 것이 많이 생기기도 한다.

연살 대운에 사업을 하면 잠깐 반짝하다가 지루한 양상을 띠기 쉬우므로 신중해야 하며 모든 결과가 더디게 나타난다.
그러므로 취직과 같은 것도 잘 안되고 상당 기간 기다려야 좋은 소식을 들을 수 있다.
대운이나 세운에 연살을 만나면 교제살이라 하여 교제비가 많이 드는 사업을 하게 되거나, 하는 일이 지지부진하거나, 계획했던 일이 마음먹은 대로 성사되지 않는 경우가 많다.
그러므로 연살 운에는 실리를 따져 민첩하게 행동하고 대처해야 이득을 챙길 수가 있으며 외형을 중시하면 실속이 없다.

원국에 연살(도화살)이 있는데 행운에서 도화를 또 만나면 이성으로 인한 관재, 재난, 망신을 당한다.
연살 행운에는 급작스러운 심경변화로 평온한 부부관계에 이상 징후가 발생한다.

연살 운에는 사업을 시작하거나 집이나 건물을 수리하는 등의 실제적인 움직임이 있는 시기다. 예를 들면 亥卯未 일생은 子, 연살 운에 창업, 수리 등을 한다. 그러나 연살 대운에 사업을 하면 시작은 좋으나 시간이 지나면서 적자로 고전할 수 있다.

연살 행운에는 자신을 드러내는 시기이므로 개업, 선거, 결혼, 미팅… 등의 홍보나 널리 알리는 행사에는 적합하다.
비밀을 최우선으로 해야 하는 업무는 연살 일진(日辰)을 피해야 한다.

연살의 대, 세운에는 대체로 소비 지출이 많고, 병원 출입, 건강 이상... 등 상관(傷官)과 유사한 기운이 들어온다.

도화 방향에 장롱, 화장대, 장식물 등을 진열하고 치장하면 좋으며 연살과 도화가 충이 되는 운을 만나면 물건을 수리하거나 손 댈 일이 있다.
예를 들면 申子辰생이 卯년에 酉월(연살)이 되면 연살이 충(卯酉沖)이 되어 베란다(도화살로 봄)나 도화 방향의 물건을 수리하거나 손 댈 일 등이 생길 수 있다.

문의자가 자신의 연살 일진에 방문하는 경우에는 주로 애정사 문제로 오는데, 月운이 월살 운이면 나쁘고 반안 운이면 좋다.

(4) 각 지지(地支)의 연살(年殺)

年支 : 이성 운이 좋고 조혼하는 경우가 많음.
月支 : 활동적이며 명랑하나 부모덕은 없음
　　　月에 도화면 유부녀, 유부남과 바람.
日支 : 부부간에 변화가 있는 등 만사가 불길.
　　　부부 이별 혹은 무자식.
　　　가장의 역할, 재물복은 있으나 바람기.
　　　남자가 함지와 일지 도화면 처첩으로 치부.
　　　일지에 도화가 있고 재, 관이 강하면 처덕으로 성공.

　　　　일지 도화가 정재, 정관, 천을귀인, 천덕,
　　　　월덕귀인 등과 함께 있으면 부귀하고 복이 많음.
　　　　여자의 일지에 도화가 있으면 남편이 작첩(作妾).
時支 : 노년기에도 적극적이며 멋진 삶을 추구함. 분주함.
　　　　늦바람. 부부간에 변동이 생김. 자식이 바람둥이.

年, 月의 도화 : 담장안의 꽃이라고 하여 바람기 적다.
日, 時의 도화 : 들길의 꽃(野外 桃花)이라 하여 바람기 많다.

(5) 육친(六神)의 연살(年殺)

比劫 : 자신의 감정을 과격하게 표출하려는 경향이 강함.
　　　　비겁에 도화와 형살이 동주하면 처첩으로 인한 송사로 패가망신(風流時).
　　　　탈재, 파산, 형제, 못된 친구로 패가망신.
食傷 : 기예의 재능과 예술적 표현심리가 발달되어 방송에 적합.
　　　　연예계에서는 발군.
　　　　명예 손상, 직위 박탈, 자손이 풍류.
　　　　여자는 부정(不貞)으로 임신.
　　　　남자는 딸 같은 여자를 좋아함.
　　　　첩에게 후하나 처에게는 인색.
財星 : 처덕으로 먹고 살거나 매춘, 매간득재(賣姦得財),
　　　　향락사업. 정재면 연애결혼, 妻福, 사주구성이 좋지 않으면
　　　　이성 때문에 손재(損財).

官星 : 편관 도화는 호색의 기질이 농후하고 박복(薄福).

정관 도화는 행동거지가 반듯하며 복록(福祿).

남자 : 작첩(作妾), 승진, 득자(得子). 연애결혼.

여자 : 남편이 작첩(作妾), 관재, 배신, 구타, 송사, 수술.

도화가 정관으로 희신이면 남편이 출세하여 귀부인(장내 도화)이 됨.

도화가 편관이고 시(時)에 있으면 외도를 하거나 강간을 당하기도 함.

印星 : 선생님의 사랑을 받거나 선생님을 사모.

日支, 時支에 인성이 도화인 경우 父母와 함께 삼.

도화, 편인이 동주하면 동성연애.

부부 해로에 문제.

6) 월살 (月殺)

(1) 월살(月殺)의 의의(意義)

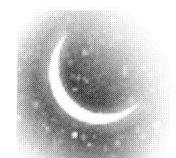

 월살은 일명 '고초살(枯焦殺)'이라고도 하는데 삼합의 끝에 있는 지지인 화개와 충이 되는 지지다. 성벽(城壁)이나 장애물에 비유하기도 하여 매사가 순조롭지 못하며 깨지거나 무너지며, 고갈(枯渴)되거나 위축되는 상태를 나타내어 고갈살(枯渴殺), 장애살(障碍殺), 침체살(沈滯殺) 등으로도 불린다.
12운성의 관대에 해당되며 辰戌丑未에 임한다.

 택일(擇日)에서 파종(播種)이나 식목(植木)등 농작물 재배와 동물의 교미나 부화 등에는 고초일이라 하여 기피하며, 결혼 택일에는 가장 피해야 할 날 중의 하나이다. 이날은 달걀을 품어도 병아리가 깨지 않으며 씨앗을 뿌려도 발아가 안 된다. 이날 남녀가 교접하면 임신도 잘 안 되고 자식이 출생하더라도 평생 신체가 허약하거나 잔병이 많다.

 농부가 월살 일에 씨를 뿌리거나 모종을 하면 불리하고 또한 월살일에는 집수리, 이사도 안 되고 잔치나 혼인하는 것도 좋지 않으므로 길사(吉事)로 택일을 정 할 때는 반드시 피하는 것이 좋다.

 사주원국에 월살과 화개가 동주하면 종교, 신앙에 관심이 많은데 특히 여자는 고독한 팔자로서 활인업에 종사하기도 하며 정편관이 태왕하여 신약 사주인 경우 신기가 발동하기도 한다.
월(月)은 여자에 비유됨으로, 월살이란 여자에게 음해를 받거나 여자 때문에 손해를 보게 되는 흉살이기도 하다..

(2) 사주원국의 월살(月殺)

원국에 월살이 있는 사람은 대체로 빼빼 마르고 평생 살이 찌는 사람이 드물다. 대부분 신체가 허약하고 공상, 망상하며 신기(神氣)가 들리기도 하고 몸이 마른다.
사주 원국에 월살과 화개가 충이 되어 같이 있으면 하체에 장애가 생기는 경우가 많다.

여자에게 월살이 있으면 무녀(巫女)나 보살, 승려가 되기도 한다. 여자는 내당 마님에 비유되어 본인은 행동을 자유롭게 하지 못하면서도 왕을 내조해야 하고 체통을 살려드려야 한다. 또한 왕이 후궁들과 같이 지내는 밤이면 말도 못 하고 긴 밤을 눈물로 지새워야 하는 것과 같아서 고독살(孤獨殺)로 보기도 한다.

원국에 월살이 너무 많으면 육친의 덕이 없고, 남자는 처와 자식, 여자는 남편과 자식과 인연이 박하여 재혼할 가능성이 있다.
월살이 2개 있거나 편관과 재성이 월살에 해당되면 신흥종교에 깊이 빠지거나 무녀가 되기도 하며 부부관계가 적막해진다.

원국에 월살이 있는 사람은 사회사업 등의 육영사업과 교육에 관심이 많고 인정스러운 편이다.
월살은 활인지덕의 의미가 강하므로 월살이 있는 사람은 의약, 생사여탈의 직업 등에 봉직하면 좋다.

월살은 '달빛'으로 달빛은 어둠 속에서 길을 비추는 역할을 한다. 그러므로 직업상 처음에는 내가 원한 것은 아니었으나 외부의 환경 때문에 할 수 없이 시작했는데 달빛의 인도로 나중에는 오히려 전문가로 대성하는 경우도 있다.
월살의 대표적인 업종은 모텔, 대낮에서의 어두운 공간, 만화방, 사채놀이… 등 남한테 드러내 놓고 말하기는 민망한 그런 사업을 하면 많은 이익을 낼 수 있다.
월살이 있으면 후미진 곳에서의 사업장, 유흥업, PC방, 노래방, 호프집, 포장마차, 분식점… 등 야간에 일하는 경우가 많다.

나의 월살이 상대방의 일지나 연지에 해당하면 상대방에게 많은 도움을 받게 된다.
사위의 덕을 보고 싶다면 장모의 연지를 기준으로한 12신살의 월살이 사위의 일지나 연지가 되면 좋다. 처가의 덕을 보려면 남자의 연지를 기준으로한 12신살의 월살이 장모의 일지나 연지가 되면 좋다.
자식의 띠가 나의 월살에 해당하면 자식이 출세하고 가업이 번창하며 자식 덕을 본다. 예를 들어 亥卯未 생 부부가 월살에 해당하는

丑인 소띠의 자녀를 가졌다면 출산할 때부터 가세가 좋아지며 반드시 자녀로부터 은혜를 입고 자녀가 나의 사업의 자금줄이 되는데 이 모든 경우는 월살이 좋은 역할을 할 때 해당한다.

(3) 월살(月殺) 운(運)

월살 운에는 가정과 직업에 재앙이 닥쳐 고통스러운 일이 발생하기 쉬워 이로 인해 종교에 귀의하거나 우울증에 빠지기 쉽다.

월살 운에는 모든 일이 될듯하면서 되지 않는 경우가 많은데, 서류상의 문서 운과 계약 운에서 특히 이런 경향이 심하다.
남자는 무모한 계획, 계획성 없는 허영으로 실패하며 투기, 투자, 계약, 문서 보증 등으로 곤경에 빠지는 경향이 많다.
여자는 유혹에 빠져 재산을 탕진하는 경향이 있으며 남자에게 현혹되어 무단가출, 남편과 별거, 정신적 스트레스로 건강을 해칠 수 있으므로 허영심이나 이성 문제를 조심하고 남들로부터 이용당하지 않도록 항상 주의해야 한다.

월살 대운에 화개 세운을 만나면 하던 일을 중단하는 경우가 많아서 직업문제, 부부 문제로 갈등한다.
원국에 월살이 있고 연운에서 화개를 만났을 때 좋은 운일 경우에는 개편, 정리, 새 출발의 시발점이 되나 나쁜 운일 경우에는 퇴직, 수술, 실패, 좌절... 등의 일이 생긴다.

운에서 만나는 월살이 원국의 나쁜 것을 충극하면 오히려 재운이 상승하여 뜻하지 않은 상속, 증여, 금전, 비밀스러운 재물을 취득하거나 사업의 변화가 이루어지기도 한다.

원국에서 월살은 나쁜 역할을 하지만 대운에서의 월살은 바다에서 등대를 보는 것처럼 좋을 수도 있다. 그러나 대부분 월살 운을 만나면 투기, 투자, 과욕으로 인한 변동으로 실패할 수도 있다는 것을 항상 염두에 두어야 한다.

월살 행운(行運)에는 앞길이 잘 보이지 않는 형국이므로 일의 진척이 더디고 잘 풀리지 않아 우울하고 답답한 양상이 지속한다.

행운에서 월살 운이 오면 신앙에 대한 회의를 느끼거나 개종을 하며, 신체 부위에 마비가 오거나 사업부진, 자금고갈, 소송사건 등의 일이 발생한다.

원국에 월살이 있고 운에서 이것을 형,충,파 하거나 공망이 되면 막혔던 성문이 열리는 것과 같다.

월살 운에는 남을 돕는 일이나 봉사 활동을 많이 하면 장수하고 노년이 편안해진다.

원국에 월살이 있으면 의학이나 약품에 관한 관심이 많고 열정이 있어 학과를 선택한다면 의학이나 약학 분야가 적절하고 적성에 맞다.

(4) 방위(方位)

　월살 방향이 행운(幸運)의 방향이 되면 어둠 속에서 달빛이 비쳐서 길을 안내한다는 뜻으로 좋기는 하지만 그 행운이 오래도록 지속하지 않으니 목적을 달성하면 곧 자리를 옮기는 게 좋다.
월살 방향을 밝게 해 놓으면 항상 밝고 좋은 일만 생기므로 불을 밝히는 전기용품 등은 월살 방향에 두는 것이 좋다.
성적이 무난할 때는 월살 방향의 학교, 성적이 나쁠 때는 육해방향에 있는 학교를 선택하면 좋다.

(5) 각 지지(地支)의 월살(月殺)

年支 : 조상대에 어려움이 있었음.
　　　 승려가 된 조상이나 조상이 가난하였음.
　　　 초년에 질병, 횡액, 관재구설이 빈번함.
月支 : 부모, 형제와 인연이 약하고 일이 불성.
　　　 조실부모하고 조상의 업을 잊지 못함.
　　　 성질이 불같으며 이리저리 머리를 써도 되는 일 없음.
　　　 관액이 따르고, 타향, 사찰 등에서 생활함.
　　　 자녀가 불효.
日支 : 조실부모, 승려 팔자, 신기와 질병이 있음.
　　　 과부나 홀아비, 부부 풍파,
　　　 몸은 허약하며, 박력이 없고 주색을 조심.

時支 : 자식 문제로 불화하나 자식은 발복.

　　　 입산하여 귀의하거나 실패 풍파가 잦음.

　　　 자손이 불효.

7) 망신(亡身)

(1) 망신(亡身)의 의의(意義)

 망신의 망(亡)은 "망하다, 죽다, 달아나다"의 의미로서 자신의 몸을 망하게 하는 신살이다. 신(身)은 몸 이외에도 믿음, 조심, 포부, 지위, 명예... 등 다양한 의미다. 그러므로 망신 시기에는 조심하지 않으면 몸은 물론 가정과 사회에서 다양한 일들로 심신이 만신창이가 되리라는 것을 암시한다.

 삼명통회(三命通會)에 의한 망신의 유래를 살펴보면, 申子辰 水局은 亥가 망신인데 亥의 지장간 甲木에 亥水가 설기(洩氣)되어 망하고, 巳酉丑 金局은 망신인 申이 申의 지장간 壬水에 설기되어 망하고, 亥卯未 木局은 寅이 망신으로 寅중의 丙火에 목기(木氣)가 설기되어 망하고, 寅午戌 火局은 巳 망신이 巳중의 戊土에 설기되어 망한다 하여 망신이라 하였다.
다른 관점에서 보면 삼합은 지살, 장성, 화개로 구성되어 있는데 가운데에 장성이 제왕이다. 지살과 화개는 장성인 제왕을 보좌하고 있는 것으로 앞에 있는 지살은 기사로, 뒤에 있는 화개는 비서로 볼 수 있다. 예로 들어 亥卯未 木局에서 가운데 卯는 제왕이고 亥는 기사, 未는 비서가 된다. 그런데 卯와 같은 오행인 寅은 寅午戌 삼합에서 午는 제왕이 되고 寅은 왕을 모시는 기사가 된다. 卯와 寅은 같은 오행으로 겁재가 되므로 이복형제가 된다.

卯는 木국 나라의 제왕 자리에 있는데 이복 형제인 寅은 火국 다른 나라에서 왕을 모시는 기사의 노릇을 하고 있다.
왕인 卯의 입장에서 배다른 형제인 寅이 있다는 것도 난처한 상황인데 다른 나라에서 기사 노릇을 하고 있으니 얼마나 망신스럽겠는가? 이런 원리로 제왕과 같은 오행의 겁재는 망신이라고 생각하면 쉽게 암기할 수 있다.

장성살과 같은 오행으로 장성살의 바로 앞글자가 망신이다. 삼합 가운데 제왕의 앞 지지로서 寅申巳亥에 해당하고 겁살과 충하며 12운성의 건록에 해당한다.

망신은 타의나 외적인 요인보다는 자의나 내적인 요인에 의해서 망신을 당하는 경우가 더 많다고 할 수 있다.
망신의 시기는 서로가 예기치 않은 일로 원망하고 억지를 부리다가 망신을 당하므로 억지살(抑止殺) 또는 원망살(怨望殺)이라고도 하며 망신을 당해 나라인 관의 눈치를 살펴야 하므로 관부살(官府殺)이라고도 한다. 모든 계획이 수포가 되고 실물, 손재, 수액, 인명 손상, 괴질, 망명, 패가망신하게 된다는 살이다.

망신은 격전지나 전쟁터에 비유되기도 하는데, 겁살인 적장과 충으로 상전(相戰, 沖)하면 큰 화를 면하기 어렵고, 칠살인 편관과 동주해도 부모를 욕되게 하거나 형처극자(刑妻剋子)하는 탓으로 겁살과 칠살을 대기(大忌)한다.

(2) 사주원국의 망신(亡身)

 길신에 해당하고 생왕하면 외모가 준수하고 위엄이 있으며 모사에 능하고 계산력이 빠르고 뛰어나며 대인관계에 인기가 있고 유머 감각과 화술도 좋으며 문장력도 좋다.

 흉신에 해당하면 "내실즉망(內室卽亡)"이라 하여 내부로부터 그 작용이 일어나 잃는 것으로, 경거망동으로 화를 초래하거나, 장담이나 거짓말을 잘하고 시비를 좋아해 송사나 관재구설에 휘말리기 쉽다.
재언하면, 망신은 자신의 고집으로 일을 저질러서 안에서 크게 잃는 것이 많다.
원국에 이 살이 있으면 고집이 세어서 하지 말라는 것도 하는 성격으로 결국 손해를 봐야 하지 않게 된다. 특히 여자는 고집으로 인해 남편과 다투고 심하면 이혼하게 된다. 그러므로 수신(修身)과 수성에 전력해야 한다.

 망신이 있으면 이성에게 친절하고 섬세하므로 여난(女難)이 있을 수 있고 인간관계에서는 시기와 질투로 속성속패 할 수가 있다.
원국에 망신이 많을 경우에는 부모, 형제, 처자… 등 육친의 덕이 없고 패가망신하며 괜히 남의 미움을 사게 된다.
망신이 나쁜 작용을 하면 마음이 편협하고 소송을 잘 일으키며 주색을 즐긴다.

남자가 일지에 망신이 있으면 처나 여자로 인한 화가 생기고, 망신이 공망 되면 허세와 허욕이 많고 타인을 자주 괴롭힌다.

일간이 생왕하고 망신도 생왕하며 귀인을 만나 길하면 용모가 준수하고, 위엄, 모략이 있어 남과 싸우더라도 반드시 이긴다.
계산에 매우 밝고, 신속하며, 농담도 잘하고, 문장과 실력이 좋다.
장년 이후에 개운(開運) 발전한다.
원국에 망신이 있는 사람은 모든 분야에 관심과 호기심이 많아 나름 박학다식하다.
인성과 망신이 동주하면 정치적으로 능력을 발휘하는 사람이다.
망신과 겁살은 흉살이지만 녹마(財官)나 귀인, 재성을 띠면 권세의 신이 된다.

사주 모두가 (사주의 연월일시) 납음오행의 장생이 되고 망신이 있으면서 녹마귀인을 띠면 이름이 높이 난다.
망신, 장생이 동주(同柱)하면 장년(壯年)에 이르러 비약, 발전한다.
망신이 있는 주(柱)의 천간이 간합되면 군인으로 명성이 높다. 그러나 격이 낮으면 기술자나 두들기는 직업, 도살직, 청부업 등을 한다.
망신과 겁살이 겹치면 단명한다.
망신이 삼형살을 띠면 가정적으로 불화하거나 스님(僧)이 될 수 있다.
망신은 육합을 좋아하지 않는다. 망신이 있고 합이 많으면 주색으로 망한다.

상대방의 망신 일진에 유혹을 하면 성관계로 진전될 수도 있다.
망신이 강하고 일간이 약한데 합이 되면 화류계로 진출하여 몸과 마음을 상한다.
망신이 일간을 극하거나 흉신이면 일생 망신당하는 일이 많다.
역마나 지살과 동주하면 노상에서 망신을 당하거나 자동차 사고로 몸을 상하기도 한다.

(3) 망신(亡身) 운(運)

망신 대운이 길하면 사회적으로 활동이 활발하고 발전하여 신분 상승이 되고 생활이 안정되지만 나쁘면 과욕으로 무리한 일을 도모하다 크게 실패하고 망신당할 수 있다.

망신이 행운에 해당하면 사업번창, 신용, 자산 증식, 승진, 신규사업, 금전거래, 증권사업, 가옥 문서… 등에 실속은 있겠으나 명예가 손상될 수 있으니 조심해야 하고, 비밀이 폭로될 수도 있으니 항상 자만하지 말고 매사 신중하게 조심해야 하며 직장인은 말실수로 크게 망신당하거나 실패를 자초할 수 있다.

망신 운에는 도난, 사기, 손해 등 실물수가 있거나, 관재구설, 시비 발생 등에 의해 정신적으로 시달리기도 하며, 잠복한 병이 발병할 수도 있다.
원국에 망신이 있는데 대, 세운에서 거듭 만나면 파재, 관액, 감금 등

망신을 당한다. 망신이 대운과 세운에서 겹쳐오면 재산상의 손실, 구속 등의 망신을 당한다.

망신은 겁살과 충하는데 원국에 겁살이 있고 운에서 망신을 만난 것보다 반대로 원국에 망신이 있는데 운에서 겁살을 만났을 때 사건, 사고가 더 잦다.

 망신은 좋지 못한 일 궂은 일 중에서도 횡재의 의미가 있다. 그래서 망신 행운에는 의외의 재물 취득이 있을 수 있다. 특히 망신 대운에 망신 연운이 오면 망신에 해당하는 십성의 육친에 의한 상속 및 증여… 등이 있을 수 있다. 그러므로 망신 운에서는 퇴직금, 사례금, 위로금, 상속금, 보상금… 등을 받기도 하나, 온전히 보존하지 못하고 모두 날리기도 한다.

 망신 대운에 육해 세운(歲運)을 보면 재복이 좋아진다. 망신의 세운은 오래 묵었던 숙제를 다 풀고 평가를 기다리는 운으로 긍정적으로는 시험 합격, 취직, 승진… 등을 하지만 부정적으로는 신상 공개로 인한 망신, 비난의 대상이 되기도 한다.
망신 대운이 인생 말년에 놓이면 재운이 약하고 수술할 수도 있다. 처녀, 총각의 망신 운은 '옷을 벗는다.'는 의미에서 결혼이 이루어지는 시기지만 노인일 경우에는 질병 때문에 병원을 출입하고 수술을 받는 것을 의미한다. 그러므로 노인에게는 망신 운에 흉사가 있을 수 있으므로 건강에 특히 유의해야 한다.
망신 행운에서 만난 사람들은 대체로 인연이 길지를 않아 만남이 짧고 곧 이별한다.

나를 기준으로 하여 망신이 상대방의 일지에 해당하는 사람과 이성 교제를 하거나 아랫사람일 경우 뜻하지 않게 문제가 생길 수 있다. 망신 띠와의 인연은 처음엔 좋다가 나중에 안 좋게 헤어지는 경우가 많다.

만나는 상대방의 띠가 나의 망신, 육해, 재살에 해당하면 관계가 순탄치 못하고 특히 육해에 해당하는 상대방은 성격장애로 크게 흉하다.

(4) 방위(方位)

배우자가 외도를 할 때 애인을 숨겨두는 곳은 망신 방향이다. 배우자가 바람기가 있을 때 마음을 돌리는 귀가 비법(歸嫁秘法)은, 잠을 잘 때 나의 머리는 반안 방향으로 하체는 망신 방향으로 하고 자면 배우자의 마음이 돌아온다.

선거나 구애, 설득, 방문판매 등을 할 때 자신의 연지나 일지를 기준으로 망신 방향에 있는 사람을 대상으로 하면 일이 쉽게 성사되나 장성 방향은 절대 불가하다.

(5) 각 지지(地支)의 망신(亡身)

年支 : 조급하고, 선대에 유업이 몰락.
　　　일찍 고향을 떠나 고생.
　　　조부모(祖父母)가 후처 혹은 첩의 소생임을 암시.

月支 : 부모·형제로 인하여 망신. 후처 소생. 母가 재취(再娶).
　　　신체가 허약하고 대인관계가 불미.
日支 : 부부 궁이 부실하며 배우자나 이성으로 인하여 망신.
　　　처덕이 없거나 자기 실수로 망신.
　　　부부 연이 바뀜. 처에게 액이 있을 수 있음.
　　　결혼을 늦게 하는 것이 좋음.
時支 : 자식 때문에 망신, 어려움.
　　　말년에 한탄할 일이나 괴이한 일 많이 생김.
　　　겉으로는 실하게 보이나 속으로는 허하고 고독.

(6) 육친(六神)의 망신(亡身)

比劫 : 형제로 인한 망신.
　　　망신당하는 형제가 있음.
　　　형제자매, 동료로부터 피해가 예상됨.
食傷 : 사업이나 직업으로 인한 망신.
　　　남의 이목 불쾌한 시선을 감당해야 하는 고통이 따름.
　　　여자는 자식과 관련하여 망신.
　　　남자는 처가와 인연이 박함.
財星 : 아내 또는 부친에 의하여 망신.
　　　아내의 외도.
　　　재물을 탐하다 실패하고 망신.

官星 : 남자는 자식 또는 사회적 명예와 관련하여 망신.

　　　　여자는 남편이나 남자로 인한 망신.

印星 : 어머니로 인한 망신.

　　　　모친이 재취(再娶)나 후처(後妻).

8) 장성(將星)

(1) 장성(將星)의 의의(意義)

장성은 말 그대로 장군을 나타내니 권위를 뜻하고, 국가를 보위하고 국민의 안전한 활동보장을 위해 외침을 막아내야 하는 막중한 일을 책임진 장수의 권위를 상징하며, 문무(文武)를 겸비하고 대권을 장악한 강력한 실권자를 의미한다.

장성은 망신을 통하여 시행착오를 경험한 인간이 성숙한 모습으로 환골탈태하여 영육의 최고봉에 올라 진취적 삶을 구가하는 시기이다.

삼합의 가운데 글자이며 子午卯酉에 해당하고, 재살과 충하며 12운성의 제왕지에 해당하며 영도살(領導殺), 확장살(擴張殺)이라고도 한다.

(2) 사주원국의 장성(將星)

원국에 장성이 있으면 일군의 대장이 군사 중앙에 자리 잡은 것과 같아서 자존심이 강하여 굽힐 줄을 모르고 담대하며 주관과 개성이 뚜렷하고 두려움이 없다.

장성이 공망이 되면 실권이 없어진 무용지물의 대장이 된 것 같아 세상에서 도피하는 마음을 갖게 되어 입산수도하거나 속세를 떠나고자 하는 마음을 항상 가지게 된다.

장성은 삼합국의 지살, 장성, 화개의 구조로 어떤 것과 합을 하느냐에 따라 결과가 다르다.

장성이 지살 또는 역마와 동주하면 오지랖 넓게 바깥으로 돌아다니며 신들린 사람처럼 행동한다.

화개와 동주하면 다소곳해지고 의기소침해진다. 그러나 장성이 반안인 쇠(衰)와 합국을 하면 대길하다.

장성과 반안이 있으면 독실한 종교인이지만 월살과 동주하면 종교 이단자로 사이비 종교인이 된다.

원국에서 장성이 양인과 동주하면 생살(生殺) 대권을 장악하고, 관성과 동주하면 관록으로 이름을 떨치며, 재성과 동주하면 재정권을 갖는다. 그러나 역시 격국과 용신이나 희신의 관계를 잘 살펴서 판단해야 한다.

일지에 장성이 있으면 대체로 장자의 기질이 강하고 중심인물이 될 가능성이 크며 겁이 없는 편이다.

원국 특히 일주에 장성이 놓이고 사왕지(四旺地)에 해당하면 오행의 기운이 태왕하여 아집과 독선의 강골과 독불장군의 성향을 보인다. 이는 관직이나 조직 사회에서는 성공할 수 있는 요인이 되지만, 일반 사회생활에서는 자만심과 안하무인격으로 타인과 불화하는 역기능이 될 수 있으니 항상 겸손하고 매사 한걸음 물러서서 다시 생각해 보는 자세가 필요하다.

여자의 일지 장성은 성정이 무뚝뚝하거나 애교가 없는 편으로 자신이 가장이 되고 부부간에 불화가 있어 해로에 문제가 있다.
여자의 일지가 장성이면 팔자가 센 편으로 여성에게는 장성을 흉하게 본다. 여자의 장성은 기가 강하여 남편과 대립하며, 가정생활보다는 사회활동에 더 많은 관심을 보이며 전업주부가 되면 몸이 아프거나 신기(神氣)가 있게 된다. 이로 인해 부부 해로에 문제가 생길 수도 있으므로 전업주부보다는 사회생활을 하는 것이 더 좋다.

여자에게 상관이 장성에 해당하면 여자가 칼을 찬 격으로 고집이 세어 남편을 누르고 살거나 이별하게 된다.
여자의 사주 원국에 장성이 태과하면 남자를 기피하며 종교 신앙을 추구하므로 종교인의 운명으로 살 수 있다.

장성이 원국에 있으면 자기중심적인 기질이 있고 개성이 뚜렷하며 고집이 세고 성격이 강직해서 아부하거나 굽히기를 싫어하며 용맹심이 있고 어떤 일이라도 고난을 뚫고 성취하는 기질이 있다.
그러므로 장성은 명예를 높이고 자력갱생과 발전의 원동력으로서 특히 남자에게는 긍정적인 요인이 더 많다.

장성은 정의감이 강하고 그릇됨에 유혹되지 않는 주관이 뚜렷한 성질로서 지배욕이 강하고 문무겸전(文武兼全)으로 관계 특히 사법, 경찰, 군인 등에 진출하면 성공한다.

(3) 장성(將星) 운(運)

장성운은 항상 주변 사람과의 인간관계, 관재 구설, 재물 시비 등을 주의해야 하며 과로에 의한 건강 손상 등도 특히 조심하여야 한다.

장성이 좋은 역할을 하는 대운에는 매사 일취월장하며 지살 행운을 만나면 승승장구한다.
장성 연운(年運)에는 승급 및 승진 등의 길함이 있는 가운데 지살과 합이 되면 좋다. 그러면 학생은 반장이 되고 직장인은 승진, 사업자는 사업이 순탄하게 진행한다. 그러나 화개와 합이 되면 침체한다.

여자가 장성 대운을 만나게 되면 몸이 아파서 건강이 나빠지거나 외도를 하는 나쁜 운이지만 지살 운을 만나면 오히려 좋은 운으로 바뀔 수 있다.
대운이나 연운이 장성일 때는 특수임무나 계획에 가담하여 주도적인 역할을 수행하는 일이 발생하기도 한다.

(4) 방위(方位)

장성은 나를 지켜주는 장수요 귀인과 같아서 자기가 거주하는 집이나 거실 또는 영업장의 문을 집안 가장의 연지를 기준으로 장성 방향으로 만들면 모든 기가 새어나가 안정되지 않으므로 재물이 모이질 않는다. 그러므로 장성 방향에 문을 만들면 안되며 장성 방향은 가능한 한 막혀 있는 것이 좋고 담장을 높여야 한다.

 장성 방향에 대문이나 출입구가 있으면 봇물 터진 것과 같이 가운이 기울고 이런 현상은 남자나 공부하는 학생에게 영향력이 강하므로 문을 없애거나 차단막으로 가려주거나 육해 방향으로 출입문을 만들면 나쁜 것이 조금 감해진다.
사업과 관련된 출입문은 지살 방위에 만들어야 하며, 특히 업소의 간판 및 선전물은 지살 방향에 게시해야 효과가 있다.

 애인과 헤어지고 싶은 사람이 있다면 자신의 장성에 해당하는 색상을 입고 만나면 헤어질 수도 있다. 寅午戌생은 붉은 색, 巳酉丑 생은 흰색, 亥卯未생은 푸른색, 申子辰생은 검은색이 장성의 색상이다.

 가족 중에 자신의 장성에 해당하는 년에 태어난 사람이 있거나 혹은 아이를 낳게 되면 개운이 되고 재산이 늘어난다. 그러나 가족 중에 장성 년에 태어난 사람도 있고 재살 년에 태어난 사람도 있으면 장성과 재살은 충의 관계로 충돌이 생긴다.
또다른 예로 亥卯未년에 태어난 사람은 卯가 장성이 되고, 巳는 역마가 된다. 이때 卯년에 태어난 사람과 巳년에 태어난 사람이 한집에서 같이 살거나 동업을 하게 되면 불협화음이 생긴다. 卯와 巳는 격각(隔角)도 되는데 격각은 바로 옆에 있는 것임에도 불구하고 결코 화합할 수 없는 관계이다. 卯는 亥卯未 木의 일원이고, 巳는 巳酉丑 金의 일원이므로 木과 金은 극하는 관계로 결코 화합할 수가 없다.

부부가 자신의 장성 년에 태어났는데 자식도 자신의 장성 년에 태어나면 세 개의 장성이 겨루는 격이 되어 부부가 이별하거나 별거할 수도 있다. 이때 부모가 무능하면 자식은 무난하지만, 부모가 유능하면 자식은 부모의 장성에 눌려 기를 펴지 못한다.

사업이나 남녀 관계가 부진하거나 일이 잘 되지 않을 때 자신의 장성 년에 태어난 사람을 만나면 막혔던 일들이 서서히 풀릴 수 있다. 그러나 장성 년에 태어난 사람에게 원한을 사면 비운을 맞게 됨을 명심해야 한다.
子午卯酉 년에 태어나거나 일지가 子午卯酉에 해당하는 사람은 단체나 모임에서 회장이나 중요한 직책을 맡거나 중심인물이 되기를 원하는 등 주도적인 입장이 되기를 선호한다.

(5) 각 지지(地支)의 장성(將星)

年支 : 조상이 권문세가.
　　　　제왕이 임하면 권세를 잡아 사방팔방 명성을 떨침.
　　　　군인으로 나가면 길함.

月支 : 부모가 권력가이지만 고집이 대단하고 덕이 없음.

　　　　문무가 뛰어나고 사법, 군경이 되면 생사여탈권을 잡음.

　　　　객지에서 자수성가.

日支 : 당사자의 고집이 매우 강함.

　　　　일지 장성은 소신이 뚜렷하고 겁이 없으며 정의감이 있음.

　　　　권력, 관록이 있고 사업이 크게 발전.

　　　　나쁠 경우 천박하여 깡패나 해결사가 됨.

　　　　자수성가.

　　　　부부이별.

時支 : 자식의 고집이 대단.

　　　　본인과 자손이 크게 성공할 것을 암시.

　　　　자녀가 권력을 가지며 나라에 충성.

　　　　말년에 권세를 누림.

9) 반안(攀鞍)

(1) 반안(攀鞍)의 의의(意義)

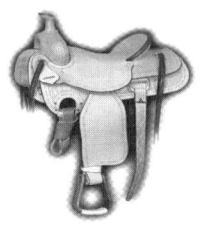

　반안(攀鞍)은 '말 등에 놓인 안장'의 뜻으로 성공과 출세를 의미하며 반안을 일명 안장살(鞍裝殺)이라고도 한다. 이는 명예와 직위가 보장되고 승진, 출세, 영전을 의미한다는 뜻이 있어 번영살(繁榮殺) 이라고도 한다.

　삼합 가운데 지지의 다음에 오는 지지로 辰戌丑未에 해당하며 12운성의 쇠(衰)이고 천살과 충(沖) 한다.

　반안이 있는 사람은 지혜가 뛰어나고 총명하며 글재주도 뛰어나 문장에 능하고 학문에도 흥미가 많으며 목적의식이 뚜렷하여 공직자로 출세하는 경우가 많다.
길신에 해당하면 윗사람의 도움과 사랑을 받으며 명리(名利)를 취할 수 있으며 고관대작의 운(運)이 많다.
장성, 반안, 역마가 원국에 모두 있거나 운에서 만나면 말안장 위에 높이 앉아 있는 장수를 의미하여 무관(武官)으로 크게 출세 한다고 한다.
반안이 역마 또는 화개와 동주하면 학문적 대업을 성취하나 화개가 중첩되거나 기신이면 불길하다.

(2) 사주원국의 반안(攀鞍)

원국에 반안이 있으면 대개 특정 분야의 실력 있는 전문가다. 성품은 매우 긍정적이고 융통성이 있으며 실리를 추구하여 반안은 원국에 있는 것이 없는 것보다는 살아가는데 훨씬 편안하다.

반안은 묘한 자기 긍정과 현실 도피의 속성이 있으며 때로는 게으름, 지체, 지연을 뜻하기도 하며 대기만성형이다.
욕심이 적고 현실에 적응을 못 해 경쟁 사회에서는 남에게 뒤떨어질 가능성도 있다.
여자는 편하게 살려는 마음이 있어 애도 낳기 싫어하고 자기 생활을 즐기는 편이다.

반안이 천을귀인이나 길성과 동주하면 일찍 관직에 나가게 되므로 국가고시, 사법, 행정, 외무 고시에 일찍 합격한다.
반안이 재성이 되면 편하게 사업을 하여 쉽게 돈을 번다.
반안이 관성이 되고 원국에 장성이 있으면서 길신이면 반드시 고관이 된다.
반안이 인성에 놓이면 교육계통으로 출세하나 역마와 같이 있으면 지위는 있어도 항상 분주하고 일이 많아 불안정한 삶을 산다.

(3) 반안(攀鞍) 운(運)

반안 운은 대부분 길운으로 어려운 일들도 쉽게 잘 풀린다.

반안 대운에 있는 사람들은 운이 좋아 나쁜 것도 잘 피한다. 반안 운에서 남들은 감원을 당해도 본인은 살아남고 관재나 구설에 휘말려도 재기하여 명예회복이 되는 경우가 많다.
반안 운에서 학생은 진학하고, 직장인은 승급 승진하며, 사업가는 번영의 기틀이 마련된다.
반안 운에는 공무와 관련된 일에 길함이 있을 수 있으나 사절합충형(死, 絶, 合, 沖, 刑)하면 길함이 없어진다.

반안을 거듭 만나면 크게 편안해진다.
그러나 원국에 두개 이상인데 운에서 또 만나면 모든 일이 막히고 장애가 있어 활동성이 위축되며 실수로 인하여 망신당할 수 있다.
원국에 반안이 있는데 대운에서 반안을 또 만나면 큰 것을 이룰 수는 없지만, 마음 편히 사는 것에 만족하므로 적은 돈에도 편히 산다.

반안 행운에는 안정기에 접어든 것이므로 사업 확장이나 창업보다는 현상유지 등 수성에 중점을 두어야 한다.
반안 대운에서 장사하면 손해를 보거나 경제권을 잃을 수 있으므로 조심해야 한다. 장사하려면 배짱이 좋고 다소 과장된 언어도 사용해야 하는데 반안은 이런 것이 부족하다. 반안은 내시(內侍)로 비유되는데 수동적이므로 장사에는 맞지 않는다.

반안 세운이 좋은 역할을 하면 생각지도 못한 현금 등이 들어와 일종의 횡재를 할 수도 있다. 반안의 돈은 가장 편하게 쓸 수 있는 돈으로 적당히 투자해서 얻은 이익이다.
반안 운에 가전제품, 귀중품, 자동차 등을 사면 좋고 싸게 살 수 있다. 새로운 사업을 시작하는 경우에 시기를 망설이고 있다면 반안 운에 창업하고 추진하면 무난하다.

(4) 방위(方位)

어떤 일을 결정하거나 방향과 위치를 잡을 때 반안을 활용하면 운세의 상승으로 성공할 확률이 높아 역학의 개운 비법으로 활용되기도 한다.

궁중에 비유하면 내시(內侍)의 역할과 같은데 겉으로 보기에는 연약한 것 같지만 왕의 가장 측근에서 군왕을 보필하며 관리들의 출입을 통제하는 자리이다. 반안은 비밀통로 역할을 담당하니 신분보장이 안전한 막강한 자리다. 고로 집안이나 사업 장소에서는 반안 방향에 금고나 계산대를 두는 것이 좋고, 잠잘 때 두침(頭寢) 방향 즉, 머리를 두는 방향으로 가장 좋은 곳이다.
평소에 급한 일이 생겨서 피신하거나 금전 융통을 할 때도 반안 방향으로 몸을 피하거나, 반안 방향에 거주하는 사람에게 부탁하면 가장 안전하고 정확하게 도움을 받게 된다.
이사를 할 때도 현 위치에서 반안 방향으로 이사를 가면 안정이 쉽게 되고 가세가 늘어난다.

반안은 길신으로 금고 방향, 수면 방향, 이동 방향, 안전방향으로는 좋지만, 조상에게 제를 올리거나 적극적인 일을 추진하는 방향으로는 좋지 않다. 오히려 제사나 적극적인 업무를 할 때는 천살 방향이 좋다.
반안 방향은 숨는 곳이며 중요 물건을 감추는 곳이다.
그러므로 비밀스러운 밀실, 금고, 중요문서, 귀중품 등은 반안 방향에 비치하면 안전하며 회사 경리도 경영자의 연지를 중심으로 반안 방향에 일하는 장소를 배치하면 좋다.

상대편 사주 원국에 나의 반안을 가지고 있는 사람과는 좋은 인간관계를 맺게 되며 이런 부하를 두면 충실한 주종관계가 이루어진다.
상대편의 일지가 나의 일지를 기준으로 반안에 해당하는 사람과는 의기투합이 잘되고 또 그 사람을 고용하면 충복이 될 사람이다.
나의 반안 년에 태어난 사람은 입이 무거운 편이다. 그러므로 비밀자금을 숨겨두거나 비밀을 지켜야 할 때 나의 반안 년에 태어난 사람에게 부탁하면 안전하게 목적을 달성하게 된다.

학생, 취업생, 직장인, 승진을 원하는 사람은 반안 방향으로 머리를 두고 잠을 자면 소원성취 된다.
미혼자가 반안 방향으로 머리를 두고 잠을 자면 결혼을 하게 되고, 천살 방향으로 머리를 두고 자면 혼인 길도 막히고 직장 운도 막혀 낙방하게 된다.

재정부서나 경리 담당자도 사장의 연지를 기준으로 반안 방향에서 업무를 보게 하면 자금 소통이 원활해진다.
이사를 할 때도 가장의 연지를 기준으로 반안 방향으로 이사를 가면 안정이 쉽게 되고 가세도 늘어난다.
저가품 구매나 계약은 반안 방향이 유리하고, 고가품이나 고액 계약은 천살 방향이 유리하다.

반안 방향은 숨은 사람이나 물건을 찾는 방위로서 경황 중에 없어진 물건은 반안 방향에서 찾으면 된다.
제사는 반안 방향이 나빠서 제사를 지내면 안 되고, 천살 방향으로 지내야 한다.
나의 반안 일진에 나의 반안 년에 태어난 사람이 찾아와서 시비를 걸면 약점이 잡힐 수 있다.

(5) 각 지지(地支)의 반안(攀鞍)

年支 : 문장, 관록이 대길, 부귀격.
　　　조상이 벼슬을 지냈고, 조상 부모덕으로 영화.
　　　(그러나 辰生은 관액, 횡액이 따름)

月支 : 부모가 벼슬.

　　　도처에 이름 날리고, 부모 형제가 화목, 안락.

　　　인품이 중후, 온화하며 대우받으며 삶.

　　　관직으로 나가는 것이 좋음.

日支 : 자수성가.

　　　배우자와 부부 금실이 좋고 안락함.

　　　천을귀인이 임하면 성격이 유순하고 어릴 때 출세.

　　　소년등과(少年 登科).

時支 : 말년이 평탄하고 자녀가 많음.

　　　천을귀인이 임하면 자손 덕으로 영화를 봄.

　　　화개와 동주하면 기술로 대성.

10) 역마(驛馬)

(1) 역마(驛馬)의 의의(意義)

역마는 문자 그대로 '활발히 돌아다닌다.' 라는 살로서 대단히 진취적이고 활동적이며 긍정적이고 대인관계가 원만하여 사업가 기질에 적합하며 그 외 직업 적성으로는 외무직 공무원, 사원, 무역 및 여행업, 홍보, 영업직, 보험직, 운송업, 유흥업에 어울리나 사주가 탁하면 직장이나 주거지인 직주(職住) 이동이 심하여 안정성을 기대할 수가 없다.

일명 사방살(四方殺), 이동살(移動殺)로서 삼합 중간인 장성의 뒤로 두 번째의 지지로 寅申巳亥에 해당하고, 지살과 충하며 12운성의 병(病)에 해당한다.

육친에서는 편재, 오행에서는 임수(壬水), 미토(未土, 天驛星), 12신살에서는 지살과 역마, 그리고 寅申巳亥는 모두 그 역할과 쓰임새에 따라 역마로 간주해도 무방하다.

지살이 소극적이며 수동적이나 자의에 의한 자체의 변화, 변동에 의한 움직임이라면 역마는 적극적이고 능동적이며 넓고 크게 응용되나 타의에 의한 움직임이라 하겠다.

고서에 역마 띠 출생은 대체로 분잡하고 설치는 경향이 있다 하였으며 이런 성향은 일지가 사생(四生)인 寅申巳亥의 역마도 마찬가지이다. 옛날에는 이곳저곳 풍상을 겪는 살로만 여겨 나쁜 것으로 생각하였으나, 현재와 같이 활동성이 중시되는 시대에서는 역마가 있으므로 해서 사회진출이 유리하고 해외 각지에 출입할 운이 있으며 무역, 상업 등으로 발달하여 현재는 길신으로 취급한다. 그러나 역마만 있고 사주배합이 좋지 않으면 일생 떠돌아다니면서 정착을 못 하고 동분서주하는 식소사번(食少事煩)이 되기 쉽다.

역마가 공망이면 노력을 많이 하지만 공이 없는 노다공소(勞多功少)로 실속이 없다.
역마는 생왕 해야 길하고 휴수되면 병든 말인 병사마(病死馬)와 같아서 역마 구실을 제대로 못 한다. 또한, 역마가 공망이 되면 쉬는 말인 휴수마(休囚馬)인데 공망이 나가는 출공(出空)시에는 기마(起馬)한다.

역마작용을 물질적으로 보면 먼 거리의 이동이나 해외여행, 해외취업, 이사, 이민, 물자운반, 운송사업, 무역업, 해외관광업... 등에 해당하고, 신문, 방송, TV, 우편통신, PC 통신, 전화, 컴퓨터, 서적... 등의 모든 대중매체를 통틀어서 역마성이라 할 수 있다.

역마는 소문이나 전파 매체처럼 중간역할에 해당하므로 분쟁이나 중요한 연락 임무 또는 중매 등은 역마에 해당하는 연도에 태어난 사람이 나서게 되면 쉽게 해결되며 좋은 결과를 가져오기도 한다.

(2) 사주원국의 역마(驛馬)

역마는 주로 일지를 중심으로 해서 판단하나, 연지도 참고해야 하며 그 자체로서 길흉을 많이 논하지는 않는다.

역마는 좋은 작용을 하면 활동력이 좋고 임기응변의 재주와 외교성이 능수하여 영업, 사교, 외국 등과 좋은 인연이 있으며, 장성과 동주하면 일찍부터 재물을 모으고 현모양처를 만난다.
역마와 식신이 함께 있고 건왕해도 복록이 후하다.

역마가 나쁜 작용을 하면 평생 분주하여도 결과와 실속이 없으며, 소년 시절의 역마는 공부와 인연이 없는 학마(學魔) 작용을 하며, 노년 시절의 역마는 신경통이나 중풍 등의 질병을 불러오니 좋지 않다.

역마가 생왕(生旺)하면 임기응변에 능하고 재주가 있으며 사회적으로 명성과 신망을 얻으나, 사절(死, 絶)이면 성격과 정신이 산만하고 시작은 있으나 끝이 없는 유시무종(有始無終)으로 성패가 다단하고 변전(變轉)이 심하다. 직위도 역시 역마가 병(病), 절(絶), 공망, 충, 극이 되면 매우 낮다.

역마가 충이 되면 길할 때는 더욱 길해지고 흉할 때는 더욱 흉해진다는 말이 있다. 그러나 일반적으로는 역마가 충이 되면 직업상의 재해가 있거나 객지에서 고생하거나 항상 실직의 우려가 있고 우울한 인생을 사는 편이다.
역마가 합이 되면 뛰는 말을 묶어 놓은 것과 같아 매사가 발전이 늦고 지연되며 일이 뒤 틀린다.

 역마가 건록을 만나면 말에 귀한 짐을 실어 주는 것과 같으므로 복록이 많은 운명으로 부유하게 살지만, 건록이 없거나 공망이면 병든 말이거나 말이 빈 수레를 끌고 가는 격으로서 평생 실속 없이 가난하기만 하다.

 역마가 지살과 형, 충(刑, 沖)하면 사고 수를 조심해야 하며, 역마가 지살이나 상관과 칠살이 태왕(太旺)하면 특히 교통사고를 조심해야 한다.
역마에 고신, 과숙살이 동주하면 주색으로 방탕하며 타향에서 유랑하고 도화와 동주하면 정부와 도주한다.

 역마가 장생과 동주하면 학문과 관계있는 사업으로 크게 성공하며, 제왕과 동주하면 금전적으로 부족함이 없다.
역마가 천을귀인과 동주하면 높은 자리에 오른다.
乙(木)의 亥 역마는 인성이므로 총명하고, 丁(火)의 亥 역마는 관성이므로 관리나 군인으로 승진하고, 己(土)의 亥 역마는 재성과

亥중의 甲(木)인 관성이 있어 관운과 재운이 좋으므로 평생 행복하다. 壬(水)의 巳 역마는 재성이므로 재복이 많다.
寅 역마는 亥卯未년에 망신이 된다. 망신은 자신을 드러내는 것이므로 역마의 움직임이 바깥으로 드러나므로 寅의 年과 月에 역마의 작용을 하게 된다.

원국 중에 未와 辰이 있고 역마가 있으면 공직자는 고위 공무원이 될 수 있고 사회로 진출하여도 성공한다. 亥卯未의 辰은 반안이 되고, 寅午戌의 未도 반안이 된다. 木과 火는 성장, 역마는 움직임, 반안은 안정으로 이것들이 함께 하게 되므로 사회생활에서 성공하게 된다.

역마는 반안과 육해가 있어야 제대로 활동하는데, 육해는 마부(馬夫)로서 자동차의 기사와 같다. 그러므로 육해가 없는 역마는 기사가 없는 차와 같아 차가 움직이지 못하니 차를 타지 못하고 걸어가는 것과 같다.
역마는 성벽이나 장애물인 월살이 있으면 가지 못하고 설령 가더라도 사고가 날 수 있다.

역마, 도화, 망신이 함께 있고 기신에 해당하면 색정으로 인하여 도주하거나 망신당할 수도 있으며, 고신(孤辰), 과숙(寡宿)과 함께 있으면 타향이나 외국에서 방탕한 생활을 하고, 또 공망과 역마가 동주하면 거주지가 자주 바뀐다.

역마가 편관이나 편인 또는 겁재와 동주하면서 기신에 해당하면 인격이 떨어지고 실속 없이 동분서주하며 타향이나 외국에서 고생한다.

  역마가 식신과 동주하면 명망과 신용이 높거나 자식이 해외로 유학을 가기도 한다.
역마가 식상이나 관성이면 예술, 예능, 언론, 방송, 교육, 해외 출입이 잦은 전문직종과 인연이 많다.
재성이나 관성이 역마인 사람은 상업으로 생활한다.
역마가 정재나 정관과 동주하면 상업을 하는 사람이며 재성이 왕하고 길성이면 수출입으로 많은 외화를 벌어들여서 대상(大商)으로 큰 재물을 모은다.
천간의 재성이 좌하에 역마를 놓은 사람은 복령(福令)으로, 사업으로 치부를 하는데 경중(輕重)은 왕쇠로 본다.

  남자사주에 정재, 천을귀인, 역마가 있으면 부인이 미인이고 현숙하다.
남자사주에 재성이 역마면 외지 여자와 결혼하거나 타관에서 돈을 번다. 그러므로 재성 역마가 일지와 합한 남자는 국제결혼을 하거나 외화를 획득한다. 여자사주에 관성이 역마면 멀리 있는 사람과 결혼하여 친정 멀리 떠나 산다.
여자사주에 관살 역마가 나의 일지와 합이 되면 외국 남자와 결혼한다.

여자사주에 일지가 정관이며 천을귀인이고 역마이면 인격이 높은 남편과 인연이 있다.

역마가 편인이나 겁재와 동주하면 인격이 떨어지고 삶이 동분서주하며, 특히 편인일 경우는 불행한 사건에 자주 부딪힌다. 예를 들면 乙酉일 癸亥시일 경우 일지 巳酉丑을 기준으로 亥는 역마가 되고, 癸(水)는 편인이 된다.

자식이 역마이면 자식은 객지나 해외로 나가며 역마 운에 자식이 군대에 갈 수 있다.
관성이 역마이면 남녀 모두 항공사, 철도청 등 움직이는 교통부서 등에 종사하는 경우가 많다.
역마가 관(官), 인(印)과 합이 된 사람은 외국 유학을 가게 된다.
원국에 역마가 중중하면 재주가 많아 팔방미인 격이나 전문성이 없어 박학다식해도 쓸모가 적으며, 행동이 변화무쌍하고 공사다망한 경향이 있다.

역마가 일지와 삼합이 될 때 이사, 이민, 여행, 운수, 차량, 택배, 관광사업, 통신… 등으로 많은 변화가 올 수 있다.
원국 시주(時柱)에 역마가 있으면 중년 이후 외국 이민이나 자녀 유학 등으로 해외 생활을 경험한다.

(3) 역마(驛馬) 운(運)

   행운에서 역마가 길신에 해당하거나 합이 되면 영전이나 승진, 이사 해외여행 등의 발전이 찾아오고, 흉신이거나 충이 되면 교통사고나 객사, 재액이 일어날 수 있다.

   역마 운에서는 매사에 적극적인 상태로 돌입하여 자기 뜻이 관철될 때까지 끈질긴 집념으로 매진하는 경우가 많다.
역마 대운에는 직업, 일과 관련해서 이동하는 경우가 대부분으로 이사나 타지의 전근 등이 발생하는데 대부분 공간적인 이동을 하게 된다.
대운이 역마인 경우 길(吉)하면 이사, 변동, 이민, 여행 등이 있고 흉(凶)하면 교통사고, 이별, 파산, 별거, 객지 생활, 동분서주, 관재 구설 등이 발생한다.

   대, 세운에서 상관이 역마이면 교통사고, 관재 구설, 시비 등이 있을 수 있다.
구속이나 감금이 된 상황은 역마 운이 와야 감금에서 풀려 날 수가 있다. 그러므로 관재로 갇혀 있는 사람은 역마 운에 석방된다.

   역마 연운에 삼재가 시작되는데 삼재는 역마, 육해, 화개까지 해당하므로 삼년 동안 매사 신중해야 한다. 역마가 삼재(三災)이고 12운성으로는 병(病)에 해당하므로 직장이나 주거지의 이동이 잦고, 분주 다망해도 결실이 없는 가운데 부부갈등으로 생리사별이 있을 수 있다.

역마 운에 과로하면 병들기 쉽고 이것이 육해 운까지 지속되므로 장기간 고통을 당한다. 특히 노년에는 번잡하게 움직이는 역마 운은 건강에 해롭다.
여자 사주에 역마가 있는데 운에서 식신을 만나면 몸을 다치거나 칼로 인한 문제가 발생할 수 있다.

역마 행운에는 다니던 직장을 그만두거나 윗사람과 갈등할 수 있다.
역마 행운은 변화의 시점으로 길흉의 변환점이 된다. 지금까지 좋았다면 나쁘고, 힘들었다면 길운이 작용하는 시점이다.
역마와 충이 되는 운이 올 때는 반드시 이동수가 있는데 특히 해외 이동수가 있다.

역마가 편재이고 좋은 역할을 하면 재물이 증가하는 것이 배가 되며, 연운이 12운성으로 관대이면 승급 승진에 유리하고, 12운성으로 태(胎)의 재살에는 종교 신앙과 관련하여 변화가 있다.
역마 대운에 역마 행운이 오면 교통사고 및 신체 상해 수가 따르기 쉽다.
역마 대운에 재살 연운을 만나면 잘나가다 일이 엉뚱한 곳으로 흘러 꼬이게 된다.

역마 대운에 연운이 월살을 만나면 고초살로 인해 하는 일마다 난관에 부딪힌다.

(4) 방위(方位)

역마 방향에는 소리가 크게 울리는 도구와 서류함 등을 진열하면 좋다.

역마가 있는 사람은 중재 역할을 잘하여, 관재구설이 있어도 나의 역마에 해당하는 사람이 개입하면 문제가 잘 해결되고, 혼인 중매를 하는 사람도 나의 역마에 해당하면 혼인이 쉽게 성사된다.

부부가 같은 역마 띠이면 불화하고 사이가 좋지 못하나 역마 년에 자식이 태어나면 이런 불화가 해소된다.
나의 역마 년에 태어난 자식은 키우기가 힘들지만 커서는 성공하는 경우가 많으며 이런 자식은 종손이 되거나 가장 역할을 하여 가문을 번창시킨다.

(5) 각 지지(地支)의 역마(驛馬)

年支 : 일찍 타향살이. 먼 곳의 학교와 인연, 객지 풍상.
月支 : 재물의 성취가 빠르며 타향과 인연.
　　　성품이 순수, 온후함.
　　　사업에서 재물은 얻으나 부모, 형제 무덕.
　　　역마살이 日, 月을 극하면 전직(轉職).

日支 : 소인은 행상인, 대인은 부귀를 이룸.
　　　항상 분주다사. 교통사고 조심.
　　　지방, 객지 여행 중 배우자를 구함.
　　　일지의 역마가 공망일 경우, 처갓집이 무덕.
　　　馬糧驛馬; 日支 역마에 年 편인으로서 時가 공망이 되면
　　　　　　　고독.
時支 : 직장과 거주지의 이동이 심하고 속세와 무연한 삶 추구.
　　　문서, 여행, 출국으로 분주, 삶에 풍파가 많음.
　　　역마가 시에 있고 용신이나 희신이면 외국 사업에 길하여
　　　해외에서 성공.
　　　시지의 역마가 공망이면 외갓집이 몰락.

(6) 육친(六神)의 역마(驛馬)

比劫 : 자수성가, 일찍 타향살이, 만혼, 부화뇌동.
食傷 : 박학다식, 폼생폼사, 관심집중, 능수능란.
財星 : 신출귀몰, 이재 능력, 원처 인연, 부부소원.
官星 : 직주 이동, 권력 지향, 허례허식, 역마가 정관이면 외교와
　　　관련한 공직자.
印星 : 학문구득, 주거이동, 인덕 박덕, 경거망동.

11) 육해(六害)

(1) 육해(六害)의 의의(意義)

육해는 일명 6가지 액운(厄運)을 말하고, '삶을 해친다.'는 뜻이다. 역마의 기운으로 활발히 움직인 인간에게 침체의 시기를 맞이하는 시기가 곧 육해 운이다. 천지인의 모두에게 미치는 해(害)로서 질병과 관재 구설을 비롯하여 수마와 화마에 의한 피해가 끊이질 않아 삼명통회에서는 육액(六厄)이라고도 하며 모든 것이 멈추어 침체하다고 하여 침체살(沈滯殺) 또는 구멍을 뚫듯 마음에 상처를 낸다 하여 상천살(相穿殺)이라고도 한다. 육합의 결합을 방해하는 살로써 천살, 망신, 육해와 삼합국을 이루어 정상적인 일을 틀어지게 하는 악살이다.

삼합 끝인 화개의 앞 지지로 子午卯酉에 해당하고 연살과 충을 하며 12운성의 사(死)에 해당한다.

나쁜 역할을 하면 부모·형제나 처자에게 해가 많고, 평생 장애와 실패, 병고 등의 어려운 일에 많이 부딪히게 되나 좋은 역할을 하면 외부의 도움이 있고 영전 등의 기쁨이 있다.
나쁜 역할을 하면 잔병을 앓던지 일의 중간에 좌절하게 되며 일생일대가 절름발이 운으로 흐른다. 부모, 형제, 부부, 자녀 등 육친 무덕하고 패운이 꼬리를 문다.

(2) 사주원국의 육해(六害)

원국에 육해가 있으면 오랫동안 앓고 있는 만성질환이 있음을 암시하며 "병이 있어서 약탕관을 달고 산다."라고 이야기할 수 있다.

원국에 육해가 중중하면 골육을 형극하고 고독하다.
육해가 있고 다른 나쁜 살과 겹치면 남 때문에 크게 실패한다.
사주 구성이 나쁘면, 스님이 되어야 액을 면할 수 있다.
여자의 육해가 식상에 해당하면 산액을 경험한다.

원국에 육해가 있고 생왕하면 행동이 민첩하고 매사를 신속하게 처리하는 경향은 있으나 다소 경망스러우며, 육해가 여러 개 있으면 예민하게 반응하거나 눈치가 빠른 경향이 있는데, 이것은 재살, 장성, 연살, 육해로 재장년육(災將年六)의 특징이기도 하다.

원국에 육해가 있으면 과거에는 지체, 장애가 따르고, 매사 발목을 잡는 등 부정적인 해석을 많이 했으나 요즘은 부정적인 일 외에 여건에 따라 긍정적인 여러 가지 상황 조건을 확장해서 해석해 주는 경향이 있다. 그리하여 조직 생활을 하는 사람이 육해가 길신으로 작용하면 대체로 손윗사람의 덕이 있음을 암시한다.
자신의 육해가 배우자의 일지에 놓이면 해로 한다.
자식이 부모의 육해 년에 태어나면 서로 모든 면에서 비슷한 점이 많다.

(3) 육해(六害) 운(運)

　육해 운은 각종의 사고에 취약한데, 육해가 12운성의 사절(死, 絕)을 만나는 행운에는 특별히 주의해야 한다.

　申子辰생은 卯년, 寅午戌생은 酉년, 巳酉丑생은 子년, 亥卯未생은 午년이 육해 운이 되는데 적극적이고 능동적이기보다는 수동적이고 소극적으로 처신하는 것이 좋다. 독자적으로 사업을 하는 것보다 다른 사람의 도움을 받아야 한다. 최고가 되겠다는 마음을 비우고 욕심을 버리면 저승사자의 은덕을 볼 수 있다.

　寅申巳亥생이 육해 운인 子午卯酉를 만나면 12운성의 장생(長生)이 사(死)로 변한 격이 되어 구설, 사고 수가 많다. 이때 발생한 문제들은 역마 년이나 역마 월에 해결되기도 한다.
육해 연운에는 재물의 소비가 많아 빈곤하게 될 수 있으며 일진이 육해이면 장사가 잘 안된다.
육해 대운에는 성급함이나 말실수로 인해 구설이 있을 수 있고, 깊이 생각하지 않고 성급하게 투자하여 손해를 본다.
연살 운에서는 너무 느려서 탈이 생기지만 육해 운에서는 성급하여 화가 생긴다.

　육해 대운에 역마 연운을 만나면 힘들고 어려운 일이 있을 수 있으니 조심해야 한다.

원국에 육해가 있는데 운에서 지살을 만나게 되면 능력 발휘를 못 한다.
육해 대운에서 충하는 연살 운을 만나면 막혔던 일들이 풀리는 등 좋은 일들이 생긴다.

천살, 망신, 육해는 삼합국인데 궁합을 보는데 활용한다.
육해가 들어가는 삼합 띠나 일지와 인연을 맺으면 좋다. 예를들면 寅午戌 생은 酉가 육해가 되는데 酉와 삼합이 되는 巳丑년에 태어났거나 일지가 巳丑이면 좋다.

(4) 방위(方位)

육해 방향은 수호신이 출입하는 방향으로, 우환을 예방하거나 재운의 상승을 원하면 육해 방향으로 제사를 지내 신의 기운을 달래주면 좋다. 평소에 작은 소원은 육해 방향으로 빌면 조상이 도와주며 매년 육해 月 육해 日에 제사를 지내면 개운이 된다.
원인 모르게 사업이 부진하거나 조상이 현몽하면 조상한테 천도제를 올리면 일이 풀린다.
육해 방향에는 중요한 물건을 두지 말고 화장실, 수리용 기구, 헌 물건 등을 진열해 놓아야 한다.
육해 방향은 귀신이 주관하는 방위이므로 항상 청결해야 한다.
육해 방위에는 하수도나 화장실 등을 배치하는 것이 좋다. 그러나 이곳이 막히거나 더러우면 운이 막히므로 항상 청결해야 한다.

상담이나 외교, 사업 등으로 손님과 이야기할 때 상대방을 육해 방향에 앉게 하고 상대하면 주도권을 쥐고 상담할 수 있다.
육해 방향은 평소 기도하는 방향으로 소원을 빌면 작은 소원은 이룰 수 있다.
부동산에 장기적으로 투자하거나 싸게 매입하려면 육해 방향에 있는 것에 투자하면 좋다.
육해 방위는 나에게 도움을 주는 사람이 사는 방향으로 좋은 운이나 복을 주는 방위이며 귀신이 있는 방위이기도 하다.

학교 진학이 어려운 학생은 육해 방위에 있는 학교를 선택하면 무사히 진학할 수 있다.
자신의 육해에 해당하는 해에 태어나는 사람은 지게의 작대기와 같은 역할을 해주므로 힘들 때 의지할 수 있거나 보호를 해주기 때문에 아랫사람으로 쓰기에는 아주 좋다.
나의 육해 년에 태어난 사람과 결혼하면 나의 나쁜 운을 제거해주므로 좋으나 절대 배신을 하면 안 된다. 나의 육해 년에 태어난 사람과 원한 관계를 맺으면 평생 되는 일이 없고, 결정적인 일이 있을 때 이상하게 운이 막힌다.

남자의 육해 방위에 사는 여자는 부부불화로 이혼을 하고 혼자 사는 여자이며, 여자의 육해 방위에 사는 남자는 식구가 적거나 홀가분하게 혼자 살아가는 사람이다.
남자가 자신의 장성 색상의 옷을 입거나, 여자가 자신의 육해 색상의 옷을 입으면 그날의 일진이 좋고 나쁨을 떠나서 사이가 멀어진다.

 문의자(問議者)가 자신의 육해 날(日)에 찾아올 때에는 생활고에 시달리고 있거나, 경망스럽고 힘든 사람이 많으며, 조상이나 자식에 관한 일 혹은 집안의 중심적 인물의 吉. 凶을 묻는 경우가 많다.

(5) 각 지지(地支)의 육해(六害)

年支 : 부모·형제가 긴 병으로 고생.
　　　양자로 가든지, 종교에 귀의하여 일생을 보냄.
　　　태어날 때 건강이 약하고 부모덕이 없어 고독하고 의지할
　　　데가 없음.
月支 : 형제가 불화하고 골육의 정이 없음.
　　　후손이 없고 부모가 쇠락한 집안.
　　　성격이 급하고 독함.
　　　부부가 이별하고 남 때문에 피해 봄.
日支 : 본인과 배우자가 긴병으로 고생.
　　　가산을 탕진하거나 혹 승려, 무당이 될 팔자.
時支 : 자손이 긴병으로 고생.
　　　매사 번거롭고 막힘.
　　　분주다망하며 하나를 얻고 세 개를 잃는 고달픈 삶.

(6) 육친(六神)의 육해(六害)

比劫 : 자신이나 형제 등의 병이 오래감.
食傷 : 자손이 오랜 병.
財星 : 부친이나 처가 오랜 병.
官星 : 남편이나 자식이 오랜 병.
印星 : 모친이 오랜 병.

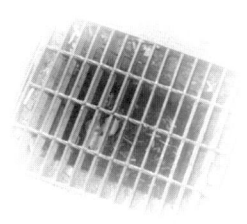 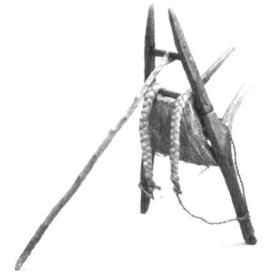

12) 화개(華蓋)

(1) 화개(華蓋)의 의의(意義)

화개는 만물을 추수하여 창고에 보관하는 것으로 학교, 학원, 명예, 고독, 학문, 문학, 예술, 종교, 신앙의 별이다.

화개는 일명 예술성(藝術星)이요, 참모성(參謀星)이라고도 하는데, 삼합의 끝 지지이며 辰戌丑未에 해당하고 월살과 충하며 12운성의 묘(墓)에 해당한다. 묘(墓)란 창고와 같아서 오행의 정기를 저장하는 곳이므로 본체의 보존과 재생 또는 영속성을 계승하는 역할을 담당하므로 종교와 예술성을 내포한다 하겠다.

오행의 속성을 동정(動靜)과 시중말(始中末)로 나눈다면, 화개는 정(靜)에 속하고 결실을 거두어들이는 말(末)에 속한다. 예를 들어 火의 묘(墓)인 戌은 화기(火氣)를 겨울 동안 저장하였다가 봄에 다시 피워 쓰는 것과 같아서 묘(墓)는 사물과 정신을 보관하는 작용을 함과 동시에 새로운 것을 창조하는 진리의 창고이다.
고로 묘(墓)인 화개는 문화, 예술, 신앙과 관계가 있으며 이와 연관된 학교, 학원, 사찰, 교회, 박물관, 기도원 등과도 관련이 있다.

화개는 "화려함을 덮는다"라는 뜻에서 볼 수 있듯이 자신의 능력과 재능을 비장하고 없는 듯이 살게 하는 살이다.

시작과 끝을 관장한다는 의미에서 시종살(始終殺)이며, 일상의 일들을 내려놓는다는 의미에서는 휴지살(休止殺)이고, 화개는 반복되는 경향이 있어 복고살(復古殺)이라고도 한다.

(2) 사주원국의 화개(華蓋)

원국의 화개가 길신이면 참모나 비서의 도움이 크고, 정인과 동주하고 길신에 해당하면 대학자가 되며, 천을귀인이나 천월덕귀인 등과 함께 있으면 인격이 청고하고 귀(貴)와 문(文)을 겸비하여 영달한다.
화개가 천월이덕과 함께 있으면 청귀한 위인이며 관인(官印)이 천덕(天德)과 동주하면 명성이 높다.

화개가 있는 사람은 대체로 조용하고 고요한 마음으로 사물이나 현상을 관찰하는 태도를 보이려는 경향이 강하며 심성은 항상 적적하고 사색과 명상을 즐긴다.
여자에게 작용력이 높아서 고독한 가운데 고상한 삶을 영위하므로 교육과 종교에 관심이 많다.

화개가 공망이 되면 승도(僧道)의 명이 되든지 종교계통으로 진출하는 경우가 많으며, 일지에 화개가 있으면 도학이나 수련에 뜻이 많고, 여자에게 화개가 여러 개 있으면 자녀를 양육하기 어렵고 고독을 면키 어렵다. 특히 화개가 공망이면 자식을 얻기 어렵고 승려의 길로 나가야 막힘이 없으므로 종교인이나 역술인의 운명이 되기 쉽다.

화개가 끝과 시작의 반복이라는 점에서 화개가 있는 사람은 이별과 만남을 반복하는 경향이 강하고 생활습관 또한 반복적인 업무에 익숙한 편이다. 그러므로 타성에 빠져 게을러질 수 있으므로 끊임없이 자신의 성격과 습관을 개선하지 않으면 과거의 나락에서 벗어날 수 없다.

원국에 화개가 중중하면 성격이 꼼꼼하고 언행에 무게감이 있으며 종교에 귀의하거나 종교재단이나 학교와 인연이 있거나 독신으로 지낼 수도 있다.
화개와 월살이 동주하여 충하면 변덕이 심하고 일관성 유지가 어려우며, 화개와 육해가 동주하면 게으르고 주관이 분명치 않다.
화개와 양인이 함께 있으면 다재다능하나 시작은 있으나 끝이 없어 결과를 거두기가 어렵고, 태월(胎月)의 화개는 서출(庶出)이나 사생아가 아니면 양자이기 쉽다.

화개는 대개 총명하며 학문과 기예(技藝) 방면에 소질과 취미가 있는 길신이다.
원국에 화개가 있으면 대체로 총명하며 이해심이 많고, 예능에도 뛰어나고 문장이나 예술에 능하며 종교심이 깊다.
남녀를 막론하고 예능으로 인기를 얻으려면 반드시 화개가 있어야 좋다.

여자 사주에 화개가 역마와 동주하고 사주가 혼탁하면 화류계 팔자가 될 수 있다.

　화개의 직업으로는 재활용 사업, 중개업, 중매업, 고고학, 철학, 심리학, 종교학, 경제학 등이 적절하며 재성에 화개가 놓이면 자수성가한다.
대부분의 辰戌丑未생은 선대의 업을 복구 계승하며 특히 화개에 임하면 그 책무를 띠고 태어난 사람이다.

　화개는 외교적 로비 활동에도 재능이 있다.
화개가 공망이면 본인은 총명하나 수도하는 도인이거나 승려의 팔자이다.
여자사주에 화개와 과숙이 같이 있으면 여승 아니면 과부 소리를 듣게 된다.

　경진(庚辰)일 경진 시에 태어난 사람에게 화개가 있으면 중금중축격(重金重蓄格)이라 하여 정신이 맑고 매우 총명하다.
壬, 癸 일주가 사주에 화개가 있으면 부부 상극하고 노년에 자식과 사별하며 여자는 자식을 못 낳을 수도 있다.
가족 중에 화개가 있는데 또다시 화개 년에 아이가 태어나면 부모가 가출하거나 이별할 수 있다.
자신의 연지를 기준으로 화개 년에 태어난 자식은 가산을 탕진하거나 나쁜 사람을 사귈 수 있으므로 관심을 가지고 살펴보아야 한다.

자신의 연지를 기준으로 화개 년에 태어난 사람과 동업을 하거나 채무 관계를 맺으면 좋지 않다. 어려움을 당하고 신용도 하락할 수 있기 때문이다.

화개 띠끼리 혼인하면 이혼 후 재결합하는 예도 많다.

(3) 화개(華蓋) 운(運)

화개의 연운에는 소극적 심리가 나타나 사업의 창업이나 확장보다는 봉사 활동 등 궂은일에 솔선한다.

화개가 충이 되는 월살을 연운에서 만나면 심적 갈등이 생기는데, 특히 종교적 갈등으로 개종을 하거나 파계를 하기도 하는데 귀문관살이 있는 사람은 심적갈등이 더 심해진다.

화개 연운에는 복고살 기운이 강하여 과거에 단절되었거나 멈추었던 일들이 다시 원상회복된다. 헤어진 사람과 새로운 만남, 정지에 따른 회복, 소망의 달성, 복학, 복직, 그리고 미제로 남겨진 작품들의 완성 등을 기대할 수 있으나 한편 예전에 앓았던 구병(舊病)이 다시 재발할 수도 있다.

화개는 반복을 의미하므로, 어제 같은 오늘, 오늘 같은 내일이다. 일지와 동일한 연운에도 반복의 복고살인 화개의 운이 작용한다.

원국에 화개가 있는데 운에서 화개가 오면 문학, 예술, 종교계에 진출할 가능성이 있다.
화개 연운에는 대체로 발흥의 시기도 되는데, 지살 또는 장성을 맞게 되면 재물 복이 따른다.
화개 운에는 운기의 순환작용 때문에 그간 좋았던 사람들은 침체하고 나빴던 사람들은 발전한다.

화개는 날삼재의 시기이므로 정신적 활동에 치중하고 수성하는 것이 좋다.
화개 대운을 만나면 보통 큰 번영은 적지만 작은 번영, 보상 정도는 이룰 수 있다. 크게 거덜 나지도 않고, 크게 일어서지도 않는 운이므로 크게 하려고 하면 발목을 잡힐 수도 있으니 '그냥 작게 하세요.' 이 한마디가 좋다.

(4) 방위(方位)

월세, 전세, 매매 등 집을 구매하고자 할 때 화개 방향으로 가면 마음에 드는 집을 생각보다 싸게 구할 수 있다.
화개 방향으로 앉아서 식사하면 식욕이 생겨 질병 치료 때의 회복에 도움이 된다.

문의자의 일진이 12신살을 대입하여 화개가 되는 날에 찾아오면 대부분 인간관계의 재결합이나 과거의 일들에 대한 상담이 많다.

(5) 각 지지(地支)의 화개(華蓋)

年支 : 부모와 인연이 박하고 외로운 일생.
　　　반안이 동주하면 일찍 출세.
　　　인성이 동주하면 귀한 子女를 두며 영화로움.
　　　식상이 동주하면 조모가 불교신자.
月支 : 형제자매 인덕이 없으나 본인은 발복의 기틀.
　　　차남이라도 장남 역할. 가문을 빛냄.
　　　일찍 고향을 떠나 상업으로 대성.
　　　예술방면으로 나가면 길함.
　　　인성이 구림(俱臨) 하면 모친이 불교 신자.
日支 : 스스로 발흥하나 종교적 관심 깊음.
　　　문장, 예술, 지식에 사려가 깊고 총명.
　　　재주가 뛰어난 팔방미인, 산업이나 관직이 좋음.
　　　여자일지의 화개면 낳은 자식을 기르기 어려움.
　　　목욕이 있으면 조기 부부 이별.
時支 : 연구 결과물을 통한 재물 복으로 말년 영화.
　　　문필, 문학, 예기에 재능.
　　　40~50세후, 경영성공, 도처에 명성.

(6) 육친(六神)의 화개(華蓋)

比劫 : 형제가 종교, 철학, 교육 등과 인연.
　　　자아도취, 안하무인, 자유방임주의.
食傷 : 능수능란, 음적 호기심, 분주다망, 염세주의.
財星 : 배우자가 종교, 철학, 교육 등에 심취.
　　　종교 관련 일을 함.
　　　종교를 상대로 재물을 구함.
　　　재물 욕심, 구두쇠, 이기주의.
官星 : 종교계통의 직업을 갖거나 종교 생활을 함.
　　　종교, 철학, 교육 등에 인연, 종교로 인한 부부인연.
　　　공명심, 무기력과 태만, 보편주의.
印星 : 부모가 독실한 불교 신자.
　　　학문으로 이름을 떨침.
　　　종교적 활인, 은둔, 초자연주의.

※ 간단한 신살 통변

- 겁살 : 사기, 빼앗기는 것
- 재살 : 소송, 관재, 구속, 재난
- 천살 : 지진, 홍수, 가뭄, 화재
- 지살 : 승진, 취직, 명예, 문서취득, 여행
- 연살(도화) : 호색, 성문제
- 월살 : 인덕無, 질병고통(고초살)
- 망신 : 마음먹은 데로 안됨, 손재수, 불필요한 행동
- 장성 : 문장력, 재능, 타향에 일찍 나가 출세, 과욕 금물
- 반안 : 노력가, 자수성가, 통솔자, 편안함
- 역마 : 이동, 여행, 이별, 상처받음
- 육해 : 인덕無, 도움無, 질병
- 화개 : 총명, 문장가, 예술, 풍류기질, 3개면 변태성

제 3 장
일반 신살(一般 神殺)

제 3장 : 일반 신살(一般 神殺)

1. 신살(神殺)의 의미(意味)

 일반 신살(神殺)은 자평 명리학 이전의 당사주와 함께 사주 간명에 사용되던 고법(古法)의 명리 이론으로서 역학자에 따라 그 유용성에 대한 의견이 엇갈린다.

 신살(神殺)에서 신(神)은 길신(吉神)을 의미하고 살(殺)은 흉살(凶殺)을 의미하며 그 종류는 250여개(神峰通考命理正宗, 장남)에서 500여개(協記辨方書, 매각성)로 다양하나 그중 일부만이 현재 간명에 활용되고 있다.

그러나 유용성에 대한 여러 이론(異論)에도 불구하고 일부는 사주 간명에 유용하며 그 정확도 또한 높다.
기본적으로 신살은 청하고 균형이 잡힌 사주에서는 영향이 미미하나 사주가 탁하고 편향된 사주에서는 그 영향이 크다.

 이 책에서 신살의 순서는 길신(吉神)의 의미가 많은 것을 앞에, 흉살(凶殺)의 의미가 많은 것은 뒤에 두고 유사한 신살은 함께 놓았다.

2. 천간(天干) 지지(地支)간의 신살(神殺)

천간 지지	甲	乙	丙	丁	戊	己	庚	辛	壬	癸
子	효신살	천을귀인 낙정관살	양착살			천을귀인	낙정관살	학당 문창	홍염살 양인	건록
丑	천을귀인		백호대살 음착	천을귀인			천을귀인	효신살	금여	암록 급각 백호대살 양인
寅	건록 고란살 일덕		학당 효신살 홍염살		양착살 학당			천을귀인	문창 암록	금여
卯	양인	건록		효신살	낙정관살			음착살 현침살	천을귀인	천을귀인 문창 낙정관살 학당
辰	백호대살 금여	양인	일덕		백호대살 홍염살 일덕	홍염살	괴강살 효신살 홍염살 금여 일덕	암록	괴강살 양착살 지망	지망
巳	낙정관살 문창	고란살 금여	건록	음인 고란살	건록	음인 낙정관살 효신살	암록 학당		천을귀인 지망	음착살 천을귀인 지망
午	현침살 홍염살	학당 문창 홍염살	양착살 양인	건록	효신살 양인	건록		천을귀인		
未	천을귀인	백호대살	금여	음착살 홍염살 암록 양인	천을귀인 금여	암록 양인	천을귀인	현침살 효신살		
申	현침살	천을귀인	암록 낙정관살 문창	금여	고란살 양착살 암록 문창	금여 천을귀인	건록	낙정관살	효신살 학당	홍염살
酉			천을귀인	학당 문창 천을귀인		문창 학당	양인	건록 음착살 홍염살		효신살
戌		암록	백호대살 천라	천라 낙정관살	괴강살		괴강살 효신살 홍염살 금여	양인	백호대살 양착살 낙정관살 일덕	급각
亥	학당 암록	효신살	천을귀인 천라	천을귀인 천라 급각			문창	고란살 금여	건록	음착살 음인

3. 지지(地支) 간의 신살(神殺)

상문(일, 년 기준). 급각살(월 기준). 단교관살(월 기준)

지지\지지	子	丑	寅	卯	辰	巳	午	未	申	酉	戌	亥
子		단교관살 합 천의성	조객 급각	형 급각	급각		충	해 원진		파 귀문관살	상문 격각	
丑	합 급각	급각	과숙 천의성	조객 과숙	파 과숙	단교관살	해 원진 귀문관살 탕화	충			형	상문 격각 급각
寅	상문 격각 고신	고신	탕화 단교관살	천의성	조객	형 해 탕화		귀문관살	충 급각	원진 급각	급각	합 파 고신
卯	형	상문 격각		단교관살	천의성 해	조객 급각	파 급각	급각	원진 귀문관살	충	합	
辰	급각	파 급각	상문 격각	해	자형	천의성 과숙	조객 과숙 천의성	과숙	단교관살	합	충	원진 급각 귀문관살
巳		형 해 고신 탕화	상문 격각 고신	고신			조객	형 합 파	단교관살	원진 귀문관살		충
午	충	귀문관살 원진 해 탕화	파 탕화	상문 격각		자형 탕화	천의성 합	조객			단교관살	
未	원진 해	충 탕화	귀문관살			상문 격각 급각	합 급각	급각	천의성 과숙	조객 과숙	파 형 과숙	단교관살
申			충 탕화	원진 귀문관살	단교관살	형 합 파 고신	상문 격각 고신	고신		천의성	조객	해
酉	파 귀문관살		원진	충	합			상문 격각 단교관살	자형	천의성 해	조객	
戌	조객 과숙	과숙 형 탕화		합	충	원진 귀문관살	단교관살	파 형	상문 격각 급각	해 급각	급각	천의성 과숙
亥	천의성 단교관살	조객	합 파 급각	급각	원진 급각 귀문관살	충		해 고신	상문 격각 고신	고신	자형	

※보는 방법
- 가로를 기본으로 세로와의 관계를 본다. - 가로는 일, 월, 연지가 기본이다.
- 상문을 볼때 가로는 연지가 된다. - 급각을 볼때 가로는 월지가 된다.

4. 신살(神殺)의 종류(種類)

〈 관귀학관(官貴學館) 〉

일간	甲/乙	丙/丁	戊/己	庚/辛	壬/癸
관귀학관	巳	申	亥	寅	寅

"명예와 학문이 있는 건물"이라는 뜻으로 학문에 뛰어나다는 의미이다.

*구성요소

일간을 기준으로 보는데, 음간과 양간을 구별하지 않고 오행의 관성을 양간으로 추리하여 장생을 찾으면 된다.
예를 들면 일간 丙丁의 관성은 水가 되고 水의 양간은 壬(水)이므로 壬(水)의 장생인 申이 관귀학관이 된다.

- 甲乙 – 巳, 丙丁 – 申, 戊己 – 亥, 庚辛 – 寅, 壬癸 – 寅이며 일주는 乙巳, 丙申, 己亥, 庚寅, 壬寅 등이다.

*작용

학문과 직업에서 뛰어난 재능을 발휘하므로 관직이나 직장에서 승진이 빨라 직위가 높아진다.
관귀학관이 형, 충, 파, 해가 되면 기능이 감소한다.

〈 문곡귀인(文曲貴人) 〉

일간	甲	乙	丙	丁	戊	己	庚	辛	壬	癸
문곡귀인	亥	子	寅	卯	寅	卯	巳	午	申	酉
문창귀인	巳	午	申	酉	申	酉	亥	子	寅	卯
학당귀인	亥	午	寅	酉	寅	酉	巳	子	申	卯

학문 특히 예술 분야의 학문에 흥미와 재능이 있어 예능 및 기예에 창의력이 우수하고 문학적 영감이 발달하여 있다.

*구성요소

일간을 기준으로 지지가 편인이 문곡귀인인데 토금(土金) 일간은 편관일 때 문곡귀인이 된다.
- 甲-亥, 乙-子, 丙-寅, 丁-卯, 戊-寅, 己-卯, 庚-巳, 辛-午, 壬-申, 癸-酉.

문창귀인의 충지(沖支)로서 문창귀인과 함께 학문과 인연이 깊다.

*작용

문곡귀인이 있으면 학문적 관심이 많아 독서를 즐기며 학자, 문학가, 예술인 직업이 적절하다.

문곡귀인이 형, 충, 파, 해 또는 관살 혼잡이 되면 재능이 감소된다.

〈 문창귀인(文昌貴人) 〉

일간	甲	乙	丙	丁	戊	己	庚	辛	壬	癸
문창귀인	巳	午	申	酉	申	酉	亥	子	寅	卯
문곡귀인	亥	子	寅	卯	寅	卯	巳	午	申	酉
학당귀인	亥	午	寅	酉	寅	酉	巳	子	申	卯

글자 '문', 창성할 '창'으로 공부를 잘한다는 의미이다.
북두칠성의 첫 번째 별로 문창성(文昌星)이라고도 한다.
문곡귀인과 충지가 된다.

*구성요소

일간을 기준으로 보는데 지지가 주로 식신이다.
- 甲-巳, 乙-午, 丙-申, 丁-酉, 戊-申, 己-酉, 庚-亥, 辛-子, 壬-寅, 癸-卯

*작용

문창성이 있으면 공부에 특출한 재능이 있고, 기억력과 연구, 발명, 창조 등에 천부적 재능이 있다.
흉한 것을 제거해주며, 지혜 있고 총명하나 개인주의적인 성향이 있다.
사주가 힘이 강하면 좋고, 약하면 정신력이 약하고 재능을 발휘하기 어렵다.

식상이 발달하면 예술과 창조 방면에 출중하며 화개살과 같은 주(柱)에 있으면 저술이나 사회사업에 적합하다. 형, 충, 공망이 되면 효력이 나타나지 않는다.

〈 학당귀인(學堂貴人) 〉

일간	甲	乙	丙	丁	戊	己	庚	辛	壬	癸
학당귀인	亥	午	寅	酉	寅	酉	巳	子	申	卯

" 학문 '학', 집 '당' " 공부하는 집으로 공부와 인연이 있는 것을 말한다.

*구성요소

일간을 기준으로 보며 일간의 장생(長生)지이다.
- 甲-亥, 乙-午, 丙-寅, 丁-酉, 戊-寅, 己-酉, 庚-巳, 辛-子, 壬-申, 癸-卯

*작용

학당귀인은 일간의 장생지이며 장생은 개척하고 창조하려는 성질이 있으므로 새로운 것을 열심히 배우려는 마음이 있어서 학생, 학교, 연구 등 학문과 인연이 깊다.
학당귀인은 공부한 것을 직업적으로 활용하려는 심리가 강하므로 배운 것 중 본인의 재능에 적합한 분야를 직업으로 선택하면 좋은 결과를 가질 수 있으며 특히 신왕하고 학당귀인 역시 왕하면 교육계에서 성공할 수 있다.
교직에 있는 사람은 대부분 학당귀인이 있다.

  사주가 좋고 학당이 있으면 부귀하게 되나 사주가 나쁘고 학당이 있으면 그저 평범한 사람이 된다.
木이 많은 사주가 火로 설기되는 목화 통명이나, 金이 많은 사주를 水로 설기시키는 금백수청의 사주는 지혜와 총명을 주도하기 때문에 학당과 같은 의미로 본다.
운에서 학당귀인을 만나면 학업에 열중하고 학업 성적도 오른다.
신약하고 형 충 파 해(刑, 沖, 破, 害)공망이 되거나 행운에서 합이 되어 제거되면 귀인의 효과가 없다.

〈 금신(金神) 〉

  乙丑, 己巳, 癸酉는 모두 甲子旬 중에 속하며 戌亥가 공망인데 일주나 시주에 있는 경우, 金(巳酉丑)의 기운이 강하다. 월지 또는 시간이 火이거나 행운에서 火를 만나면 발복한다.

*구성요소

  육십갑자 중에 맨 먼저 시작하는 甲子, 乙丑, 丙寅, 丁卯, 戊辰, 己巳, 庚午, 辛未, 壬申, 癸酉(甲子 旬) 중에서 巳酉丑 삼합 금(金)국이 되는 乙丑, 己巳, 癸酉를 금신이라고 한다.

*작용

  金은 사물을 억압하고 세압하는 특징이 있으므로 불굴의 성신을 가지고 있고 초지일관, 강압, 명민한 성격을 가지고 있다.

금신은 고철인 강철과 같은 것으로 물건을 만들어 주는 火를 가장 중요한 것으로 본다.

금신은 火가 있으면 명성이 높고, 칠살이 있으면 좋고, 형액을 싫어한다.

金 일주가 금신이 있으면 무기나 칼과 같은 종류로 보고, 일지에 丑이 있으면 칼을 다루는 직업에서 대성할 수가 있으며, 癸 일주에 乙丑의 금신이 있으면 무관이나 장성으로 출세할 수 있다.

양인이나 칠살이 금신에 해당하면 힘쓰는 것으로 유명해진다.

※ 금신격(金神格)

  甲(木)일주나 己(土)일주가 巳, 酉, 丑시에 태어난 사주 격식을 뜻한다. 암기력이 좋고 영리하다. 만약 형, 충을 당한다면 반대 작용으로 기억력이 나쁘고 둔한 사람이 된다.

보통 甲(木) 일주의 금신격은 행운에서 火를 만나고, 己(土) 일주의 금신격은 행운에서 金水를 만나야 부귀를 이룬다.

예)

시	일	월	년
癸	己	0	0
酉	巳	午	午

己(巳)일주가 癸酉시에 태어났으니 금신격이다.
한창 무더울 午월의 己(土)이므로 가뭄이 든 메마른 대지와 같다. 따라서 金, 水가 용신이 된다. 시지 酉가 일지 巳와 巳酉[丑]합을 이루니 구성이 아주 좋다.

예)

시	일	월	년
己	己	〇	〇
巳	酉	丑	〇

한 겨울인 丑월의 己(土) 일주로 巳시에 태어났으니 금신격이다. 지지에 巳酉丑으로 金의 기운이 지나치게 발달하여 있다. 따라서 金의 기운을 억제하는 巳중 인성 丙(火)이 용신이 된다. 이렇듯 무조건 금신격을 이룬다고 해서 金水 운을 만나는 것이 좋다고 섣부른 판단을 해서는 안 된다.

예)

시	일	월	년
癸	甲	丙	丁
酉	午	午	巳

甲(木) 일주가 酉시에 태어났으므로 금신격이다. 무더운 午월에 태어나고 전체적으로 火의 기운이 왕성하니 金水의 기운이 가장 필요한 용신이 된다.
위의 예시와 같이 사주의 격식에 얽매이기보다는 용신에 초점을 맞추어서 판단하는 것이 더 정확하다.

〈 금여(金輿) 〉

일간	甲	乙	丙	丁	戊	己	庚	辛	壬	癸
시지	辰	巳	未	申	未	申	戌	亥	丑	寅

" 금 '금', 수레 '여' " '금으로 만든 수레'라는 뜻이며 이는 왕족이나 귀족이 타는 수레로서 좋은 것이며 시집갈 때 타는 수레인 꽃가마의 의미도 있다.

＊구성요소

일간을 중심으로 각 지지를 살핀다.

일지(甲辰, 乙巳, 庚戌, 辛亥)나 시지에 있을 때 일생이 편안하고 자손이 번성하는 등 길성의 기운이 강하다.

- 甲-辰, 乙-巳, 丙-未, 丁-申, 戊-未, 己-申, 庚-戌, 辛-亥, 壬-丑, 癸-寅

양간은 12운성의 쇠(衰)지이고, 음간은 12운성의 욕(浴)지이다.

＊작용

금여는 금수레를 탄 것으로 고위직, 왕족의 신분을 말하며 여자 역시 금수레를 타고 좋은 남자와 결혼하여 안락한 생활을 한다는 의미이기도 하다.

남녀 모두 얼굴이 잘생겼고, 성품이 온화하고 유순하며 예절이 있고 몸가짐에 절도가 있으며 배우자의 인덕이 있어 해로한다.

복과 행운이 있고 다른 사람의 도움을 받게 되고, 좋은 인연을 만나는 특징이 있다.

운에서 충, 형, 파, 해가 되거나 원국에 귀문관살 등이 있으면 부부간에 불화하거나 해로가 힘들다.

〈 복성귀인(福星貴人) 〉

일간	甲	乙	丙	丁	戊	己	庚	辛	壬	癸
복성귀인	寅	丑	子	酉	申	未	午	巳	辰	卯

"복 '복', 별 '성'", 복이 있는 별로 복을 주는 귀인이라는 뜻이다. 부귀장수와 명리를 가져다주는 길성이다.

✱구성요소

일간을 기준으로 각 지지를 살펴본다.
- 甲-寅, 乙-丑, 丙-子, 丁-酉, 戊-申, 己-未, 庚-午, 辛-巳, 壬-辰, 癸-卯

✱작용

사주에 귀인이 연월일시 어디에 있는가를 보고 그 시기에 따라 복이 있으며 횡재수가 있다고 본다.

연주의 귀인은 조상 덕이 있고, 월주에 있으면 부모 형제 덕이 있다.

일주에 있으면 자수성가하며, 시주에 있으면 노년에 복록이 있으며 자식 복도 있다.

말년의 복이 제일 좋다는 의미에서 귀인이 시지에 있으면 최고이고, 일지가 그다음이다.

사주가 좋으면 복이 있고 장수하며, 사주가 나빠도 안락하게 사는 경우가 많다.

공망이나 형 충 파 해(刑, 沖, 破, 害)가 되면 좋은 작용이 없어진다.

〈 삼기성(三奇星) 〉

석 '삼', 기이할, 뛰어날 '기'로서 세 개의 기운이 모여 기이할 정도로 뛰어난 능력을 발휘하는 것을 말한다.

정신력이 보통사람과 다르고 총명하며 학문과 재능이 탁월하여 사주 원국이 좋고 격이 높으면 귀한 사람이 된다.

＊구성요소

삼기를 천상, 지하, 인중 삼기로 나누어서 甲戊庚을 天上 삼기, 乙丙丁을 地下 삼기, 辛壬癸를 人中 삼기라 한다.

지지의 卯巳午도 삼기라 할 수 있는데 이것은 모두 辛壬癸의 천을귀인(辛의 천을귀인은 寅午, 壬癸의 천을귀인은 卯巳)에 해당하기 때문이다.

사주 육신법으로는 정재, 정관, 정인의 3가지 재관인(財官印)을 삼기라 한다.

삼기는 원국에 세자(三字)가 모두 있어야 하며 일간부터 시작하여 연간까지 순서대로 있는 것이 최고의 귀격이며(예: 乙日 丙月 丁年), 적어도 일간에 한 글자는 있어야 한다.

*작용

삼기는 기이한 기운을 발휘하여 사주를 귀격으로 만들어 주는 능력을 갖추고 있다.
삼기가 있으면 정신이 보통사람과는 다르고, 기이한 것을 좋아하고 재능이 뛰어나며 배포가 크다.
삼기에 천을귀인이 있으면 학문에 능통하고 다재다능하며 포부가 커서 큰 업적을 이룬다.
삼기에 천월덕이 있으면 흉한 일이 생기지 않고 재능이 탁월하며, 삼합이나 육합이 있으면 국가의 주석이 된다.

삼기가 형, 충, 공망을 만나면 효력을 발휘하지 못한다.
공망이 있으나 격이 좋고 힘이 있으면 부나 권력에 아첨하지 않고 세속에 물들지 않은 도인이 된다.
삼기가 겁살과 함께 있으면 기품은 원대하고 탁월하나 허욕과 고집이 세고 권력을 남용하는 경우가 많다.
삼기가 삼합을 이루고 좋은 작용을 하면 국가의 기둥이 될 좋은 운명이라 할 수 있다.
월, 일, 시에 삼기가 갖춰져 있으면 타향에서 성공한다.

〈 암록(暗祿) 〉

일간	甲	乙	丙	丁	戊	己	庚	辛	壬	癸
건록	寅	卯	巳	午	巳	午	申	酉	亥	子
암록	亥	戌	申	未	申	未	巳	辰	寅	丑

어두울 '암', 복 '록'으로서 "어두운 곳의 복"이라는 뜻이며 '보이지 않는 곳에서 도와준다.'라는 의미가 있다.
역경에 처하더라도 뜻하지 않게 귀인의 도움을 받아 난관을 극복하고 구제를 받는다.

＊구성요소

일간을 기준으로 보며 일간의 건록(建祿)과 육합(六合)이 되는 지지이다.
- 甲-亥, 乙-戌, 丙-申, 丁-未, 戊-申, 己-未, 庚-巳, 辛-辰, 壬-寅, 癸-丑

＊작용

영리하며 남이 모르는 복이 있고, 어려운 일이 생길 때는 뜻밖에 귀인이 도와준다.
사주가 중화되고 원국에게 암록이 있거나 대, 세운에서 만나면 그 시기에 생각지도 않은 행운이 생기고 재물이 떨어지지 않는다.
사주가 좋고 운이 좋으면 지위가 높아지고 나쁜 운이 좋은 운으로 바뀐다.
암록이 충, 형이나 공망이 되면 좋은 작용이 감소한다.

〈 천관귀인(天官貴人) 〉

일간	甲	乙	丙	丁	戊	己	庚	辛	壬	癸
천관귀인	未	辰	巳	寅	卯	酉	亥	申	戌	午

"하늘 '천', 명예 '관'" 하늘의 명예로 타고난 명예를 말한다.

*구성요소

일간을 기준으로 각 지지를 살핀다.

- 甲-未, 乙-辰, 丙-巳, 丁-寅, 戊-卯, 己-酉, 庚-亥, 辛-申, 壬-戌, 癸-午

위의 구성요소는 '천기대요'를 위주로 하였다.
자평에 의한 것은 천기대요와는 조금 다른데 다음과 같다.

- 甲-未, 乙-辰, 丙-巳, 丁-酉, 戊-戌, 己-卯, 庚-亥, 辛-申, 壬-寅, 癸-午

*작용

財官印의 도움이 있고 문창성도 있고, 사주가 귀격에 해당하면 관직으로 출세한다.

형충파해(刑, 沖, 破, 害) 양인 등의 살성이 있으면 좋은 작용을 하지 못한다.

시(時)지에 있는 것이 가장 좋고, 대운이나 세운에서 만나도 좋다.

택일로도 사용되는데, 천관귀인날 무슨일을 하거나 교접을 하면 일이 크게 이루어지고 부귀쌍전하는 자손을 얻는다.

택일에는 오직 태세의 年干으로 日辰 및 방위를 본다.
(예 : 甲年에는 未日 혹은 未방위가 천관귀인으로서 吉하다.)

〈 천사성(天赦星) 〉

" 하늘 '천', 용서할 '사' " 하늘에서 용서한다는 뜻이 있다. 천사상길일(天赦上吉日)로 천은, 모창, 대명과 같이 사대 길일의 하나로, 이날을 택일하여 사용하면 모든 죄가 소멸한다고 한다.

*구성요소
1월, 2월, 3월(봄) 에는 戊寅일.
4월, 5월, 6월(여름)에는 甲午일.
7월, 8월, 9월(가을)에는 戊申일.
10월, 11월, 12월(겨울)은 甲子일이 천사(天赦)의 길신으로서 길일이다.
예로 봄은 입춘에서 입하 전까지를 의미한다.

*작용
 큰 병이나 재난이 있어도 하늘의 용서를 받아 완쾌되거나 재난을 극복한다.
택일에 많이 사용한다.

〈천덕귀인, 월덕귀인(天德貴人, 月德貴人)〉

천덕과 월덕귀인을 이덕귀인(二德貴人)이라 한다.
덕(德)이란 태양이나 달의 정기를 받아들여 나쁜 재앙을 없애고 좋게 되는 것을 말한다. 전생에 덕을 쌓았다든지, 선조의 음덕으로 자손이 하늘의 덕을 받는다는 뜻이다.

천덕과 월덕귀인은 일주에 있는 것이 가장 좋다.

＊천덕귀인의 구성요소

월지	寅	卯	辰	巳	午	未	申	酉	戌	亥	子	丑
천덕	丁	申	壬	辛	亥	甲	癸	寅	丙	乙	巳	庚
월덕	丙	甲	壬	庚	丙	甲	壬	庚	丙	甲	壬	庚

천덕귀인은 삼합(三合)의 기(氣)를 말하는데 월지를 기준으로 찾아 주로 천간을 보는데, 월지 子午卯酉는 지지를 본다.

＊월지가 역마인 경우(천덕)

역마의 첫 글자로 삼합을 만들고 그 기운의 음간이 천덕이 된다.
- 寅은 寅午戌 삼합 火이며, 음간인 丁이 천덕이 된다.
- 申은 申子辰 삼합 水이며, 음간인 癸가 천덕이 된다.
- 巳는 巳酉丑 삼합 金이며, 음간인 辛이 천덕이 된다.
- 亥는 亥卯未 삼합 木이며, 음간인 乙이 천덕이 된다.

*월지가 도화인 경우(천덕)

　도화는 즐거움을 추구하는 것으로 먹고 즐기기만 한다면 복을 받을 수가 없으니 즐거움을 끊고 열심히 노력해야 복이 온다. 그래서 도화의 기운이 절(絶)이 될 때 천덕이 되는 것이다.
절은 묘(墓) 다음에 오는 기운으로 묘(墓)는 삼합의 마지막 글자이며, 절은 그다음 글자이다.

- 子는 水의 기운으로 삼합은 申子辰이며 辰은 水의 묘가 되고, 다음에 오는 巳는 水의 절이 된다.
  그러므로 子월의 천덕은 巳가 된다.
- 午는 火의 기운으로 삼합은 寅午戌이며 戌은 火의 묘가 되고, 다음에 오는 亥가 火의 절이 된다.
  그러므로 午월의 천덕은 亥가 된다.
- 卯는 木의 기운으로 삼합은 亥卯未이며 未는 木의 묘가 되고, 다음에 오는 申은 木의 절이 된다.
  그러므로 卯월의 천덕은 申이 된다.
- 酉는 金의 기운으로 삼합은 巳酉丑이며 丑은 金의 묘가 되고, 다음에 오는 寅은 金의 절이 된다.
  그러므로 酉월의 천덕은 寅이 된다.

*월지가 화개인 경우(천덕)

　화개는 모든 것을 다 받아들이는 것으로 삼합의 마무리를 짓는 것이 화개 곧 묘(墓)다.
마무리를 하는 묘의 양간(陽干)이 복(福)의 근원으로서 천덕이 된다.

- 辰은 申子辰 삼합 水의 묘이며 水의 양간은 壬이므로, 辰월의 천덕은 壬이 된다.
- 戌은 寅午戌 삼합 火의 묘로서 火의 양간은 丙이므로, 戌월의 천덕은 丙이 된다.
- 丑은 巳酉丑 삼합 金의 묘가 되며 金의 양간은 庚이므로, 丑월의 천덕은 庚이 된다.
- 未는 亥卯未 삼합 木의 묘로서 木의 양간은 甲이므로, 未월의 천덕은 甲이 된다.

*월덕귀인의 구성요소

월지	寅	卯	辰	巳	午	未	申	酉	戌	亥	子	丑
월덕	丙	甲	壬	庚	丙	甲	壬	庚	丙	甲	壬	庚
천덕	丁	申	壬	辛	亥	甲	癸	寅	丙	乙	巳	庚

월덕은 월지 삼합의 기운이 천간에 양간으로 투출되어 있는 것을 말한다.

- 申子辰은 水의 삼합이므로 천간 壬이 월덕으로, 申子辰월 생은 壬이 월덕이다.
- 亥卯未는 木의 삼합이므로 천간 甲이 월덕으로, 亥卯未월 생은 甲이 월덕이다.
- 寅午戌은 火의 삼합이므로 천간 丙이 월덕으로, 寅午戌월 생은 丙이 월덕이다.
- 巳酉丑은 金의 삼합이므로 천간 庚이 월덕으로, 巳酉丑월 생은 庚이 월덕이다.

*작용

　하늘의 은총을 받아 모든 것이 길하며 살성을 없애고 재난이 침범하지 않는다.
일주나 시주에 천월덕이 있고 형 충 파 해(刑, 沖, 破, 害) 되지 않으면 평생 형벌이나 도난을 당하지 않는다.
시에 있으면 귀한 자식을 두고, 일에 있으면 하늘이 도와준다.
천월덕이 함께 있으면 일생 나쁜 일은 피할 수이다.
천월덕이 용신이거나 용신과 동주하면 길하나 나쁜 작용을 하면 귀인의 효력이 없으며 형, 충, 공망이 되어도 마찬가지이다.

　관이 천월덕에 해당하면 관운이 좋고, 인성에 해당하면 심성이 극히 착하고 부모의 덕이 있으며, 재성에 해당하면 재물 복이 많으며, 식신에 해당하면 의식주 걱정이 없다.

　여자가 천월덕이 있고 사주가 좋으면 성질이 온순하고 지조가 있으며, 남편 덕이 있고 귀한 자식을 낳게 된다.

　혼사 등의 택일이나 일의 성사를 볼 때는 천덕귀인을 참고하는데, 예를 들어 申월에 혼인이나 일을 할 때는 癸일에 도모하면 나쁜 것은 피하고 길하다.

＊천덕합, 월덕합

 사주에 천덕이나 월덕은 없으나 합이 되는 것이 있으면 성립이 되는 것으로, 예를 들면 월지가 寅이라고 가정을 하면 천덕은 丁이 되는데 丁은 없고 壬이 있으면 丁壬合으로 천덕합이 되는데 壬이 丁을 대신하여 천덕과 같은 작용을 할 수 있다고 한다.

또 월덕은 丙이 되는데 丙은 없고 辛이 있으면 월덕합(丙辛合)이 되는 것으로 辛이 월덕과 같은 작용을 한다고 본다.

〈 천을귀인(天乙貴人) 〉

일간		甲	乙	丙	丁	戊	己	庚	辛	壬	癸
천을귀인	양귀인	未	申	酉	亥	丑	子	丑	寅	卯	巳
	음귀인	丑	子	亥	酉	未	申	未	午	巳	卯

 천을(天乙)은 북극성과 북두칠성으로 태양의 주변을 돌면서 질서를 유지하는데 이것으로부터 받은 귀인성이기 때문에 천을귀인이라 하며 하늘이 도와주는 은덕이라는 뜻이다.

옥당성(玉堂星), 천은귀인(天恩貴人)이라고도 하며 최고의 길신(吉神)이다.

＊구성요소

 주로 일간을 중심으로 지지의 연월일시 어디에 천을귀인이 있는지를 보고 해석하는데 일간만이 아니라 다른 천간도 지지를 보고 해석한다.

甲戊庚 일간은 丑未, 乙己 일간은 子申, 丙丁 일간은 亥酉, 辛 일간은 寅午, 壬癸 일간은 지지의 巳卯가 천을귀인이다.

 귀인은 일시(日時)에 있는 것이 제일 좋고, 연월(年月)에 있는 것이 다음이다. 子에서 巳까지를 陽貴라하며, 午에서 亥까지를 陰貴라 하는데 남자는 양귀가 음귀보다 좋고, 여자는 음귀가 양귀보다 좋다.
동지 후 하지 전에 출생한 사람은 양귀가 좋고, 하지 후 동지 전에 출생한 사람은 음귀가 좋다.
일지에 천을귀인이 있는 丁酉, 丁亥, 癸卯, 癸巳를 일귀(日貴)라고 한다.

*작용
 천을귀인이 있으면 바르고 청명하고 지혜롭고 다른 사람의 존경을 받으며, 백 가지의 재앙을 제거하는 최고의 길신이 천을귀인이다. 천을귀인은 하늘에서 귀인이 도와주는 것으로 곤경에 처하면 반드시 위기에서 벗어나게 되고 심성이 반듯하고 인덕이 있으며 대인관계가 원만하고 바르게 산다.

 천을귀인은 상생과 합을 좋아하며, 합이 있으면 벼락출세하고 귀인의 도움을 받게 되는데 역마, 정관, 정인, 장생, 건록, 제왕, 간합 등과 같이 있으면 평생 복이 많다.
천을귀인은 형, 충, 파, 해, 공망, 쟁합 등을 꺼리는데 이들이 같이 있으면 오히려 복이 없다.

천을귀인이 공망이 되면 가무(歌舞)를 좋아하며 공망된 귀인이 식신이면 기예인(技藝人)이거나 무속인의 운명으로 겉으로는 화려하나 실속이 없다.

천을귀인이 건록 또는 제왕에 해당하면 관운이 좋지만 사절(死絶)이 되면 매사하는 일이 잘 되지 않는다.

원국에 천을귀인이 여러 개가 있으면 도리어 좋지 않은데, 이성관계가 복잡해져 남자는 부인과 헤어지거나 여자는 결혼을 여러 번 하거나 화류계에 종사하기도 한다.

일주에 천을귀인이 있는데 대운에서 천을귀인을 또 만나면 복음(伏吟)이 되어 좋지 않으나 연운에서 만나면 좋은 작용을 하며 택일에 사용되기도 한다.

역마와 천을귀인이 함께 있으면 용모가 준수하고 외교와 모사에 능하며 객지나 외국에서 발전한다.

삼기(三奇)와 천을 귀인이 같이 있으면 아주 좋은 운명으로 직장이나 관직에서 크게 성공한다.

문창성과 함께 있으면 학문에 뛰어나다.

괴강과 천을귀인이 같이 있으면 성격이 활달하고 웅변에 능하며 사리에 밝아 세상 사람들의 존경을 받는 지도자가 된다.

화개와 천을귀인이 같이 있으면 문장력과 예도에 뛰어나고 사주가 좋으면 재상이 될 팔자이다.

천을귀인이 식신과 합이 되면 의식이 풍족하고 언변이 뛰어나며 외교에 능하고 자신의 직책을 마음먹은 내로 하며 남자는 처가 덕이 있고 여자는 자식이 크게 성공한다.
상관 역시 기예에 능하고 자식이 총명하다.
비겁이 천을귀인이면 형제, 친구, 동료의 덕이 있으며 형제자매가 발전한다.
재성이 천을귀인이면 처가 현명하고 내조를 잘하며 사업에 능력이 있어서 재산을 축적한다.
예를 들면 壬(水) 일간에 巳가 천을귀인이다.
巳는 壬(水) 일간의 편재로 아버지, 부인 또는 재물이 되므로 이들이 일간에게 좋은 역할을 한다.

　관성이 천을귀인이면 직장이나 관직에서 성공하며 남자는 자손이 번성하고 여자는 귀한 남편을 맞는다.
예를 들면 여자가 丙(火) 일간인데 亥가 있다면 亥는 편관으로서 천을귀인에 해당한다. 그러므로 직장, 남편 등이 나를 도와주고 보호해주는 것이므로 좋은 직장이나 좋은 남편을 만나게 된다.
남자가 庚(金) 일간에 정관 丁(火)이 있는데 지지에 亥酉가 모두 있거나 혹은 亥나 酉 둘 중에 하나가 있다면 亥, 酉는 정관 丁(火)의 천을귀인에 해당한다. 그러므로 이런 경우에는 마치 하늘에서 내려준 것처럼 좋은 직장을 가질 수 있다.
인성이 천을귀인이면 학문에 통달하고 부모가 인자하고 후덕하며 외가 덕을 본다.

월, 일, 시에 천을귀인이 있는데 상생을 하고 상극이 없으며 사주가 좋으면 아주 귀한 사람이 된다.

나의 천을귀인이 상대방 사주 원국에 있으면 상대방이 나의 천을귀인의 역할을 한다. 예를 들어 丙(火) 일간의 천을귀인인 亥酉가 상대방 사주 원국에게 있다면 상대방이 나에게 酉인 정재와 亥인 편관 즉, 재물과 명예를 줄 수 있다고 통변한다.
辰戌은 괴강살, 백호살, 천라지망의 근원이 되므로 천을귀인에 해당하지 않는다.

〈 천문성(天門星) 〉

사주에 천문성이 많으면 하늘의 예시를 잘 감지하므로 예지력과 영감력이 뛰어나며 생명을 다루고 분석하는 능력과 감각도 좋아 의사 변호사 역술인 등 활인업이 적절하다.
천문성이 있는 사람은 용모가 반듯하고 글재주가 뛰어나다.

戌, 亥의 천문성(天門星)과는 달리 당사주에서는 巳(火)를 천문성(天文星)이라고 한다. 천문성이 있는 사람(乙巳, 丁巳, 己巳, 辛巳, 癸巳 일주)은 학문에 관심이 많고 학술 연구 분야와 이를 전달하는 재주가 뛰어나다.

*구성요소

지지에 戌, 亥, 卯, 未, 寅, 酉가 두 개 이상 중첩이 되면 해당이 되고 戌, 亥는 하나만 있어도 작용한다.
戌, 亥 천문성이 일지를 기준으로 지지에 중첩되어 있으면 종교나 의학, 역술 등에 대성할 수 있다.
사주에서 戌이 辰을 보면 라망살이 되어 천문성 본래의 작용이 떨어진다.

*작용

두뇌 회전이 빠르고 임기응변에 능한 재사(才士)의 기질이 있다.
戌은 火가 입고(入庫)하고 亥子丑의 水로 넘어가는 시간이다.
곧 밝음인 물질세계(火)에서 어둠인 정신세계(水)로 넘어가는 시간이므로 이것이 원국에 있으면 성품이 고상하고 직관력과 영감력이 뛰어나고 신비하고 영험한 것에 관심이 많다.
지혜롭고 총명하며 특히 신약 사주에 월지에 천문성이 있거나 월살이 있으면 신기가 뛰어나서 역학자로 대성할 수 있다.

원국에 천문성과 현침살이 함께 있으면 역학자로 성공한다.
인성과 함께 있으면 학문적 자질이 뛰어나고 문학성이 높다.
사주에서 천라인 戌, 亥가 놓여 있으면 주로 법과 관련된 일을 하게 되는데 戌, 亥가 시지에 있어도 되고 일지에 있어도 좋다.
예를 들어 亥월이나 戌월에 태어나면 법과 관련된 집안에서 성장했음을 알 수 있고 시지에 戌, 亥가 있으면 내가 아니면 자식이 법과 관련된 직업을 가질 수 있다.

보통 壬癸(水)일주는 법(法)을 상징한다. 흐르는 물과 같이 누구에게나 모든 것을 공평하게 적용하는 水일주가 특히 戌시나 亥시에 태어나면 천문성까지 갖추게 되니 법관이 많이 나온다.

〈 천의성(天醫星) 〉

월지	子	丑	寅	卯	辰	巳	午	未	申	酉	戌	亥
일, 시지	亥	子	丑	寅	卯	辰	巳	午	未	申	酉	戌

"하늘 '천', 의사 '의' "로서, 하늘이 의사로서의 천부적인 재능을 부여한 사람을 말한다.

*구성요소

월지의 앞(前) 자에 해당하는 지지를 말한다.

즉, 월지가 寅(1월)이면 丑이, 卯(2월)이면 寅이, 辰(3월)이면 卯, 巳(4월)면 辰, 午(5월)면 巳, 未(6월)면 午, 申(7월)이면 未, 酉(8월)면 申, 戌(9월)이면 酉, 亥(10월)면 戌, 子(11월)면 亥, 丑(12월)이면 子가 된다.

*작용

일, 시에 있으면 의사, 약사, 간호사, 종교인, 역술인 등 사람을 구해주는 활인업을 하게 된다.

천의성이 좋은 작용을 하면 의약업에서 직접 활동하지만 나쁜 작용을 하면 활인업에 관심이 없거나 면허증이 있어도 실질적으로 그 일에 종사하지 않는다.

천의성이 백호, 양인, 괴강 등이면 외과 부문이 적합하고, 인성에 해당하고 길신이면 의과대학 교수나 내과 부문에 좋고 종교인 등에 적합하다.

〈 천주귀인(天廚貴人) 〉

일간	甲	乙	丙	丁	戊	己	庚	辛	壬	癸
천주귀인	巳	午	巳	午	申	酉	亥	子	寅	卯

" 하늘 '천', 부엌, 상자 '주' "로 하늘에서 부여하는 부엌이니 항상 그곳에는 먹을 것 등 재물 복이 넘친다.

✽구성요소

일간을 중심으로 지지를 본다.
- 甲-巳, 乙-午, 丙-巳, 丁-午, 戊-申, 己-酉, 庚-亥, 辛-子, 壬-寅, 癸-卯 이다.

무신(戊申), 기유(己酉), 임인(壬寅), 계묘(癸卯) 일주 등과 같이 일간을 기준으로 식신의 천간이 건록이 되는 지지를 말한다.

＊작용

관직에 나가면 식신이 복덕에 해당하므로 복과 명예가 높아진다. 식신생재의 작용이 있어 의식주가 풍부하며 행운에서 천주귀인이 들어와도 모든 일이 잘되는 좋은 길신이다.

여자에게 천주귀인이 있으면 요리 솜씨가 좋다.
정관과 정인이 같이 있으면 명예가 높으나 형, 충, 공망이 되면 복은 적어진다.

〈 태극귀인(太極貴人) 〉

일간	甲·乙	丙·丁	戊·己	庚·辛	壬·癸
태극귀인 (연.일지동시)	子·午	卯·酉	辰·戌 丑·未	寅·亥	巳·申

태극의 의미는 태초, 처음이라는 뜻으로 모든 물체를 구성하는 기초이므로 태극귀인은 근원을 도와주는 귀인이라는 의미이다.

＊구성요소

일간을 기준으로 지지를 살피나 주로 연지와 일지를 본다.
• 甲乙-子午, 丙丁-卯酉, 戊己-辰戌丑未, 庚辛-寅亥, 壬癸-巳申

＊작용

일간이 신왕하면서 일지와 연지에 태극귀인이 동시에 있으면 말년에 복이 집중되어 노년에 복록이 왕성하다.

인덕이 있어 자기를 돕는 사람이 많고 공부와 인연이 있어 교육계로 진출하면 성공한다.

남들에게 많은 도움을 받으니 은혜를 갚지 않으면 복이 감해진다.

태극귀인이 충, 형, 해, 파, 공망 사, 절이 되면 받을 줄만 알고 베풀 줄을 몰라 인간관계가 단절되고 나쁜 일이 생긴다.

사주 구성이 좋으면 제상의 지위에 오른다.

〈 황은대사(皇恩大赦) 〉

" 임금 '황' 은혜 '은' "으로 임금이 큰 은혜로 사면을 해준다는 뜻이다.

＊구성요소

1월 戌, 2월 丑, 3월 寅, 4월 巳, 5월 酉, 6월 卯, 7월 子, 8월 午, 9월 亥, 10월 辰, 11월 申, 12월 未

예를 들어 정월이면 戌 일이, 9월이면 亥 일이 황은대사 일이다.

＊작용

일지나 시지에 있으면 중죄를 범한 경우에도 용서를 받는 면죄부로 주로 택일에 사용된다.

〈 고란살(孤鸞殺) 〉

일간	甲	乙	丁	戊	辛
일지	寅	巳	巳	申	亥

" 외로울 '고', 봉황새 '란' "으로 '외로운 봉황'이라는 뜻이며 고독하다는 의미가 있다. 고란살이 좋은 작용을 할때는 살(殺)이라고 하지 않는다.
나쁜 작용을 하면 신음살(呻吟殺), 공방살(空房殺), 고독살(孤獨殺)이라고도 한다.

*구성요소

일주가 甲寅, 乙巳, 丁巳, 戊申, 辛亥로서 일지가 비겁이나 상관으로 되어 있다.
일간이 간여지동(干與支同)인 여자의 성정은 독선적이고, 일지가 상관(傷官)인 경우에는 남편을 극하는 성향이 있어서 고란살이 있으면 부부운이 나쁘다.
고란살은 정, 편관이 대부분 절태(絕胎)에 해당한다.

*작용

여자에게만 적용되는 것으로 부부가 화합하지 못한다.
남편과 애정 관계가 원만하지 못하거나, 남편이 무능력해서 자신이 남편을 대신하여 가장 역할을 한다.
辛亥 일생과 같이 일지가 상관인 경우, 남편의 자리인 일지에

자식인 상관이 있으므로 남편보다 아이에게 더 애착을 느껴서 아이를 낳은 후 남편과 사이가 멀어지는 경우 많다.
甲寅 일주인 경우는 남편의 자리인 일지에 자기 자신인 비견이 있으므로 남편보다 자신을 더 소중하게 생각하게 되니 자연히 부부 사이는 멀어지게 된다.

　신살은 원국에서 길흉의 작용에 의한 해석에 차이가 있다.
고란살이 있어도 일지가 좋은 역할을 하면 부부 사이가 나쁜 것으로 판단하지 않고, 일지가 나쁜 역할을 할 때 고란살이 있으면 부부 사이가 좋지 않다고 판단한다.
고란살의 여자는 결혼을 늦게 하거나 고란살이 있는 남자를 만나면 해로 할 수 있다. 또한, 외로움을 잊어버리도록 사회생활이나 직장생활을 열심히 하는 것도 고란살을 해결하는 좋은 방법의 하나다.

예) 여자

시	일	월	년
０	㊛辛	０	０
０	亥	０	０

(亥 : 戊甲壬)

　辛亥 일주의 여자에게 남편은 丙(火)이다. 배우자 자리인 일지에 관(官)을 극하는 상관이 있다. 丙(火)인 남편이 집에 들어오니 자기 자리에 물(亥水)이 있어 불(丙火)을 끄는 양상이다.

기본적으로 여자 사주에서 배우자 자리에 식상이 있으면 남편(官)으로부터 자유스러워지고 싶은 마음이 있다. 이것은 특히 아이(食傷)를 낳고 난 뒤에는 더욱 강해진다. 辛亥 일주도 그중의 하나이다. 그러나 辛亥 일주는 亥중의 甲이 남자(丙火)를 생하여 절처봉생(絕處逢生)을 해주므로 남자에 관한 관심은 있어 여러 사람을 만나지만 결혼하여 남자에게 얽매이게 되는 것은 싫어하는 운명이라 할 수 있다.

〈 과숙(寡宿) 〉

연지/일지	寅卯辰	巳午未	申酉戌	亥子丑
과숙살	丑	辰	未	戌

과숙(寡宿)은 결혼한 여자의 집에 묵(宿)는 사람이 적으니(寡) 과부(寡婦)의 상태임을 의미한다.
나쁜 역할을 하면 상부살(喪夫殺), 독수 공방살(獨守 空房殺)이라고도 한다.

*구성요소

과숙은 연지(年支)나 일지의 방합(方合) 첫 자의 앞글자를 말하는데, 연지가 寅卯辰이면 丑이, 巳午未면 辰이, 申酉戌이면 未가, 亥子丑이면 戌이 곧 과숙이다.
이는 여자는 속성상 과거형이기 때문에 辰戌丑未 화개가 곧 과숙이 된다. 그러므로 여자가 寅卯辰년 봄의 기운을 가지고 태어나면 전 계절인 겨울의 화개인 丑이 과숙이 되는 것이다.

＊작용

과숙은 화개로 "지난 시절을 그리워하여 우울하고 외로우며 쓸쓸하다"라는 의미가 있다.
여자에게 해당하며 육친이나 부부인연이 약함을 의미한다.

여자는 상관, 겁재, 편인이 과숙이면 남편을 잃게 된다.
여자의 사주에 관성이 약하며 사, 절(死, 絕)에 해당하고 과숙이 있으면 결혼을 여러 번 해도 해로하기 힘들다.
그러나 부부 모두에게 과숙이 있다면 해로할 수 있다.
과숙이 들어오는 연월일에 결혼하면 부부인연이 약해서 해로하기 어렵다.
시지에 과숙이 있으면 자식이 어질지 못하고, 화개가 같이 있으면 스님이 된다고도 한다.

〈 고신(孤身) 〉

연지/일지	寅卯辰	巳午未	申酉戌	亥子丑
고신	巳	申	亥	寅

고신(孤身)은 남자의 육체와 정신의 외로움을 의미한다.
나쁜 역할을 할 때는 상처살(喪妻殺), 고진살(孤辰殺), 고신살(孤神殺)이라고도 한다.

*구성요소

고신은 연지(年支)나 일지의 방합(方合) 끝 자의 뒷 글자를 말하는데, 연지가 寅卯辰이면 巳가, 巳午未면 申이, 申酉戌이면 亥가, 亥子丑이면 寅이 곧 고신이다.

남자는 미래형이라 미래의 역마가 고신이 되는데 예를 들면 남자가 寅卯辰년 봄의 기운을 가지고 태어나면 다음 계절인 여름의 역마 巳가 고신이 된다. 고신은 경험하지 않고 가보지 않은 미래가 새롭고 낯설어서 두렵고 외로우며 쓸쓸하다.

*작용

남자에게 해당하며 이별의 의미가 있어 해당 육친이나 부부와의 헤어짐 때문에 외롭고 쓸쓸해진다.

남자는 비겁이나 인수가 고신에 해당하면 결혼이 늦거나 부부가 해로하기 힘들다.

남자의 사주에 배우자인 재성이 약하며 사, 절(死, 絕)에 해당하고 고신이 있으면 결혼하기 힘들다.

남자가 고신이나 과숙이 있으며 천간에 편인이 있으면 처를 극하고, 자식과 인연이 없다.

원국에 고신과 과숙이 혼잡하면 얼굴에 쓸쓸한 기색이 있고 온화한 기가 없으며, 부모와의 인연도 약하여 어릴 때 고생을 많이 하게 된다.

고신과 과숙이 역마와 같이 있으면 방황하고 멋대로 생활하며,

공망과 같이 있으면 어려서 보살펴주는 사람이 없으며, 상문, 조객과 같이 있으면 부모가 연달아 돌아가시는 일이 생긴다.

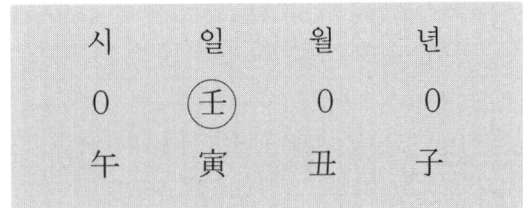

예) 남자

표월의 壬(水) 일간으로서 연월에 水가 왕(子丑)하며 일시에는 火가 왕(寅午)하다. 배우자는 丁(火)이 정재로서 부인이 된다.
위의 경우 연지 子(水, 亥子丑)를 기준으로 寅이 고신(상처살)이 된다.
남자에게 일지 寅이 고신이니 배우자와 불화하거나 이별하고 고독할까?
추운 표월의 壬(水)은 寅중 재성 丙(火)이 꼭 필요한 용신이 된다.
더불어 寅이 자식의 자리 午와 寅午[戌]합을 이루니 시지인 午 자식과 일지 寅인 부인이 합하여 화력이 더욱 강해져서 나를 따뜻하게 해주고 나를 도와 주므로 좋다.
이처럼 고신이 있더라도 원국에서 좋은 역할을 하고 힘이 있으면 고신의 흉한 작용은 일어나지 않는다.
그러나 고신에 해당하는 글자가 기신이며 재성을 형, 충, 극... 등을 할 때는 부정적인 작용을 할 가능성이 크고 이런때는 고신살(孤身殺)이라고 한다.

〈 곡각살(曲脚殺) 〉

" 굽을 '곡' 다리 '각' "으로 '다리가 굽어 있다.' 는 뜻이다.
전생에 살상을 많이 하여 내세에서 인과응보를 받는 것으로 신경통, 수술, 사고 등을 당할 위험이 많다.
곡각살이 있으면 사람을 구하고 덕을 쌓아야 흉을 피할 수 있다.

*구성요소
- 乙, 己, 巳, 丑과 같이 굽은 글자가 사주에 있는 경우를 말한다.
- 乙卯, 乙巳, 乙未, 乙丑, 乙酉, 乙亥, 丁巳, 己卯, 己巳, 己未, 己酉, 己亥, 己丑, 辛巳, 癸巳 일주와 주중에 있는 경우이다.

*작용

형, 충, 해가 있고 사주가 균형을 이루지 못하거나 편관이 강하면 수족에 장애가 생긴다.
뇌 질환, 사지 마비, 뇌성마비, 자폐증 등이 생기기 쉽다.

〈 과살(戈殺) 〉

"싸움, 전쟁 '과' " 글자의 부수 및 형상을 보고 지었다 하여 자형살(字形殺: 현침살, 곡각살, 평두살… 등)이라고도 한다.

*구성요소

戊土와 戌土가 일시에 있는 경우이다.

戊와 戌의 한자 부수가 창을 뜻하는 '과(戈)'의 의미가 있다.

*작용

戊戌일 또는 戊戌 시에 태어나면 몸에 상처가 있고 중상을 입거나 중병을 앓게 된다. 성형 수술 등을 할 때는 과살에 해당하는 해에는 피하는 것이 좋다.

〈 급각살(急脚殺) 〉

월지	寅卯辰	巳午未	申酉戌	亥子丑
지지	亥·子	卯·未	寅·戌	辰·丑

전생에 타인에게 해를 끼쳐서 현생에서 그 업보로 관절과 골격 등 신체에 이상 소견이 나타난다고 생각한다.

*구성요소

월지를 기준으로 사주 중에 2개의 지지가 중첩되면 작용이 나타난다.

- 봄(寅卯辰 月)에 亥子, 여름(巳午未 月)에 卯未, 가을(申酉戌 月)에 寅戌, 겨울(亥子丑 월)에는 丑辰이다.

급각살이 없는 사주도 행운에서 급각살을 만나면 흉사가 일어난다.

연운에서 충, 형을 하면 급각살의 흉사가 더욱 커진다.

*작용

관절과 골격에 이상이 있을 수 있어 소아마비, 반신불수, 중풍, 치아 손상, 낙상 등을 당할 수 있다.

월지나 시지에 급각살, 단교관살을 가지고 있으면 신경통이나 수족냉증 혹은 다리 장애가 있을 수 있다. 특히 급각살이 되는 글자가 편관이 되어 약한 일주를 공격하면 다리에 문제가 생긴다. 이런 경우 유년기에 발생하는 소아마비를 조심해야 한다.

관성 또는 식상이 급각살이면 자식에게 나쁜 일이 생기고, 재성이면 부인에게 나쁜 일이 생긴다.

여자의 급각살은 산액이나 부인병이 있음을 암시한다.

일지 및 시주의 급각살은 아랫사람에게 하극상을 당할 수 있다.

예) 남자

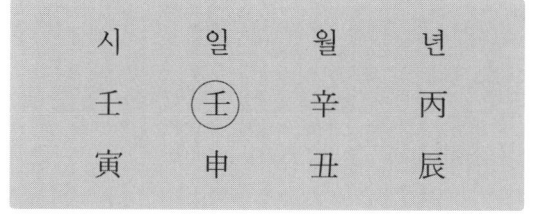

한겨울인 丑월의 壬(水) 일주로 사주의 전체 구성이 차갑고 추워 재성 火가 필요하다. 그러나 水의 기운이 왕성하니 火가 허약하여 거의 꺼질 지경이다. 재성인 火가 위태로우므로 아내가 위험한 것으로 볼 수 있는데 조상, 부모 자리인 연간 재성 丙(火)은 배우자가 아닌 아버지로 해석하는 것이 더 적절하다.

일간 壬(水)이 丙(火)을 충극하니 아버지 없이 홀어머니 밑에서 성장했을 가능성이 크다. 그러나 실제로는 부모님 모두 살아계신다. 월간에 辛(金)이 丙辛합을 이루어 壬(水)의 직접적인 공격을 막아주었기 때문이다. 다만 지지에 丑辰 급각살의 영향으로 아버지의 다리가 불편하다. 반면 나의 배우자는 시지 寅중의 재성 丙(火)으로 판단하는데 일지 申과 충이 되어 이 또한 위태로워 보인다. 실제로 辛巳년 아내의 눈에 이상이 생겨 시각장애인이 되었다. 일지, 시지와 寅巳申 삼형살을 이룬 시기에 벌어진 일이다.

〈 공망(空亡) 〉

공망(空亡)이란 기본적으로 "없다, 비어있다, 인연이 약하다." 등의 의미가 있으며 일명 천중살(天中殺) 또는 순공(旬空)이라고도 한다.
특히 갑자순의 술해(戌亥)와 이것의 충이 되는 갑오순의 진사(辰巳)는 천라지망(天羅地網)에 해당하여 고허신(孤虛神)이라 하며 오행(火, 水)의 작용이 약해지는 곳이다. 그리고 공망의 방위를 고방(孤方)이라 하며 충이 되는 방향인 충방을 허방(虛方)이라 한다.

공망은 비어있기에 채우고자 하는 잠재적인 욕구가 있다.
그러나 구멍이 난 항아리에 물을 채우고자 하나 뜻대로 되지 않으므로 부실함과 허무함이 있다.
길신이 공망이면 좋은 것이 비워졌거나 작용을 하지 못하므로 길함이 반감이 되어 나쁘며, 흉신이 공망이면 나쁜 것 역시 비워 졌거나 작용을 하지 못하므로 흉함이 반감이 되니 나름 괜찮다. 그러므로 좋은 것은 공망이 되면 나쁘고, 나쁜 것은 공망이 되면 좋다.

✽구성요소

육십갑자에서 천간과 지지가 서로 짝을 이룰 때 천간은 10개, 지지는 12개이므로 짝을 이루지 못한 지지 두 개는 반드시 남게 되는데 이것을 '공망'이라고 한다.
공은 '허(虛)'로서 '비어있다, 부족하다' 등으로 부실한 것을 의미하고, 망은 '무(無)'로서 '없다, 존재하지 않는다.'를 의미한다.

- 공망은 갑자순(甲子旬 : 甲子-癸酉)에서는 戌亥가, 갑술순(甲戌旬 : 甲戌-癸未)에서는 申酉가, 갑신순(甲申旬 : 甲申-癸巳)에서는 午未가, 갑오순(甲午旬:甲午-癸卯)에서는 辰巳가, 갑진순(甲辰旬 : 甲辰-癸丑)에서는 寅卯가, 갑인순(甲寅旬 : 甲寅-癸亥)에서는 子丑이 공망이다.
- 공망은 子丑, 寅卯, 辰巳, 午未, 申酉, 戌亥 등으로 항상 짝으로 되어 있는데 앞에 있는 양지(陽支 : 子, 寅, 辰, 午, 申, 戌)를 공(空)이라 하고 뒤에 있는 음지(陰支 : 丑, 卯, 巳, 未, 酉, 亥)를 망(亡)이라 한다.

공망은 생일(日柱)의 간지(干支)를 중심으로 본다.

예를 들어 庚辰 일주라면 申酉가 공망이 되는데, 년(年)에 申이나 酉가 있다면 년에 공망이 있고, 월(月)에 申이나 酉가 있다면 월에 공망이 있고, 시(時)에 申이나 酉가 있다면 시에 공망이 있는 것이다.

일간의 공망을 볼 때는 연주(年柱)를 기준으로 본다.

예를 들어 丁酉년에 태어나면 辰巳가 공망이다. 만약 일지가 辰이나 巳라면 일에 공망이 있는 것이다. 그러나 월에 辰이나 巳가 있거나, 시에 辰이나 巳가 있어도 이것은 공망에 해당하지는 않는다.

년에서 공망을 보는 것은 일주 공망을 찾을 때만 보는 방법이다.

일지가 공망일 때 해석하는 방법은 '배우자 자리가 비어있으므로 배우자와 인연이 약하다' 라고 통변을 하거나 '하늘은 있으나 땅은 없는 것이므로 생각은 있으나 현실성이 없는 성격' 이라고 본다.

공망은 진공망(眞空亡)과 반공망(半空亡)이 있다.

진공망은 완전공망이라고도 하는데 공망이 되는 글자가 사, 절(死, 絶)에 해당하는 것으로 월령을 득하지 못하여 글자는 있어도 작용력이 거의 없는 것으로 공망의 작용이 80% 이상이다.

반공망은 공망이 되는 글자가 생왕(生旺)에 해당하는 것으로 공망의 글자가 월령을 득하여 힘이 있으므로 공망의 작용이 60% 정도 있는 것을 말한다.

예를 들면, 庚辰 일주에서 申酉가 공망인데 金왕절인 酉월에 태어났다면 월령을 득했으므로 공망의 작용력이 크지 않아서 반공망이 되고, 午월 여름에 태어났으면 火왕절에 태어났으므로 진공망으로서 공망의 작용력이 크다.

공망은 충(沖)이나 합(合)으로 공망이 해소(脫空, 出空)된다. 한편 공망이 합이 되어 기신이 되면 의욕이 많아 여러가지 일을 하나 성공하기는 어렵다.
대운 공망은 보지 않고 연운(年運)과 일진 등은 공망을 참작하며 원국에 공망이 있는데 행운(行運)에서 다시 공망이 오면 공망이 풀리는 것과 같아 공망의 작용력이 약해진다. 그러나 원국에 공망이 없는데 행운(대운 제외)에서 공망이 오면 공망이 작용하여, 일은 도모하나 성사가 어려움으로 확장보다는 실속을 중요하게 생각하며 욕심을 버리고 수성하여야 한다.

남녀나 인간관계에서 공망이 같으면 서로 다정하며 화목하게 지낸다. 즉 인연이 쉽게 이루어지고 끈끈해지는 것이다. 공망이 같다는 것은 일주가 같은 旬중에 해당하여 뿌리가 같기 때문이다. 예를 들어 남편이 甲子 일주라면 戌亥가 공망이고, 부인이 己巳 일주라면 戌亥가 공망이다. 이렇게 부부가 같은 공망이면 해로하는 경우가 많다. 그러나 남편의 공망이 戌亥인데 부인의 공망이 寅卯라면 서로의 공망이 다르므로 이렇게 판단하지 않는다. 이러한 판단법은 궁합을 볼 때 참고만 하는 것이 좋다. 궁합을 보는 것은 단순하지 않기 때문이다.
연월시가 모두 공망이면 오히려 귀한 사주가 되는 경우도 있다.

이런 경우에는 누구의 도움도 받지 않고 자수성가한다.

공망이 육합이 되면 공망의 작용을 못 하는데 육합은 子丑, 寅亥, 卯戌, 辰酉, 巳申, 午未 등이다.

공망이 되는 지지가 충이 되면 공망에서 풀리므로 공망의 작용을 못한다.

공망과 같은 지지를 대운이나 세운에서 만나면 공망에서 풀린다.

　지지가 공망이면 천간도 공망으로 간주한다. 이때 천간의 공망은 지지의 오행 공망에게 비추어 공망으로 간주한다.

子丑이 공망이면 오행 공망은 水, 寅卯는 木, 辰巳는 土, 午未는 火, 申酉는 金, 戌亥는 오행 공망이 없다.

즉, 甲午 일주일 때는 辰巳가 공망으로 오행 공망은 土다. 그러므로 천간의 공망은 戊己가 되며 丙丁은 공망이 아니다.

甲辰 일주는 寅卯가 공망이므로 천간의 甲乙이 공망이 되어 일간 공망에 해당한다. 일간 甲辰은 木(甲, 寅卯) 공망으로서 쓸데없이 고집과 자존심을 부리고 굽히지 않아 부러지거나 꺾여 실패하는 수가 많다.

• 오행 공망의 의미는 다음과 같다.

木(寅卯)이 공망이면 부러지기 쉽거나 꺾이거나 썩기 쉬워 흉하다.
　　　　　　　　　　　　　　　　　　　　　　　　(木空則折)
火(午未)가 공망이면 잘 타거나 빛이나 밝아져 길하다.(火空則明)
土(辰巳)가 공망이면 무너지고 붕괴하여 흉하다.(土空則崩)

金(申酉)이 공망이면 소리가 울리고 퍼져서 길하다.(金空則響)
水(子丑)가 공망이면 물이 잘 흘러 깨끗해지니 길하다.(水空則淸)

※공망의 작용

년의 공망은 작용이 약하고, 일과 시의 공망은 작용이 강하다. 공망을 직설적으로 표현하면 "없다"이다. 그러므로 재성이 공망이면 타고난 돈복은 없는 것이니 재물을 탐하지 말고 욕심을 버리고 살면 삶이 편해진다.

공망은 개운의 방위학에도 적용되는데 공망이 된 방위는 무력하고 인연이 없는 것으로 공망이 된 방위로 이사를 하거나, 사업장소로 활용하거나, 그 방위에 사는 사람과 인연을 맺는 것은 모든 일에 도움이 되지 않는다.

흉신이나 나쁜 살성인 경우 공망이 되면 나쁜 작용이 반감이 되어 좋은데 출공이 되면 다시 나쁜 작용이 나타나 재액이 발생한다.
반면 길신이나 귀인도 공망이 되면 길한 작용을 못 하지만 출공이 되는 시기에 길한 작용이 나타난다.
원국에 같은 오행이 많거나 육친이 정편(正, 偏)으로 혼잡이 되었을 경우, 그중 일부가 공망이 되면 좋다.

사주의 지지가 모두 공망이거나 월일시 등이 공망이면 도리어 대 귀격의 명이라 해석하나 이때는 사주의 구성이 강해야 한다.

태월(胎月) 공망:

태월이란 임신한 달을 의미하는 것으로 태원(胎元)이라고도 한다. 태월은 월주를 기준으로 천간은 순행으로 첫 번째가 되는 천간이고, 지지는 순행으로 세 번째에 해당하는 지지이다. 예를 들어 甲子월생이라면 甲의 다음 천간은 乙이 되고, 子의 세 번째 글자는 卯가 되므로 태월은 乙卯가 된다.

태월이 공망 되면 비록 학문이 높아도 사회에서 실질적으로 활용을 잘하지 못하고, 매사 이루어지는 일이 없으며, 육친과의 인연도 박하고 무능하며 정신적으로 이상이 있을 수도 있다.

※사주 공망

연간 공망:
국가나 부친이나 윗사람의 덕이 없음.

연지 공망:
모친 덕이 없거나 조상의 업을 지키지 못하고 조상의 덕이나 국가의 혜택이 없음.

월간 공망:
형제가 부실하거나 형제간의 일로 근심이 많음.

월지 공망:
부모 형제의 덕이 없거나 일찍 고향을 떠나며 직업 등의 변화가 많고 순탄치 못함.

일간 공망:
공망이 일간이면 해당. 예를 들면 寅卯가 공망일 때 甲乙 일간은 일간 공망에 해당함.
세상과 인연이 없어 항상 고독하거나 유랑 생활.

일지 공망:

배우자와 인연이 없으니 늦게 결혼하는 것이 좋음. 그렇지 않으면 과거가 있는 배우자를 만날 수 있으며 배우자에게 의지하지 않고 독립적으로 살게 됨.

일지의 공망은 연주(年柱)를 중심으로 봄. 예를 들어 乙酉년 壬午일에 태어나면 년의 乙酉에서 午未가 공망이므로 일지가 공망.

시간 공망:

뜻과 의지는 있으나 이루어지기 어렵고 진로에 장애가 많음. 자식이 부실하며 자식에 의해 근심.

시지 공망:

자식이 없거나 있어도 도움이 되지 않음. 그러므로 노년에 의지할 곳이 없고 박명하며 고독하게 지내고 자식없이 임종.(死後無櫛)

> **참고**
>
> 역학에서 '자식이 있다, 없다.' 는 것은 아들을 말하는 것으로 딸은 자식의 숫자에 포함되지 않는다.

※육친 공망

공망에 해당하는 육친과는 인연이 약하다.

비겁 공망:

형제나 친구가 없거나 있어도 덕이 없고 고독하며 도와 주는 이가 없음. 고향보다는 외국에서 성공.

식상 공망:

식신이 공망이 되면 무사안일주의로 매사 소극적이며 직업의 변동이 잦고 식복이 없음. 반면 기술과 예능에 재주가 있고 말재주가 있어서 구류업으로 교육, 예술, 의술, 역술이나 종교계에 적합.

여자는 아들자식과 인연이 없는 편.

재성 공망:

정재가 공망이면 재물 욕심이 없거나 인색, 남자는 처와 인연이 약하므로 늦게 결혼.

편재가 공망이면 재물에 대한 욕심이 많아서 노력은 하지 않고 돈을 벌려고 하므로 돈을 벌기도 어려울 뿐만 아니라 사기성이 있으며 돈을 잘 쓰므로 관리를 잘해야 함,

관성 공망:

정관이 공망이면 남자는 관직이나 직장, 자식 인연이 약. 여자는 부부인연이 약하고 어떤 남자를 만나도 만족하지 못함.

외적으로는 청렴 강직한 것 같으나 내면은 명예욕이 매우 강.

편관이 흉신인데 공망이면 간교하며 모사에 능하나 몸이 아픈 경향. 여자는 기가 세고 남편 복이 없음.

관성이 공망되면 비겁을 극하지 못하므로 자존심과 자립심이 강하며 독불장군의 기질이 있어 대인관계가 좋지않음.

인성 공망:

지조가 강하여 타인의 도움을 받으려 하지 않고 지나치게 독립적이어서 상하 간에 마찰.

부모와 인연이 약하고 배우려는 의지와 노력은 있으나 인내심이 부족하여 학문으로 성공하기는 어려움.

공부를 하더라도 전공을 살리기 힘듦.

인성이 공망이면 지적이지 않아서 사람이 무례하고 주거가 불안정하며 바깥으로 겉도는 경우가 많음.

〈 괴강(魁罡) 〉

천간	庚	庚	壬	戊
지지	辰	戌	辰	戌

동주(同柱)하여야 함.

괴강(魁罡)의 '괴(魁)'는 우두머리, 으뜸의 의미이며 '강(罡)'은 북두칠성의 다른 이름으로 별 중에서 가장 으뜸의 별인 북두칠성 중 앞 4개의 우두머리별을 의미한다.

*구성요소
• 庚辰, 庚戌, 壬辰, 戊戌이다.

지지가 모두 辰戌로서 강한 기가 서로 상충한다.

辰은 수고(水庫)로서 물질적인 것으로 땅을 의미하며, 戌은 화고(火庫)로서 정신적인 것으로 하늘을 의미한다. 하늘과 땅, 물과 불은 서로 상충하나 결국에는 균형을 이루어 서로 화합하고 조화를 이룬다.

그러므로 사주에 辰戌이 있는 사람은 물질과 정신을 조절하여 조화롭게 하므로 성품이 권위가 있고 강하며 위엄이 있고 당당하다.

辰은 물이 필요한 더운 여름을 앞둔 상황에서 물을 가두어 버리니 마치 무더운 한여름에 물 한 방울없어 목마르고 꼼짝달싹할 수 없는 상황이 되므로 지망(地網)이 되고, 戌은 불이 필요한 추운 겨울을 앞두고 불을 가두어 버리니 너무 추워서 견디기 힘든 고통스러운 상황이 되므로 천라(天羅)가 된다.

보이지 않는 정신은 겨울이 되기 바로 직전에 火의 저장고인 戌이 조절하고, 보이는 물질은 여름이 되기 직전에 水의 저장고인 辰이 조절하기 때문에 괴강은 辰戌로 구성되어 있다.

＊괴강의 작용

괴강은 연월일시에 동주(同柱)되어 있어야 한다.
연월일시 어디에 있더라도 괴강은 작용하나 일주(日柱)에 있을 때 그 작용이 가장 강하고 다른 주(柱)에도 있으면 그 작용이 가세하여 증가한다.

괴강의 특징은 용감, 총명, 과단, 괴벽, 결백이며, 사람들을 제압하고 통솔하는 능력이 뛰어나다.
남자는 성격이 강하고 결벽증이 있으며 학업 능력과 언변에도 뛰어나며, 일주에 괴강이 있고 다른 주에 또 괴강이 있으면 권력을 장악한다.

여자는 괴강이 있으면 총명하고 활동적이고 자기주장이 강하며 전문직으로 능력을 발휘하고 집안에서는 가장의 역할을 하는 경우가 많다.

성격이 남성적이고 자기주장이 강하여 남편의 기를 꺾을 수 있어 남편과 불화하거나 사이가 원만하지 않을 수 있다. 그래서 여자 사주에 괴강이 있으면 나쁜 것으로 보기도 하므로 괴강살(魁罡殺)이 라고도 한다. 대체로 戊戌, 庚戌 일생은 미인이 많으며 남편과 불화, 독신, 자신이 사회활동을 하는 특징이 있다.

배우자 일주가 같은 괴강이면 성품이나 서로 추구하는 것이 비슷 하여 해로한다.

일주에 괴강이 있는데 이것을 형, 충 하면 관재 구설, 재앙, 질병 등이 생기고 가난한 경우가 많다.

괴강이 형, 충 되면 생각지도 못한 화를 당할 염려가 있다.

예

여자사주에 日과 時가 沖하면 고독하고 남편 복이 없는데 특히 辰과 戌의 沖이 있으면 더욱 그렇다. 이는 괴강끼리 충돌이 될 확률이 높기 때문이다. 여자의 사주에 백호살과 더불어 괴강이 있으면 성품이 너무 강하므로 좋게 보지는 않는다. 그러나 요즘에는 여성의 사회진출이 활발하고 직업적 다양성이 있어 선택의 폭이 넓어짐에 따라 오히려 장점이 되기도 한다. 기술직, 이공계열, 경찰, 군인 등의 직업을 갖거나 혹은 남편의 직업이 이러한 계통이면 괴강의 살성은 해소된다.

또한, 괴강 일주 [庚辰, 庚戌, 壬辰, 戊戌]라도 사주에서 관성이 좋은 역할을 하고 전체적으로 조화로우면 배우자 운이 나쁘다고 보지 않는다. 즉 살성만으로 전체 사주를 단정하지 않는다. 다만 사주에서 관성이 나쁜 역할을 하거나 刑, 沖, 破 등이 있는데 일주가 괴강이라면 괴강의 난폭한 성질이 나타나므로 이때는 괴강살이 된다. 남편이 재산을 탕진하거나 갑작스러운 사망 또는 납치를 당하는 일도 있다.

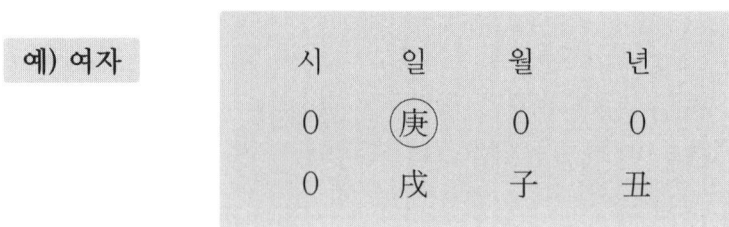

예) 여자

子월의 庚(金)일주로 월의 子와 년의 丑이 子丑 합을 이루어 식신, 상관인 水의 기운이 강해져 관성 남편 丁(火)을 극한다. 더하여 丑戌 형살을 이루고 일지 戌은 관성 火의 무덤이 된다. 이런 경우에는 괴강인 庚戌 일주의 나쁜 살성이 그대로 드러난다. 남편(火)과 불화하거나 남편에게 문제가 발생할 수 있다.

〈 낙정관살(落井關殺) 〉

일간	甲/己	乙/庚	丙/辛	丁/壬	戊/癸
시지	巳	子	申	戌	卯

우물에 떨어져 익사하는 살로서 익수살(溺水殺)이라고도 한다. 물로 인한 사고에 취약하므로 물과 관련된 사업은 하지 않는 것이 좋다.

＊구성요소

일간을 기준으로 시지 또는 연운(年運)에서 다음에 해당하는 地支가 오면 낙정관살이 된다.
• 甲己-巳, 乙庚-子, 丙辛-申, 丁壬-戌, 戊癸-卯

＊작용

본래의 뜻은 수재로 인한 재앙이나 떨어져 다친다는 나쁜 살성으로 과욕이 지나치면 모략 때문에 관재 구설수에 휘말린다는 의미이다. 주의력이 결핍되어서 쉽게 넘어지고 다칠 수 있으며 어린아이는 더욱 조심해야 한다.
낙정관살 일간이 낙정관살 연운을 만나면 쉽게 넘어지고 사고가 잦다. 낙정관살의 연운에는 모함과 사기수가 있으므로 계약 등은 좋지 않다.

〈 단교관살(斷橋關殺) 〉

월지	子	丑	寅	卯	辰	巳	午	未	申	酉	戌	亥
일지 시지	亥	子	寅	卯	申	丑	戌	酉	辰	巳	午	未

 전생에 타인을 다치게 한 사람이 업을 씻기 위해 받는 고통으로 각종 사고에 취약하여 팔다리를 쉽게 다치는 등 급각살과 유사하다.

*구성요소

월지를 기준으로 하여 일지와 시지를 비교 관찰한다.
- 1월(寅) 寅, 2월(卯) 卯, 3월(辰) 申, 4월(巳) 丑, 5월(午) 戌, 6월(未) 酉, 7월(申) 辰, 8월(酉) 巳, 9월(戌) 午, 10월(亥) 未, 11월(子) 亥, 12월 (丑) 子

*작용

 신경통이 있거나 팔다리에 쥐가 잘 나거나 쉽게 부딪치며 멍이 잘 생긴다.
연운이 단교관살 운이면 낙상 및 골절사고 그리고 두통, 중풍, 고혈압 등이 생길 수 있으니 주의를 해야 한다.

단교관살이 있는 사람은 타인을 모함하거나 거짓말을 잘하며 수치스럽고 뻔뻔한 행동도 잘 한다.

〈 백호살(白虎殺) 〉

천간	甲	乙	丙	丁	戊	壬	癸
지지	辰	未	戌	丑	辰	戌	丑

동주(同柱)하여야 함.

　호랑이에게 잡아먹힐 수 있다는 흉살로서 호식살(虎食殺)이라고도 하며 오행으로는 살기를 띤 금(金)을 의미하기도 한다. 현대에서는 주로 교통사고 등에 의한 피를 보는 살로 '견혈지사(見血之事)'가 발생할 수 있다는 대 흉살이다.

✱구성요소
- 甲辰, 乙未, 丙戌, 丁丑, 戊辰, 壬戌, 癸丑으로서 해당하는 연월일시의 궁성과 육친의 흉사를 의미한다.

구궁법에서 중궁에 도달하는 일진(日辰)이 백호살로서 일명 오귀살(五鬼殺)이라고도 한다.

육십갑자 중 중궁 즉 다섯 번째 궁에 이르는 간지가 戊辰, 丁丑, 丙戌, 乙未, 甲辰, 癸丑, 壬戌로서 이들을 '오귀살' 즉 '백호살'이라고도 한다.

✱작용
　연월일시에 동주하여야 하며 사주 어디에 있어도 작용하나 일주, 시주, 월주, 연주 순으로 작용력이 크다.

일주의 백호살은 배우자의 살성으로 배우자가 질병이 있거나 횡액을 당할 수 있으며 가정이 평탄치 않아 결혼 생활이 어렵다.
원국에 백호살이 2개 이상이면 작용력이 더 크고 형, 충, 파, 해, 공망이 되면 작용이 더 나쁘게 되며 육친이 뿌리가 없이 약한데 백호살이 있으면 역시 더 나쁘다.
백호살의 지지가 충, 형(沖, 刑) 등을 당할 때 해당하는 육친의 흉사가 발생할 수 있으며 백호살 연운에는 항상 조심하는 것이 좋다.

백호살 일주가 동물을 키우면 잘 자라지 못한다. 그러므로 사주에 백호살이 있으면 목축업은 하지 않는 것이 좋다.
이것을 응용하면 丁丑 일주는 소, 丙戌 일주는 개, 乙未 일주는 양이나 사슴, 염소 등을 키우면 이들이 자라지 못하고 쉽게 죽는다고 해석하면 된다.
원국에 백호살이 있으면 백호의 기질이 있어서 성격이 강하고 조급하며 참을성이 부족하고 자신의 감정을 숨기지 못하고 남의 간섭을 싫어하고 맺고 끊음이 분명하다.
성격이 담백하고 배짱이 있으며 추진력도 있어 길하게 작용하면 의외로 대성하기도 하나 삶에 기복이 많다.
백호살은 본인보다는 육친이나 직계 가족이 흉사를 당하는 경우가 많다.

백호살이 임한 육친과 그 육친의 강약에 따라 해석이 달라질 수 있다.

甲辰, 乙未 일주의 남자에게서 辰, 未는 재성이다. 비견 겁재가 많으면 상대적으로 재성이 약한데 재성이 백호살에 해당한다. 이런 경우 처에게 흉사가 발생할 수 있거나 아니면 부친이나 부친의 형제에게 흉액 (교통사고, 장애, 단명 등)이 발생할 수 있으며 부친의 임종을 못 보는 일도 있다.

壬戌, 癸丑 일주의 여자는 戌, 丑이 관성인데 백호살이다. 이때 관성이 약하거나 형, 충이 있으면 남편에게 나쁜 일이 생기거나 이혼할 수가 있으며, 남자에게는 관성이 자식이므로 자식에게 나쁜 일이 생길 수 있다.

丙戌, 丁丑 일주는 식상(戌, 丑)이 백호살이다.
남자는 장모, 할머니에게 문제가 생기거나 처가와 소원해질 수 있으며, 여자의 경우 일간이 신약하면 아이를 낳다가 산액을 당하거나 유산을 할 수 있다.

戊辰 일주는 비겁이 백호살이다.
남녀 모두 형제간에 불화하고 부부 이별하며 부모 형제에게 나쁜 일이 일어날 수 있다.

예) 남자

시	일	월	년
0	壬	丁	0
0	子	丑	0

정재인 丁(火)이 강한 水의 기운으로 인해 아주 쇠약하다. 일주 壬(水)과 丁壬합을 이루니 부부 사이는 좋았으나 결국 아내와 사별하였다. 이는 재성

丁(火)이 의지할 곳 없이 아주 미약하고 부인(丁)이 丁丑 백호살에 해당하며 (亥)子丑 방합으로 火를 심하게 공격하니 丁(火)이 도저히 견딜 수 없었다. 심장병으로 사망하였다.

일간 甲(木)의 기운이 매우 왕성한 반면 재성 辰의 기운은 아주 허약하다. 게다가 겁재 卯가 일지의 재성 辰을 양옆에서 극하고 있고 설상가상으로 甲辰은 백호살에 해당한다. 이 때문에 아내(辰)와 일찍 사별하였다.

戌 월에 태어난 乙(木) 일주에 재성 土가 왕성하지만 일간 乙(木)은 아주 약하다. 더하여 재성 未는 丑戌未 삼형(刑)을 이루었고 乙未 일주는 백호살에 해당되니 위의 예와 마찬가지로 아내(未)가 이른 나이에 사망하였다.

이런 사주 구성에 해당하면 본인이 재를 감당하지 못하므로 아내가 사망하지 않으면 본인이 사망한다.

예) 여자

시	일	월	년
0	㉢	辛	丙
0	0	酉	戌

지지에 酉戌로 金의 기운이 왕성하니 인성 丙(火)이 위태롭다.
이런 경우 丙戌 백호살에 영향을 받게 된다.
더불어 인성이 삼형살에 해당하면 어머니의 신체가 불편해지거나 일찍 돌아가실 수 있다. 연지에 어머니인 인성이 있고 운에서 형, 충을 받으면 년은 초년이므로 일찍 돌아가신 것으로 해석한다.
그러나 만약에 지지가 寅午戌 삼합 (火局)으로 火의 기운이 매우 왕성하다면 丙戌이 인성 백호살에 해당하여도 모친에게 불길한 일은 일어나지 않을 것이라 해석한다.

〈 삼재 (三災) 〉

연지(띠)	寅午戌	申子辰	巳酉丑	亥卯未
삼재살 年	申酉戌	寅卯辰	亥子丑	巳午未

삼재는 천재(天災), 지재(地災), 인재(人災)이며 팔난(八難)은 부모, 형제, 부부, 관재, 손재, 주색, 질병, 학문의 난을 말한다.
삼재를 만나는 연운이 나쁘면 재난을 당하는 것으로 매사 모든 일이 정지되고 위축되며 하늘이나 땅이나 사람에 의하여 사건 사고가 일어나 재앙을 당하기 쉽다.

이 시기에 잘못되면 관재로서 송사나 구설수 가 발생하고 우환에 의하여 사고가 일어나거나 질병을 앓아 수술을 하기도 한다.

특히 인간관계로 인한 부도, 파산, 사기… 등 재물 손실이 발생할 수 있으므로 보증이나 담보를 제공하는 일은 절대 금해야 한다.

＊구성요소

삼재는 사주 원국의 연지(年支)를 중심으로 삼합을 만들고, 삼합 오행의 양간(陽干)을 기준으로 12운성에서의 병, 사, 묘(病, 死, 墓)에 해당하는 행운(歲運)이 삼재의 해(年)가 된다.

태어난 해(띠)가 호랑이(寅), 말(午), 개(戌)는 火의 삼합이 되는데 申酉戌은 寅午戌 삼합의 양간인 丙(火)의 병사묘가 되므로 申酉戌 年은 호랑이(寅), 말(午), 개(戌) 띠에 삼재가 된다.

태어난 해(띠)가 뱀(巳), 닭(酉), 소(丑)는 金의 삼합이 되는데 亥子丑은 巳酉丑 삼합의 양간인 庚(金)의 병사묘가 되므로 亥子丑 年은 뱀(巳), 닭(酉), 소(丑) 띠에 삼재가 된다.

태어난 해(띠)가 원숭이(申), 쥐(子), 용(辰)은 水의 삼합이 되는데 寅卯辰은 申子辰 삼합 양간인 壬(水)의 병사묘가 되므로 寅卯辰 年은 원숭이(申), 쥐(子), 용(辰) 띠에 삼재가 된다.

태어난 해(띠)가 돼지(亥), 토끼(卯), 양(未)은 木의 삼합이 되는데 巳午未는 亥卯未 삼합 양간인 甲(木)의 병사묘가 되므로 巳午未 年은 돼지(亥), 토끼(卯), 양(未) 띠에 삼재가 된다.

띠(年支)	삼재 연운(歲運)
호랑이(寅) 말(午) 개(戌)	원숭이(申) 닭(酉) 개(戌)
뱀(巳) 닭(酉) 소(丑)	돼지(亥) 쥐(子) 소(丑)
원숭이(申) 쥐(子) 용(辰)	호랑이(寅) 토끼(卯) 용(辰)
돼지(亥) 토끼(卯) 양(未)	뱀(巳) 말(午) 양(未)

＊작용

띠 \ 작용기간	들삼재	눌삼재	날삼재
寅申巳亥	작용(악삼재)	작용	작용
子午卯酉	×	작용(악삼재)	작용
辰戌丑未	×	×	작용(악삼재)

　삼재는 시기에 따라 들삼재(入三災), 눌삼재(묵은 삼재, 伏三災), 날삼재(出三災)로 나뉘고 길흉에 따라 악삼재, 복삼재로 나뉜다. 생지의 인신사해(寅申巳亥) 띠는 들삼재에서 날삼재까지 작용하며, 왕지의 자오묘유(子午卯酉)는 눌삼재에서 날삼재까지 작용하고, 고지의 진술축미(辰戌丑未)는 날삼재 기간에만 작용한다.

　삼재는 해당 연도에 재앙이 발생할 수 있으나 개인의 원국이나 행운의 길흉에 따라 재앙의 경중이 달라진다.
대운과 연운이 모두 좋고 사주 원국이 좋으면 흔히 말하는 복삼재(福三災)로서 나쁜 일보다는 좋은 일이 더 많다. 연운이 나쁘더라도 원국이 좋고 구신(求神)이 있으면 나쁜 것이 감소하나 원국에 나쁜 것이 있고 연운이 좋지 않은데 삼재까지 겹치면 재앙이 극심해진다.

• 들삼재 (들어오는 삼재, 入三災)
　삼재의 첫해로 역마에 해당하므로 이동이나 변동이 많은 해이며 寅申巳亥 해에 태어난 사람에게 특히 禍가 많이 발생한다.
가정 및 육친에게 우환이 발생할 수 있으며 특히 장기간 객(客)식구와 동거하거나 같은 삼재에 해당하는 사람과 함께 있으면 삼재가 발생할 가능성이 크다.

• 눌삼재 (묵은 삼재, 伏三災)
　삼재의 둘째 해로 모든 사람에게 좋지 않으며 특히 子午卯酉 생은 그 피해가 더욱 심하다. 사업부진, 직장 이동, 관재 구설 등이 있을 수 있다.

• 날삼재 (나가는 삼재, 出三災)
　삼재의 셋째 해로 송사, 도난, 화재, 손재, 이별 등이 있을 수 있다. 특히 辰戌丑未 생에게 재앙이 많이 올 수 있으니 주의해야 한다. 날삼재에는 다른 곳으로 이동을 하면 나쁜 중에 길한 것이 있을 수 있으나 많은 사람이 모이면 길한 중에 흉한 일이 발생할 수 있으니 회갑이나 잔치 등은 하지 않는 것이 좋다.

　삼재의 개운 방법은 자신의 옷을 태워 삼거리에 묻어 두거나 들 삼재가 되는 해의 입춘 일에 동쪽으로 재를 올리는 방법... 등이 있다.

머리가 세 개 달린 매(三頭鳥)의 그림을 방문 위에 붙이면 효험이 있다고 하여 노란색 종이에 붉은 경명 주사로 머리가 세 개인 매를 그린 삼두일족응부(三頭一足鷹符)가 삼재 소멸 부적으로 사용되고 있다.

그 외에 삼재살 연도에 해당하는 동물의 형상과 그림 등을 없애고 원진에 해당하는 물상과 그림으로 대체해도 개운이 될 수 있다고 한다.
(예: 辛丑년 소가 삼재이면 소의 그림을 말의 그림으로 대체)

〈 상문과 조객(喪門, 弔客) 〉

연지/일지	子	丑	寅	卯	辰	巳	午	未	申	酉	戌	亥
상문	寅	卯	辰	巳	午	未	申	酉	戌	亥	子	丑
조객	戌	亥	子	丑	寅	卯	辰	巳	午	未	申	酉

상문은 죽을 '상', 문 '문'이고, 조객은 영혼을 위로할 '조' 손님 '객'으로 죽은 사람이 살(殺)이 되는 것이다.

상가(喪家)에 함부로 출입하거나 병문안을 갈 때 조심하라는 것으로 조객보다 상문이 더 강하다.

*구성요소

　신살 중에서 연운(年運)을 가지고 보는 것 중에 가장 대표적인 신살이지만 때로는 일지를 기준으로도 본다.

연지(年支)를 과거로 하나 건너뛰면 조객이 되고, 미래로 하나 건너뛰면 상문이 된다. 예를 들어 卯 년이면 丑이 조객이 되고, 巳는 상문이다.

조객은 먼저 나의 주변 사람이 돌아가시면 내가 타인으로부터 위로를 받고(과거), 상문은 다른 분이 돌아가시면 타인으로부터 받은 위로를 보답해주는 것이다.(미래)

*작용

　사주에 상문이나 조객이 있는데 대운이나 연운에서 거듭 만나게 되면 가족 중에 상을 당하는 일이 있거나 먼 친척이 돌아가시는 일이 생긴다.

상문 또는 조객살 연운에는 마음이 답답하고 허탈해지며 소심하고 민감해지고 하는 일들이 위축되거나 부부 관계가 소원해지며 주변 사람들과 이별 수가 있을 수 있다. 그러나 주변 친인척이 상을 당하면 이런 상황이 해소될 수도 있다.

상문살 연운에는 윗사람과의 마찰이 있을 수 있으며 조객살 연운에는 아랫사람과의 마찰로 다툼과 구설이 있을 수 있다.

〈 양인(陽刃, 羊刃) 〉

천간	甲	乙	丙	丁	戊	己	庚	辛	壬	癸
지지	卯	辰	午	未	午	未	酉	戌	子	丑

양간(陽干)의 양인은 보통의 겁재보다 좀 더 강력한 겁재를 의미한다.

겁재가 있으면 일간은 힘이 있는데 양인은 일반적인 겁재보다 좀 더 강력한 것으로 일간을 태왕(太旺)하게 만든다. 그러므로 고집과 자존심이 너무 지나쳐서 양인이라는 살기(殺氣)로 변한 것으로 긍정적인 의미보다는 부정적인 의미가 좀 더 많은데 이럴 때는 양인살(羊刃殺)이라고 한다.

12운성에서는 제왕이다. 건록으로 공을 이루고 난 뒤에는 조용히 물러나는 것이 좋은데 고집을 부리고 포악한 성질을 부려 결국 해를 당한다는 뜻도 있다.

*구성요소

양인은 양을 잡는 칼(羊刃)로서 살성의 의미가 있다. 양인은 양간에만 적용하고 음간에는 적용하지 않는다는 이론도 있다. 일반적으로 천간의 양간(陽干)만을 양인(陽刃)이라고 한다.

참고

양인이 좋은 역할을 하면 '양인'이라 하고 나쁜 역할을 하면 '양인살'이라고 한다.

甲이 지지에 卯, 丙이 午, 戊가 午, 庚이 酉, 壬이 子를 두면 양인이라고 한다.
음간의 양인은 천간의 乙이 辰, 丁이 未, 己가 未, 辛이 戌, 癸가 丑을 만났을 때를 말하는데 양간은 지지에 사왕지(四旺支)로 子午卯酉 제왕이 되고, 음간은 사고지(四庫支)로 辰戌丑未의 관대가 된다.

 양간의 양인은 일간인 양간(甲, 丙, 戊, 庚, 壬)이 사왕지(卯, 午, 酉, 子)월에 태어나면 양인격(羊刃格)이라 하며, 일주가 丙午, 戊午, 壬子로 양인이 되면 일인격(日刃格)이라하여 양인의 의미가 가중되며 형, 충, 파, 해, 삼합, 육합이 되면 배우자의 도움을 받지 못하고 본인 또한 배우자의 도움이 되지 않는다.
양간이 양인일 경우에는 변화와 변동이 심하나 음간이 양인일 경우는 자존심과 선민성이 강하고 기예와 학문에 관심이 높다.
그러나 음양간 상관없이 양인이 있는 경우 특정 분야에서 전문가가 되려고 노력하는 긍정적인 의미도 있다.

＊작용
 양인(羊刃)은 이름에서 말하듯이 칼(刃)을 가지고 있고 이것을 다루는 것이다. 원국이 중화를 이루고 칼을 잘 제어할 수 있는 용신이 뚜렷하다면 정의나 공익을 위해 유용하게 사용하나 그렇지 않으면 타인에 대한 흉기나 살상 무기가 될 수도 있다.
그리고 전문적으로 칼을 사용하지 못하는 일반 사람에게는 오히려 칼에 의하여 다치거나 살상이나 형벌, 수술 등의 위험이 내재하여 있다. 그러므로 양인은 자기를 상하게 하지 않으면 다른 사람을 상하게 하는 성질을 가지고 있다.

양인은 권력이며 형을 맡아서 다스리는 것으로 군자에게는 권위가 되나 소인배에게는 형액이 된다.
양인이 원국에 여러 개가 있으면 성질이 급하고 안하무인이며 사교성이 없어 대인관계가 원만하지 못하며 배우자나 자식을 극하고 관재 구설이 있을 수 있다.
양인이 원국에 있으면 성품이 강하고 자기중심적이며 고집과 자존심이 강하고 오만하며 속마음이 냉혹하다. 까다롭고 자기주장이 강하여 타인과 타협하지 않고 항상 이기려고 해서 타인과 충돌하거나 적을 만들기도 한다.
타인의 조언을 무시하고 저돌적이고 즉흥적으로 행동하거나 결정을 하여 성패의 기복이 심하며 때로는 뻔히 손해를 볼 줄 알면서도 고집이나 오기를 부려 실패를 자초하기도 한다.

한편 나이에 비해 어른스럽기도 하며 건강한 체질에 의욕과 자신감이 넘치고 추진력과 끈기가 있어 역경을 잘 헤쳐나가고 목표를 향해 끝까지 도전하는 뚝심도 있고 지도력도 있다.
양인은 권력직의 직책을 수행하면 성공할 가능성이 크다.
그리고 원국의 양인을 제어할 수 있는 식신이나 편관이 있고 스스로가 자중하면 양인은 최선을 다하는 기질이 있으므로 어떠한 분야에서도 최고가 될 수도 있다.

양인살은 대부분 재물 운이나 부인 운이 좋지 않으며 충이 되는 것을 가장 꺼린다.

편인이 양인살을 돕는 구조라면 친구나 동료에 의한 동업은 금물이며 동업을 한다면 문서나 재물에 손해가 크다.

원국에 양인살이 있고 충합(沖, 合)이 있는데 대 세운에서 다시 충합을 만나면 대단히 흉하다.

양인살이 나쁜 역할을 할 때 년에 있으면 조상과 인연이 약하고 은혜를 원수로 갚는 경향이 있다.

월에 양인살이 있으면 성격이 편협하고 비굴한 면이 있다.

일지에 양인살이 있고 시지에 편인이 있으면 부인이 아이를 낳을 때 힘든 일이 있다.

남자사주에서 시에 양인이 있으면 부인과 자식에게 해로운 일이 있으며 노년에 재앙을 만나게 된다.

양인과 정재가 같이 있으면 재물로 인해 명예가 손상되는 일이 생긴다.

양인과 겁재가 같이 있으면 고향을 떠나 살게 되며 겉으로는 겸손한 것 같으나 속마음은 자비심이 없고 잔인하다.

〈 비인(飛刃) 〉

일간	甲	乙	丙	丁	戊	己	庚	辛	壬	癸
비인	酉	戌	子	丑	子	丑	卯	辰	午	未
양인	卯	辰	午	未	午	未	酉	戌	子	丑

양인의 지지를 충 하는 것을 '비인'이라고 한다.
양인은 음양간에 따라 12운성의 관대(冠帶)와 제왕(帝旺)에 해당하여 강한 면모를 보이나 비인은 묘(墓)와 태(胎)지에 놓여 양인과 성질이 비슷하지만 강하지는 않다.

＊구성요소

일간을 위주로 본다.
- 甲－酉, 乙－戌, 丙－子, 丁－丑, 戊－子, 己－丑, 庚－卯, 辛－辰, 壬－午, 癸－未

＊작용

비인은 양인과는 달리 지구력 인내심이 약하고 추진력이 없어 매사에 용두사미이고 지속성이 없다.
호기심이 강하여 일을 잘 벌이기도 하지만 곧 싫증을 내고 포기도 쉽게 한다.
양인은 기운을 밖으로 표출하고자 하는 성질인데 비인은 억제하고자 하는 심리가 있어 욕구불만과 반발심, 복수심 등의 부정적 심리가 강하다.

한탕주의 심리가 있어 도박이나 게임에 취약하며 기예(技藝)에 흥미와 관심이 많다.
비인은 기술직이 적합하다.

〈 원진(怨嗔) 〉

지지	寅	卯	辰	巳	午	未	申	酉	戌	亥	子	丑
원진	酉	申	亥	戌	丑	子	卯	寅	巳	辰	未	午

"미워할 '원', 성낼, 기분 상할 '진'"으로서, 원망하며 기분이 상하는 관계로 '이유 없이 미워하는 것'을 말한다.
궁합을 볼 때 가장 많이 활용한다.
겉궁합은 상대방과의 연지를 보고, 속궁합은 상대방과 일지를 보고 판단한다.

＊구성요소
• 子未, 丑午, 寅酉, 卯申, 辰亥, 巳戌.
이 중에서 子未와 丑午는 육해도 되고, 원진이 되므로 영향력이 크다.

충하기 전과 후의 지지가 원진이다.
말하자면 싸우고(沖) 나니 원진이 되고, 원진이 되니 싸우게 되는 것이다. 예를 들어 子와 午는 충인데 子 다음에 오는 丑이 午와 원진이 되고, 午 다음에 오는 未가 子와 원진이 된다.
또한 卯와 酉는 충인데 卯 전의 寅은 酉와 원진이 되고, 酉 전에 申이 卯와 원진이 된다. 그러므로 원진은 싸우기 전과 싸우고 나서 생기는 미움의 감정이 원진이라고 생각하면 된다.

*작용

원진은 육해와 비슷한 것으로 서로 만나면 싫어하고 증오하기도 하나 헤어지면 서로 그리워하는 애증(愛憎)의 감정 교차다.
원진이 있으면 외부로부터 어려움이나 피해를 본다고 느낄 수 있어서, 이 살이 있는 사람의 성품은 남의 탓을 많이 하며 원망하고 화를 참지 못하여 대인관계가 좋지 못하고 경거망동하고 시비와 구설이 잦다.
연월이 원진이면 조상과 불화하고 어릴 때 애정을 받지 못하고 성장하였으며 일월이 원진이면 부모, 형제간에 불화하고 고부간에 사이가 나쁘다.
일시가 원진이면 배우자와 자식 간이 불화하고, 배우자와 생이별하기도 하고 자녀로 인해 근심 걱정이 있고 자녀 복이 없다.
원진이 좋은 것과 합이 되면 좋아진다.

비겁이 원진이면 친구 동료들과 정이 없고 불화하며 경거망동으로 다툴 수 있으며, 식상이 원진이면 말을 많이 하거나 말실수를 하여 화를 당할 수 있고 이런 사람은 비밀을 감추지 못하고 잘난 체를 하여 구설이 따른다. 원진이 상관에 해당하면 겉과 속이

다르며, 독설을 잘 하고 남의 흉도 잘 본다.

재성이 원진이면 부인이나 아버지 혹은 시부모와 불화하며 경망스럽게 행동하여 구설이 있고 손재(損財) 파재(破財)가 따른다.

관성이 원진이면 직장에서 불명예를 당하거나 좌천이나 파직을 당할 수 있으며, 남편이나 자식과 정이 없고 관재 구설을 당할 수도 있다.

인성이 원진이면 인품이 무례하고 인덕이 없으며 순간적으로 성질을 폭발시키기도 한다. 부모와 정이 없고 계약 등이 파기되어 이루어지지 않는다

　여자 사주에 원진이 있으면 말소리가 크고, 성격이 거칠고, 친한 사람과 내통을 하고 불효자를 낳기도 한다.

원국에 원진이 있는데 행운(行運)에서 원진을 만나면 그로 인한 화가 더 심해진다.

행운에서 원진을 만나면 재물을 잃어버리거나 직장을 그만두는 수가 있으며 사고(四庫) 대운인 辰戌丑未가 원진살에 해당하면 나쁜 일이 일어날 수가 있다.

원진이 귀문관살과 같이 있으면 더욱 나쁘고, 원진과 도화가 같이 있으면 자만심이 강하고 강자에게 약하고 약자에게는 강하며 아부를 잘하고 경망스럽다.

예

　日과 時자리에 원진이나 귀문관살이 있어서 나쁜 작용을 하면 부부간 사이가 나쁘다. 그러나 좋은 작용을 하면 미칠 정도로 서로 좋아한다고

해석할 수 있다. 가령 甲子 일주의 남자가 己酉 일주의 여자를 만난다면 지지끼리는 서로 子酉 귀문관살, 파 이지만 내면적으로는 甲子의 도화(일지 申子辰 삼합에서 酉는 연살, 도화)인 酉를 상대편(己)이 일지에 가지고 있고, 천간끼리 甲己합을 이루니 서로 미칠 듯이 좋아하게 된다.

예) 여자

시	일	월	년
0	庚	0	0
未	午	丑	午

연지와 월지가 丑午 원진이다. 할아버지와 부모 사이가 원진이어서 서로 소원하고 배척하였다. 월지와 일지가 원진. 나와 부모 간에 원진이 있어 소원하였거나 부인(일지)과 어머니(월지) 사이에 원진이 있어 고부 갈등이 있었다. 여자로서는 관성(午)과 인성(丑) 간의 원진이 있다. 나의 어머니(월지, 丑)가 남편(일지, 午)과의 결혼을 반대하여 남편과 어머니 사이가 정이 없고 불화한다.

예) 남자

시	일	월	년
0	壬	0	0
0	戌	巳	0

월지와 일지가 巳戌 원진이니 부모와 나 자신 아니면 부인과 어머니 사이에 고부 갈등이 있다고 할 수 있다.

원국에서 巳戌이 좋은 의미이면 巳 재성이 戌에 입묘되어 돈을 많이 번다고도 통변할 수도 있고, 또 다른 해석으로는 巳戌이 귀문관살로서 돈에 대한 직감력이 뛰어나 돈을 벌 기회 포착을 잘한다고도 할 수 있다.

만일 巳가 흉신이면 재성(여자, 돈)이 戌 편관에 입묘되고 이런 편관이 일간인 나를 극하니(戌 헨 壬) 여자 아니면 돈이 나에게 나쁜 역할을 하여 도리어 이들에 의해 좋지 않은 일이 발생한다고 통변 할 수도 있다.

〈 귀문관살(鬼門關殺) 〉

일지	子	丑	寅	卯	辰	巳	午	未	申	酉	戌	亥
지지	酉	午	未	申	亥	戌	丑	寅	卯	子	巳	辰

귀신이 정신세계의 문으로 들어와 빗장을 잠그고 우리의 정신을 해치는 살이라고 해석할 수 있다.

영리하지만 엉뚱한 데가 있으며 한 가지 일에 집착하고 몰두하는 편집증적인 성향이 있어 일반적이고 평범한 일들도 복잡하고 비정상적으로 생각하여 의부증, 의처증으로 부부 불화를 초래하기도 한다. 비범한 재능이 있으나 예민하고 까다로운 성격의 전문가에게서 흔히 볼 수 있는 정신 상태라 할 수도 있다.

*구성요소

원진(辰亥, 子未, 酉寅, 巳戌, 午丑, 申卯)과 유사한 辰亥, 子酉, 未寅, 巳戌, 午丑, 申卯가 일지를 기준으로 연월시지에 있으면

강하게 작용한다.

사주가 신약하거나 사주 내에 수화(水火)나 금목(金木)이 상충하거나 조후가 안 되어 있거나 인성이 약하거나 깨어진 상황이면 귀문관살의 작용력이 더 강하다.

- 辰亥: 까다롭고 앙칼지며 사납다. 결벽증이 있고 대인기피증이 있으며 폐쇄적이어서 남편과 자식밖에는 모른다.
- 子酉: 애들 같은 짓을 많이 하고 변덕이 심하다.
- 未寅: 노인이 넋 놓고 앉아 있는 것과 같은 행동을 많이 한다. 얌전하게 앉아 있다가 갑자기 사고를 내기도 한다. 남자에게 많다.
- 巳戌: 성격이 고집이 세고 음흉하며 갑자기 돌변하기도 한다.
- 午丑: 탕화살에 해당하여 폭력적이거나 과격한 기질이 있다. 남자에게 많다.
- 卯申: 허세와 허풍이 많고 자기 과신이 심하여 항상 자기는 옳고 남들은 틀렸다고 생각하는 경향이 있다.

*작용

이성적인 것 같지만 감성적인 면이 강해 변덕이 심하다.
기억력이 좋아 과거를 잘 회상하고 집요하고 광적이며 또한 편집증적인 성격이다.
마음에 조금만 들지 않아도 불평 불만이 많고 원망을 하며 심하면 적개심을 나타내며 상대방을 저주하기도 한다.

어떠한 사안에 대하여는 일방적이고 배타적이어서 대화가 안 통한다.

매사를 되풀이 생각하는 경향이 있어 과거의 대수롭지 않은 일을 가지고도 사람을 피곤하게 하거나 들볶는다.

엉뚱한 생각을 하고 그것에 빠져 현실로 착각하며 의처증이나 의부증이 있으며 심하면 정신착란을 일으키기도 한다.

귀문관살은 머리가 좋은 사람에게 더 잘 일어나며 이중적인 성격으로 심리적인 열등감과 이에 대한 반발심이 이해할 수 없는 행동으로 나타난다.

한편 비범한 재능과 천재적인 기질이 있고 예지력이 있어 문학과 예술, 기예 방면으로 가면 크게 성공할 수도 있다.

일지 또는 시지의 귀문관살이 남자에게 재성이거나 여자의 관성이면 배우자가 변태적 성향이 있으며 정신적인 횡포가 심하다.

귀문관살이 있는 여성은 남편의 일상적 행동을 자세히 살펴보고 기록하는 습관이 있다.

귀문관살의 연운은 대체로 흉한데 모든 일이 지지부진하고 미래에 대한 막연한 불안감들이 생기며 판단력이 흐려진다.

여자는 관성 운이 귀문관살에 해당하면 부부가 헤어진다.

귀문관살이 화개와 동주하면 종교인이 적합하며, 귀문관살이 있는데 인성이 혼잡 되고 형, 충 ,파, 해가 겹치면 신기(神氣)를 보이기도 한다.

귀문관살이 상관에 해당하면 변덕이 심하여 일관성이 없고 신경이 예민하며 극단적으로 생각하는 경향이 있다.
귀문관살의 작용은 주로 신약 사주에서 잘 일어나며 신강 사주에서는 오히려 영감과 창의력을 일으키는 좋은 작용을 할 때도 있다.
귀문관살이 있는 사람은 대인관계에서 항상 억울하다는 생각을 많이 하며 속내를 잘 드러내지 않는다.
그러나 진심은 상대편이 나를 이해하고 알아주었으면 하는 마음이 강하므로 이해와 배려의 자세로 다가가는 것이 좋다. 종교를 가져 마음을 정화하고 다스리는 것이 하나의 치유 방법이겠지만 잘못하면 맹신자가 될 수도 있으니 조심하여야 한다.

예)

시	일	월	년
○	㊛辛	○	○
○	酉	子	丑

子월의 辛(金)일주가 추위에 얼어 있고 水가 왕하고 火기가 없어 마음이 차거워 마음의 문을 닫아 놓고 있다.
월지 子가 식신인데 水가 왕하며 일지 酉 비견과 子酉 귀문관살을 이루고 있다.
예민한 辛(金) 일주에 水가 왕하니 지혜롭고 영리하지만 변덕이 심하여 일관성이 없고 신경이 예민하며 극단적으로 생각하는 경향이 있고 남편에 대한 의심으로 마음을 끓이며 결벽증이 있어 부부간에 불화할 수 있다. 따뜻한 마음으로 이해와 배려가 필요하다.

예) 남자

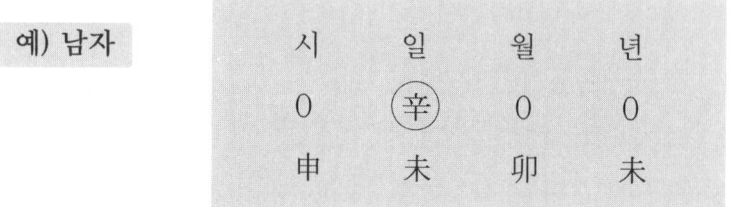

시	일	월	년
0	㉛	0	0
申	未	卯	未

卯월의 辛(金), 신약하며 시지 申에 뿌리를 두어 의지하고 있다. 월지 卯를 중심으로 (亥)卯未 합을 이루니 재성 木의 기운이 강하다. 일주 辛이 의지할 곳은 오직 申 뿐인데 寅년이 돌아오면 寅申 충으로 용신 申을 깨뜨린다. 게다가 재성 寅이 未와 寅未 귀문관살을 이루니 아내 때문에 미칠 지경이다. 이 시기에는 나도 일이 잘 안 풀리고 아내도 계속 사건, 사고를 만들고 다닌다.

예) 남자

시	일	월	년
甲	㉛	0	0
寅	未	0	0

일지 편관 未가 일간 癸(水)를 극하고 옆에 있는 寅은 未와 귀문관살이 된다. 일간 癸(水)는 甲寅에 힘을 빼앗겨 일간도 약한데 귀문관살까지 있으므로 다른 곳에서 구조를 해 주지 않는다면 사주 구조가 나쁘게 되어 미친 사람처럼 방황만 하다가 인생을 술로 망치게 된다.

공통적으로 일주가 강하면 무난하고, 일주가 약한데 형, 충, 파나 살성 등이 있으면 부정적으로 본다.

〈 음양살(陰陽殺) 〉

납음 오행의 정음(正陰)에 속하는 丙子와 정양(正陽)에 속하는 戊午가 음양살이다.

*구성요소
• 여자는 戊午 일주, 남자는 丙子 일주에 해당한다.
음양살 일에 태어나면 여자는 미남을 많이 만나고, 남자는 미녀를 많이 만난다고 하는데 일주만으로는 판단할 수 없다.

*작용
음양살이 있으면 남녀 모두 잘 생겼고 언변도 좋아서 이성들에게 인기가 많다.
음양살이 원진이나 도화와 같이 있으면 남녀가 모두 음란하다.
그러나 도화와 같이 있는 경우는 끼가 있어서 예술 방면으로 나가면 성공할 수도 있다.

〈 음착(陰錯), 양착(陽錯) 〉

일주	음착	丁丑	丁未	辛卯	辛酉	癸巳	癸亥
	양착	丙子	丙午	戊寅	戊申	壬辰	壬戌

음기 '음' 어긋날 '착', 양기 '양' 으로 어긋나는 기운이라는 뜻이다.

음착과 양착을 합하여 음양차착(陰陽差錯)이라 한다.

음양차착은 배우자나 그들의 친인척과의 관계를 보는 것으로 이 살이 있으면 배우자나 배우자 집안의 덕을 보기 어렵다.

양착은 직접 불만을 표출하고, 음착은 내면에 불만을 쌓아 두었다가 어느 순간에 표출한다.

＊구성요소

주로 일주로 음양차착을 판단하는데 시주로 볼 때도 있다.

일주에 있는데 다른 지지에도 있으면 더 나쁜데 음착이 양착 보다 작용력이 더 강하다.

음착은 천간이 陰인 것, 양착은 천간이 陽인 것을 말한다.

- 음착 : 丁丑, 丁未, 辛卯, 辛酉, 癸巳, 癸亥
- 양착 : 丙子, 丙午, 戊寅, 戊申, 壬辰, 壬戌

＊작용

사주에 이 살이 있으면 부부간에 풍파가 많고 결혼 생활에 어려움이 많다.

남자는 부인에게 만족하지 못하여 불화가 잦고 처가와 정이 없으며 여자 역시 남편에게 불만이 많아 일탈하기 쉽고 시댁과 정이 없어서 인연을 끊기도 한다.

생일에 있으면 외가가 몰락하거나 외롭고, 생시에 있으면 처가가 고독하거나 몰락하고 처남이 외롭다.

음양차착의 여자는 대체로 외모가 곱고, 남자는 욕정이 센 편이다.

〈 천라지망(天羅地網) 〉

천라는 " 하늘 '천', 그물 '라' "로 하늘의 그물이며 지망은 " 땅 '지' 그물 '망' "으로 땅의 그물을 의미한다.
하늘과 땅에 그물이 처져 있으니 얽히고설켜서 꼼짝할 수 없는 상황을 말한다. 구속, 감금, 관재구설, 송사, 시비, 쟁투 등이 발생할 수 있다.

하늘과 땅 모든 곳이 그물로 막혀 있으니 이 시기에는 무엇을 시작하거나 왕성하게 활동하기보다는 공부나 정신 수양을 하는 등 소극적 수동적으로 조용하게 지내는 것이 좋다.

＊구성요소
• 천라(戌亥)는 火의 묘절(墓絕)이며 지망(辰巳)은 水의 묘절이다. 火의 묘는 戌, 절은 亥가 되고, 水의 묘는 辰, 절은 巳가 되므로 천라는 火 일주(丙丁)가 戌亥를 만난 것이며, 지망은 水 일주(壬癸)가 辰巳를 만난 것이다.

火 일주나 火가 필요한 사주에 천라(戌亥)가 있으면 火가 하늘 그물에 걸려 꼼짝 못 하니 흉하며 水 일주나 水가 필요한 사주에서 지망(辰巳)이 있으면 水가 땅의 그물에 걸려 막혀 있으니 그 역시 흉하다.

일지에 戌(亥)이나 辰(巳)이 있고 다른 지지에 亥(戌)나 巳(辰)가 있으면 완전한 천라지망이 되며 같이 붙어있으면 작용이 강하고 일시, 일월, 연월 순으로 영향이 강하다.

일지에 천라나 지망이 있는데 연운에서 천라나 지망을 만나면 천라지망의 흉이 심해진다.

일지가 천라지망이 아니더라도 연운에서 천라지망을 만나면 역시 나쁜 일이 생긴다.

천라지망 운에서 왕성한 활동을 하면 후일에 나쁜 일이 발생할 수가 있으나 이 운에서 좌천 등 나쁜 일이 생기면 흉을 피하는 것이 되어 오히려 좋은 일이 생길 수 있다.

＊작용

사람이나 사건 사물을 강제적으로 통제하고 억압하고 구속한다는 의미가 있어 마치 죄인이 교도소에 감금된 것과 같다.

구속, 감금, 관재구설, 송사, 납치 등이 발생한다.

남자가 천라지망이 있으면 모든 일이 성사되지 못하고 재운도 박하며 여자는 부부 운이 약하여 이혼하거나 헤어지며, 자식 운 역시 약하여 자식을 극하는 경향이 있다.

천라지망이 있고 사주가 좋은 사람은 경찰, 검사, 의사, 역술인, 종교인, 약사, 간호사 등 사람을 죽이고 살리는 직업을 하는 경우가 많다.

한편 지지에 戌亥가 함께 있을 경우 이를 천라성(天羅星) 혹 천문성(天門星)이라 하며 정신적인 면이 뛰어나 의사, 활인업, 기공,

수련, 수행, 종교 등과 인연이 많다.

戌亥의 천문성(天門星)과는 달리 당사주에서는 巳(火)를 천문성(天文星)이라고 한다. 천문성이 있는 사람(乙巳, 丁巳, 己巳, 辛巳, 癸巳 일주)은 학문에 관심이 많고 학술 연구 분야와 이를 전달하는 재주가 뛰어나다

예

하늘의 그물[천라戌亥]과 땅의 그물[지망辰巳]을 뜻하며 아무리 벗어나려 하여도 도저히 벗어날 수 없는 숙명 같은 경계망이나 피할 수 없는 재난을 의미한다.

일지에 巳, 亥가 있고 辰, 戌, 巳, 亥를 사주에서 혹은 행운에서 만난다면 감금 등을 당한다. 己亥 일주에게 일지 亥는 재성에 해당하므로 경제사범으로 걸려든다. 사주 안에 천라지망이 이미 있는데 행운에서 또 辰, 戌, 巳, 亥를 만난다면 법망에 더욱 쉽게 걸려든다.

천라지망이 재성에 해당하면 돈이나 금융 관련 사기가 되고 관성에 해당하면 회사 업무처리에 문제가 생기며 비견, 겁재가 되면 친구, 동료 및 동기 등의 고발로 인해 피해를 보게 된다.

〈 탕화살(湯火殺) 〉

일지	寅	午	丑
탕화살	寅·巳·申	丑·辰·午	午·未·戌

끓는 물과 뜨거운 불에 넘어져 다치는 것이다.
끓는 물, 기름, 가스, 화재, 약물 중독, 식중독, 전기 사고, 총포 화기 사고 등에 취약하다. 그러므로 탕화살이 있으면 화기, 총포, 화약, 가스, 유류 사업 등을 하는 것은 적합하지 않다.

*구성요소

일지를 기준으로 주중의 지지와 비교 관찰한다. 행운에서 탕화살이 들어오면 역시 작용을 하나 신강하면 흉이 약하다.
• 寅은 寅, 巳, 申, 午는 丑, 辰, 午, 丑은 午, 未, 戌이다.
예를 들어 일지가 午일 경우, 원국에 辰, 午, 丑 중 하나 이상 있거나 행운에서 들어오면 탕화살 작용을 한다.

*작용

탕화살이 있으면 편인과 유사한 성격이 나타나 부정적, 염세적이며 사람을 쉽게 의심하고 외골수로서 의기소침하고 자기를 들볶아 자충수를 둔다.
화상과 수술 등에 의하여 몸에 큰 흉터나 자국이 있을 수 있다.
탕화살이 있거나 연운에서 들어오면 부부싸움이 심해지고 성격이 조급하고 다혈질이 되어 쉽게 욱하고 폭발하여 일을 그르치는 경우가 많다.

〈 태백성(太白星) 〉

"클 '태', 흰 '백'"으로 흰색은 살성을 의미하는 것으로 태백은 커다란 살성이라는 뜻이다.

*구성요소
- 역마(寅申巳亥) 년은 酉, 도화(子午卯酉) 년은 巳, 화개(辰戌丑未) 년은 丑이 태백성이 된다.

*작용

매사가 이루어지지 않고, 재물 손실이 있다.
사주가 좋으면 인품이 좋고 도량이 넓으며 결단성이 있다.
사주가 나쁘면 말은 잘하나 간사하고 관재를 일으키며 백호, 양인과 같이 있으면 피를 보게 되고 몸을 다치며, 흉신이 겹치면 더욱 나쁜 일이 생기게 된다.
택일에서 개업일이나 결혼 날은 이날을 피해야 한다.

〈 평두살(平頭殺) 〉

일간	甲	甲	甲	丙	丙	丙
지지	子	辰	寅	寅	辰	戌

"평편할 '평', 머리 '두'" 현침, 곡각, 과살과 비슷한 살성에 해당한다.

*구성요소
- 일주가 甲子, 甲辰, 甲寅, 丙寅, 丙辰, 丙戌이며 시주에 같은 글자가 중첩된 경우이다.

*작용

　대인관계를 자신의 목적 달성을 위한 수단으로만 생각하며, 목적 달성을 위해서는 수단과 방법을 가리지 않는 습성이 있다.
남녀 모두 같은 성향이나 여자에게서 좀 더 강하다.
이런 경향은 편관이 강하고 연운에서 인성이 나쁜 작용할 때 더욱 강해진다.
개인주의이고 개성이 뚜렷하고 자기주장이 강하며 호전적이어서 조직 생활에는 부적합하다.
일반인들과는 다른 독특한 취향의 기질이 있어 종교나 역술 계통에 관심이 많고 신비스러운 학문에도 흥미와 관심이 많다.
홀로 독신주의를 고집하거나 성직자나 무속, 역술… 등의 일을 하기도 한다.
부부 관계는 다툼이 많아 해로하기 어려우며 권력 계통이나 생사여탈의 직업을 가지면 나쁜 것을 피할 수 있으며 특히 여자는 본인이 아니면 남편이라도 이런 직업을 가져야 한다.

　평두살에 양인, 현침이 같이 있으면 질투가 심하고 사주가 나쁘고 형, 충이 되면 축산, 도살업을 하기도 한다.

〈 현침살(懸針殺) 〉

천간	甲	甲	辛	辛
지지	午	申	卯	未

동주(同柱)하여야 함.

" 매달 '현' 바늘 '침' "으로 "바늘이 매달린 형상"으로 글자 역시 바늘처럼 뾰족한 모양(刺形殺)으로 예민하고 날카로운 것을 의미한다.

*구성요소
- 甲午, 甲申, 辛卯, 辛未,
  일주와 시주에 있는 것을 강하게 본다.

*작용
이 살이 많으면 성격이 예리하고 예민하며 잔인하고, 관재와 사고를 많이 당한다.
정확하고 비판적인 말을 잘하고 논쟁을 즐기고 의견이 맞지 않으면 상대편을 제압하려는 성질이 있고 화가 나면 때로는 포악해진다.
속전속결로 일을 처리하려고 하며 잔꾀에 능하나 대부분 스스로 실수를 해서 실패를 하고 말실수를 잘하여 관재 구설에 휘말리기도 한다.
직업적성으로는 뾰족한 침이나 금속을 사용하는 의사, 침구사,

세공사, 디자이너, 조각가... 등을 하거나 언어로 상대방을 찌르는 직업으로 비평가, 평론가, 분석가, 역술인... 등이 적합하다.
양인과 같이 있으면 도살업을 하기도 한다.
여자가 현침이 있으면 때로는 불감증이 있지만, 성적 욕구가 강하다.

〈 홍염(紅艷) 〉

일간	甲	乙	丙	丁	戊	己	庚	辛	壬	癸
홍염살	午	午	寅	未	辰	辰	戌	酉	子	申

" 붉을 '홍', 고울 '염' "으로, 붉고 고운 것으로 예뻐서 문제가 된다.
도화와 비슷하나 사주에 홍염이 있으면 묘한 매력이 있어 이성에게 흥미와 관심을 유발한다.
홍염이 도화와 겹치거나 사주에 수기(水氣)가 많으면 성적 문제가 발생한다.

✱구성요소

일간을 기준으로 각 지지를 본다.
- 甲乙- 午, 丙-寅, 丁-未, 戊己- 辰, 庚-戌, 辛-酉, 壬-子, 癸-申
- 주로 甲午, 丙寅, 丁未, 戊辰, 庚戌, 辛酉, 壬子 일주를 말한다.

*작용

  도화와 작용이 비슷하고 허영과 사치를 좋아하고 외도를 한다. 성품이 명랑하며 상대방에 대한 배려심과 이해가 지나쳐 상대방이 오해할 여지를 주며 타인의 감언이설에 쉽게 넘어가고 분위기를 잘 타서 문제를 일으킬 수 있다.
여자 사주에 홍염이 여러 개가 있으면 기생이 될 수 있으며 관살이 혼잡 되고 상관이 관성을 극하고 있는 경우에는 창녀가 될 수도 있다.

  과거의 부정적인 의미가 현재는 긍정적인 이미지로 해석되기도 하여 대인관계나 인기를 직업으로 하는 직종에서는 오히려 환영받는 살이라 할 수도 있다. 그러므로 확실한 정체성과 주관으로 자기 관리를 잘하면 홍염의 긍정적인 면이 드러나 여러 분야에서 성공할 수 있다.

  연월의 홍염은 어린 나이에 끼가 나타나고, 일시 홍염은 늦게 나타나지만 월주에 편관이 있으면 오히려 반듯한 생활을 한다.
남자는 이성에게 인기가 있어 부인 외에 다른 여자를 두게 될 수 있으나 여성이 많은 곳이나 여성을 대하는 직업을 택하면 액이 소멸한다.

〈 효신(梟神) 〉

천간	甲	乙	丙	丁	戊	己	庚	庚	辛	辛	壬	癸
지지	子	亥	寅	卯	午	巳	辰	戌	丑	未	申	酉

동주(同柱)하여야 함.

"올빼미 '효' 신 '신'"으로, 올빼미는 어미를 잡아먹는 새로써 사주에 이 살이 있으면 어머니와 인연이 약한 것을 의미한다.

＊구성요소
• 甲子, 乙亥, 丙寅, 丁卯, 戊午, 己巳, 庚辰, 庚戌, 辛丑, 辛未, 壬申, 癸酉 일주로서 일지가 정, 편인으로 구성되어 있다.
庚辰과 庚戌 일주는 효신과 괴강이 같이 겹쳐 그 작용이 다른 효신에 비해 강하다.

＊작용
  어릴 때 어머니와 사별이나 생별하거나 어머니로 인해 걱정이 많았거나 타향에서 고독하게 사는 경우 등 어머니와 인연이 약하며 상대적으로 어머니에 대한 그리움이나 원망이 마음 깊이 잠재되어 있다.
일지 효신은 남녀 모두 배우자 운이 약하며 남자는 고부 갈등에 시달리고 여자는 시어머니와의 갈등이 생길 수 있다.
여자 사주에 일시에 효신이 있으면 자식을 두기 어렵다.

효신은 편인을 말하는 것으로 편인은 식상을 극하는데 특히 자식궁인 시주에 효신이 있으면 자식과 인연이 없거나 자식 복이 약하다.
월지와 일지가 동시에 편인이면 편모슬하에서 자라고, 월지의 편인이 일지를 충하면 어머니와 사별한다.

효신은 이성에게 잘하고 인정스럽지만, 자존심이 강하고 이해 타산적이며 냉정한 편이다.
편인이 효신에 해당하면 문장력 판단력이 좋고 재치가 있으나 명예욕 질투심 등이 강하고 감정 변화가 잦다.
효신살의 나쁜 것을 피하기 위해서는 새의 그림이나 형상 등을 주변에서 없애는 것도 하나의 방법이다.

제 4 장
형 충 파 해 (刑, 冲, 破, 害)

제 4장 : 형충파해(刑, 沖, 破, 害)

형, 충, 파, 해(刑, 沖, 破, 害)역시 12운성, 신살 등에 영향을 미치니 간단히 이들에 대하여 언급하고자 한다.

1. 형살 (刑殺)

형(刑)은 사회의 질서를 유지하는 데 필요한 각종 형법 및 제재를 말한다. 그러므로 형(刑)은 가족, 조직, 사회 등의 집단을 훼손하는 것을 제재하여 질서를 유지하는 작용을 하게 된다.

1) 형(刑)의 종류

(1) 寅巳申 삼형 (無恩之刑)

木火金의 역마로 서로 다른 세력이 싸우는 것으로 같은 陽끼리 조금도 양보하지 않고 끝장을 본다는 것이며 형살 중에서도 작용력이 강하다.

(2) 丑戌未 삼형 (持勢之刑)

겉으로 보기에는 같은 土인데 丑은 金의 墓, 戌은 火의 墓, 未는 木의 墓이므로 속마음이 달라서 형살이 되는 것으로 내부에서의 묘략, 중상, 음모를 말한다.

(3) 子卯 형 (無禮之刑)

子卯는 水生木으로 도화에 해당한다.
도화는 음란한 것이므로 도와주면 형살의 작용을 하게 된다.

(4) 辰辰, 午午, 酉酉, 亥亥 자형 (自刑)

지지에 같은 글자를 만나게 되면 복음(伏吟)이라고 하는데 앞으로 나가지도 못하고 뒤로 물러서지도 못하고 마치 제자리에서 맴도는 모습이다. 그러므로 이러지도 저러지도 못하여 스스로 감옥에 갇힌 모습으로 형살이 된다.

2) 형(刑)의 작용

　사주 구성이 좋은 경우에 형이 있으면 형을 권력이나 직업으로 활용하게 된다. 예를 들면 법관, 검사, 경찰관, 교도관, 군인… 등
사주가 강하고 삼형살이 있는 경우에는 얼굴에 온화한 기운이 없고 위압적이며, 성격이 강직하고, 말이 적으며, 의지력이 강하여 매사를 확실하게 처리하는 능력이 뛰어나다. 그러나 정이 없고 은혜를 원수로 갚으며, 남을 공격하는 나쁜 성향도 가지고 있다.

　사주가 약한데 삼형살이 있으면 형살로 인해 피해를 보게 되는데 몸이 약하거나, 병자가 되거나 야비한 사람이 되거나 관재 구설, 중상모략, 수술, 살상, 억류, 구속되는 일이 있다.
사주에 형이 있는데 나쁜 살성도 같이 있으면 관재 또는 예측하지 못한 화가 생긴다.
형과 충이 같이 있으면 가정이 화목하지 못하다.
삼형 등 형이 일간을 극하면 험난한 일이 있다.

　삼형이 삼기, 천월덕, 천을귀인과 같이 있거나 삼형이 삼기, 천월덕, 천을귀인에 해당하면 나쁜 것이 감소된다.
형의 좋은 작용은 '어긋난 것을 바로 고친다.'는 의미가 있으므로 사람만이 아니라 사물도 고치는 작용을 하므로 물건을 수리하는 정비소, 수리공, 정미소, 폐차장… 등도 이에 해당한다.

삼형으로 인해 질병이 생기는 경우에는 심장판막증, 골수염, 늑막염, 신경통, 뇌신경으로 인한 질병이 발생한다.

삼형은 생년이 주인이고, 월일시를 손님으로 본다. 그러므로 생년이 월일시를 형하면 나쁜 것이 적고, 월일시가 생년을 형하면 나쁜 일이 많고 자립하기 어렵다.

(1) 寅巳申 삼형

원국에 寅巳申 삼형이 있는 사람은 타인을 억누르거나 무시하는 경향이 있으며 성격이 조급하고 매사를 속전속결로 처리하려는 성향이 있어 종종 일을 그르친다. 그러므로 운이 좋지 않을 때는 관재나 약물중독, 교통사고, 총상… 등을 당할 수 있다.

대인관계에서는 형제, 친척, 친구, 동업자 간에 배신이나 반목 등이 있어서 시비가 벌어지고 관재 송사로 이어진다.

그러나 원국에 삼형살이 있고 사주가 좋으면 남자는 출세하여 이름을 떨친다.

寅巳 형은 해(害)의 작용까지 있어 그 영향력이 크며, 巳申은 합(合)이면서 형(刑)이므로 처음에는 좋은 관계이지만 결국에는 원수로 변하는 경향이 있다.

• 寅巳 형

寅이 巳를 생 형(生, 刑)한다. 巳는 양의 기운이 여섯이라 양기가 극도로 강한데 寅이 巳를 더 강하게 하므로 형살의 작용을 하게 된다. 寅巳는 육해에도 해당하므로 형살 중에서도 작용력이 아주 강하다.

대인관계 : 쟁송, 갈등, 시비, 배은망덕, 육친무덕, 송사, 형액... 등.
질 병 : 소장, 편도, 독극물 중독, 고질병, 혹은 교통사고로 인한 장애... 등.

• 巳申 형

巳가 申을 형 한다. 巳는 申을 극하고, 또 巳申은 합이 되면 水로 변하는 성질이 있어서 巳는 火의 작용을 하지 못하고, 申은 金의 작용을하지 못하므로 서로 형살의 작용을 하게 된다.

巳申은 合도 되고 刑도 되므로 처음에는 좋아서 맺어진 인연이 세월이 흐르면서 적이 되는 관계를 말한다.

대인관계 : 불화, 시비, 반목, 실패... 등.
질 병 : 소장, 대장 계통의 질병과 그로 인한 오한과 열이 있는 질병... 등.

예) 남자

시	일	월	년
0	ⓉⒹ	庚	戊
0	巳	申	寅

인성이 약한데 삼형살에 해당하면 어머니의 신체가 불편하거나 일찍 돌아가실 수 있다. 연지에 인성이 있고 형, 충을 받으면 년은 초년의 운을 보는 곳이므로 어릴 때 어머니가 일찍 돌아가시거나 불구가 될 수 있다.

년자리에 인성 寅이 있는데 寅巳申 삼형살이 되고 힘이 전혀 없으므로 어머니가 일찍 돌아가셨다.

특히 申을 연운에서 만나면 寅과 충돌(沖)하므로 이때가 가장 위험하다. 사주의 주인공이 戊寅년에 남자로 태어났으므로 卯 辰 巳 午 未 申으로 7세가 되는 申년에 寅을 충하여 어머니가 사망하였다.

예

甲寅, 庚寅, 庚申, 戊申 일주가 寅巳申을 만나 삼형살을 이루면 배우자와 이별한다. 모두 일지인 배우자 자리가 역마에 해당하며 동시에 형살에 해당한다.

일, 시지가 형, 충을 하거나 남자에게서 일지에 재성을 극하는 겁재가 있으면 배우자와 사별할 가능성이 크다. 특히 壬子, 丙午, 戊午 일주의 경우는 비견, 겁재가 왕성한 양인으로서 이들이 약한 재성을 맹렬히 공격하면 이별할 가능성이 매우 크다.

(2) 丑戌未 삼형

丑戌未 삼형은 같은 오행인 土끼리 형을 한다고 하여 붕형(朋刑) 즉, 친구의 형살이라고도 하며 함께한 세력을 믿고 형을 한다고 지세지형(持勢之刑)이라고도 한다.

원국에 丑戌未 삼형이 있으면 서로 믿거나 친하다고 생각한 사이에서 형극이 발생하여 배신과 불신이 생겨 원수가 되거나 사이가 멀어지는 것이다.

평소 다정하게 지내다가도 사소한 이익이나 권리 다툼 때문에 배신이나 불신을 하게 되어 투쟁하며 평생 멀어지게 된다.

특히 여자가 원국에 丑戌未 삼형이 있으면 부부 불화, 배신, 이별... 등에 의하여 고독하게 사는 경우가 많다.

• 丑戌 형

 丑이 戌을 형 한다. 같은 土끼리의 형이므로 믿는 사람으로 인해 배신, 불신, 투쟁... 등이 발생한다.

대인관계 : 형제간의 불화, 사장과 종업원, 친구와의 배신 관계... 등.
　　　　　 여자가 이 살이 있으면 배신을 당하고 고독하다.
질　　병 : 신장 계통, 뇌신경 질환, 심장판막증, 심신 장애... 등.

• 戌未 형

 戌이 未를 형 한다.
丑戌과 작용력이 같다.
질　　병 : 비장, 위장... 등.

예) 여자	시	일	월	년
	0	ⓣ	0	0
	0	未	未	0

여자 사주에서 식신, 상관이 왕성하여 일주가 허약한데 식신, 상관이 되는 세운에 임신을 하게 되면 출산 시 고생을 하거나 유산할 수도 있다.
무더운 未월의 丁(火)이지만 土의 기운이 왕성하여 일주 火의 기운을 빼앗는다. 만약 戌년에 임신을 한다면 일지 未와 戌未 형살이 되므로 힘든 일이 생길 수 있는데 일간이 식신, 상관을 감당할 수 있을 정도로 힘이 있다면 제왕절개 수술로 아이를 출산하게 될 것이고, 일간이 식신, 상관을 감당할 수 없을 정도로 약하다면 유산할 수 있다.

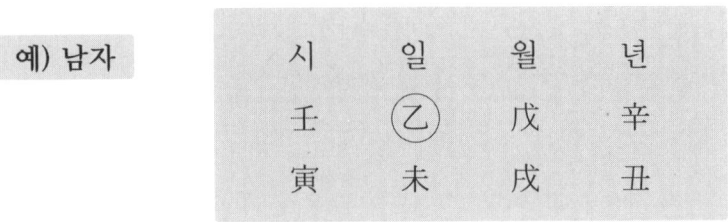
예) 남자

戌월에 태어난 乙(木) 일주로 재성 土는 왕성하나 일주 乙(木)은 아주 약하다. 더하여 재성 未는 丑戌未 삼형살을 이루었고 乙未일주는 백호살에 해당되니 아내가 이른 나이에 사망하였다.

(3) 子卯 형

子는 卯를 형(刑)하고, 卯도 子를 형하므로 서로 형을 하는 관계이다. 子가 卯를 생하므로 자식과 모친 관계가 성립되는 상황에서 형살이 되므로 패륜, 불륜... 등의 일이 발생한다.
사주에서 좋은 역할을 하면 목욕탕, 미용실, 비뇨기과, 산부인과,

카페, 룸살롱... 등과 관련된 직종으로 성공할 수 있다.
대인관계 : 간통, 변태 성욕, 불륜, 간음으로 인한 관재 구설,
　　　　　 시비, 배신... 등이 발생.
질　　병 : 성병, 자궁 질환, 간장계통의 질병

예)

사주 안에서 비견, 겁재가 도화와 형이 되는 경우, 예를 들면 乙卯일주가 子를 만나거나, 壬子일주가 卯를 만나면 아내나 애인으로 인해 망신을 당한다.

(4) 辰辰, 午午, 酉酉, 亥亥 자형

자형(自刑)이 있으면 의타심이 있고 스스로 마음을 끓이는 자학을 하여 화를 자초하는 경향이 있다.
자형은 붙어 있어야 형살의 작용을 한다.

• **辰辰 자형**

辰은 水의 墓가 되므로 물건을 저장한다는 의미가 있다.
그러므로 창고, 보관과 연관성이 있는 일을 하면 좋다.
좋은 작용 : 법관, 검사, 감사, 경찰관... 등.
나쁜 작용 : 붕괴, 냉해, 수재, 구속, 시비, 위장병, 피부병, 억압, 구속.

• 午午 자형

　火가 연달아 있어 너무 강하므로 폭발하여 형살이 된다.

좋은 작용 : 소방관, 건물 해체 작업… 등.

나쁜 작용 : 폭발, 자해, 자살, 화기 사고… 등.

• 酉酉 자형

　金의 기운이 너무 강하다 보니 사물의 성장을 억제하고 억압하여 숙살 하는 기운을 가지게 되므로 형살이 된다.

좋은 작용 : 의사나 경호원… 등의 직업으로 성공.

나쁜 작용 : 자상, 수술, 상해, 칼에 의한 상처, 간장, 수족, 기관지
　　　　　 등의 질병 발생.
　　　　　 酉는 여자의 생리 현상과 연관이 있다.

• 亥亥 자형

　亥는 물로서 혈액, 소변… 등이므로 형살에 해당하면 당뇨나 고혈압 등이 발생한다.

좋은 작용 : 청소업, 세탁업, 목욕탕.

나쁜 작용 : 수해로 인한 피해, 폭풍, 침수… 등.

2. 육충(六沖)

육충	子	丑	寅	卯	辰	巳
	午	未	申	酉	戌	亥

 충(沖)은 서로 대립되는 오행끼리 부딪쳐 변화하는 작용을 말하며 주로 水와 火, 木과 金의 관계를 말하며 극(剋)보다는 더욱 적극적이고 구체적이다.
반면 합(合)은 안정과 조화를 위해 서로 결합하여 다른 오행을 생산하며 또 한 강력한 세력이나 집단을 형성하기도 한다.
 충은 합과는 상대적 개념으로 조용히 정지하여 있는 것을 움직이게 하거나 모여 있는 것을 해산하거나 분리해서 변화를 유발하는 것이다.
부정적 의미로서는 파괴, 살상, 충돌, 해산, 분리… 등이며
긍정적 의미로서는 발동, 충전, 분발, 개척… 등을 의미하여 불리한 상황을 전화위복으로 변화시킨다.

 육충(六沖)은 지지충(地支沖)으로 정신적으로 불안정하다는 의미가 강한 천간충인 甲庚, 乙辛, 丙壬, 丁癸에 비해 실질적으로 생활환경이나 가정, 직업… 등 실생활에서 불안정이 나타난다.

*육충의 구성 요소

각 지지 간에 7번째 지지와 충이 된다.
• 子午, 丑未, 寅申, 卯酉, 辰戌, 巳亥 충이다.

*육충의 작용

 영향력이 적으나 빠르게 나타나는 천간의 충에 비해 지지의 충은 영향력이 크지만, 효과는 느리게 나타난다.
약한 기신이 강한 용신을 충하면 용신이 발동해서 분발하여 발전이 있을 수 있다. 그러나 처음에는 좋은 것 같지만 결과는 실패하게 된다. (先吉後敗)
강한 기신이 약한 용신을 충하면 파손, 손재, 부상... 등의 일이 생기고 상관, 칠살, 양인, 편인 등이 같이 있으며 충, 형, 파, 해가 되면 중대한 재난이나 사고 즉, 관재, 송사, 사업부도, 수술, 사별... 등의 일이 생긴다.

 가까이 있는 충(近沖)은 강하고 빠르게 작용하고, 멀리 있는 충(遠沖)은 약하게 작용하여 가벼운 동요만 일어나게 된다.
왕신(旺神)을 충하면 크게 일어나서 작용을 하고 쇠, 병, 사, 묘(衰, 病, 死, 墓)의 사절신(四絶神)을 충하면 힘이 없어서 작용을 못하게 되어 사멸(死滅)하게 된다.
충의 옆에 합이 있으면 충의 작용력이 약해지고 합의 작용력도 약해진다.

• 연지와 월지 충

　조부모와 부모 간의 충돌이나 갈등을 나타내며 일찍 고향을 떠나고 부모 형제와 인연이나 덕이 없다.

• 월지와 일지 충

　어머니와 부인 사이의 고부 갈등이 있다. 성장기부터 중년기까지 학문, 직업, 부부관계와 의식주가 불안정하다.
학업을 중단하거나 잦은 직업 변동이나 주거지 변동이 있거나 부부가 불화한다.

• 일지와 시지 충

　배우자, 자손, 아랫사람과의 불화가 있으며 자신의 말년이 불우하고 자식과의 동거가 힘들다.

　사주 원국 지지에 寅申巳亥, 子午卯酉, 辰戌丑未의 4자가 다 있으면 충이 아니고 남자는 대부대귀격(大富大貴格)이나 여자는 그렇지 않다.
천간이 합이 되고 지지가 충일 경우는 겉으로는 화합하는 것 같지만 내적으로는 갈등을 겪고 있으며, 천간이 충이 되고 지지가 합이 되면 겉으로는 다투는 것으로 보이지만 실제로는 화합을 하고 있다.
원국에서 행운을 충하면 내충(內沖)이라고 하는데 길흉이 빠르게 나타나고, 행운이 원국을 충하면 외충(外沖)이라고 하는데 길흉이 더디게 나타난다.

• 寅申巳亥 충의 사주

다정다감하여 쓸데없는 일에 참견하여 스스로 화를 자초한다.

• 子午卯酉 충의 사주

마음이 곧고 직선적이다. 극한적 투쟁이나 배신으로 원한을 산다. 주거가 불안하고 신병을 앓을 수도 있다.

• 辰戌丑未 충의 사주

타인을 능가하려는 심성이 강하고 고집스럽고 냉혹하다.

＊육충의 종류별 작용

• 子午 충

심성은 정직하나 소심한 편이다. 어떤 일을 한 후 그것에 대하여 걱정하고 전전긍긍하는 성격이다.
심장이나 신장에 병이 잘 생길 수 있으며 일단 병이 생기면 치유가 잘 안 된다.

• 寅申 충

역마의 충으로 분주하며 시키지 않은 일에도 적극적으로 임하나 대부분 용두사미가 된다.
연운에서 충을 만나면 옛것을 버리고 새것을 찾아 전직, 전업, 주거변동, 이별할 일 등이 생긴다.(去舊迎新)
원거리에 출타할 일이 생기며 교통사고 등을 당할 수 있다.

• 卯酉 충

  원수의 충이다.
호의를 베풀고도 욕을 먹거나 배반을 당하며 타인과 충돌이 잦다.
목적 달성을 위해서는 타인을 배반하기도 한다.
부부 불화하고 가족끼리 상쟁한다.
주거변동이 잦으며 말년에는 집이 없을 수 있다.

• 巳亥 충

  대인 관계를 신중히 해야 한다. 하지 않아도 될 일을 하여 구설을 일으킨다.
폭발, 화재 교통사고… 등이 발생한다.
비뇨기 질환, 혈압, 심장 질환, 당뇨병… 등에 취약하다.

• 辰戌 충

  고독의 충이다.
고장지(庫藏支)를 충함으로 좋은 일이 일어날 수도 있다.
강직하고 과단성이 있으며 과묵한 성격이다.
남에게 신의가 있으나 곤란한 상황이 되면 방관하기도 한다.
인덕이 적고 이성 문제가 잘 발생하여 혼담이 쉽지 않다.
토지에 관한 관재 구설이 일어나기도 한다.
위장, 신장, 피부질환에 취약하다.

• 丑未 충

형제나 친구들과 멀어지거나 소외당하기 쉽다.(相親相疏)
친족 간에 인덕이 없다.
친절을 베풀어도 공덕이 없고 재산 관계로 분쟁이 발생할 수 있다.
형제 친족 간의 화목을 위해 배우자 선택이 중요하다.

예) 남자

시	일	월	년
○	㉛	○	○
卯	酉	酉	○

강한 辛(金) 일간에 일지와 시지가 卯酉 충이 된다.
자식하고 불화가 예상되고 인연이 없어 떨어져 산다.
부인인 시지 卯는 편재로 충이 되므로 사이가 원만하지 않다.
일주가 간여지동으로 일간의 강한 고집과 아집으로 어린 부인이 힘들고 아파하며 남편을 원수로 생각한다. 酉의 지장간에 있는 庚과 卯의 지장간에 있는 乙이 암합을 한 상황에서 강한 酉가 약한 卯를 치고 있으므로 남자가 여자를 괴롭히고 있는 모습이다.
또한, 시지에 있는 卯의 재물이 강한 酉에 의하여 충이 되어 파괴된 모습이므로 말년에 재물 손실이 있어 노후가 불안정할 것으로 예상할 수 있다.

3. 육해(六害)

육해	子	丑	寅	卯	申	酉
	未	午	巳	辰	亥	戌

＊육해의 구성 요소

 육해는 육충이 되는 상대를 합으로 응원해 주는 것이 해가 된다. 예를 들면 子와 午가 충으로 싸우고 있는데 子와 합이 되는 丑이 나타나서 子의 편을 든다면 午는 丑이 미워진다. 이처럼 육해는 적개심과 증오심이 발동하여 복수심으로 해를 끼친다는 의미가 있다.
다른 것도 이와 같은 원리로 추리하면 된다.
• 子未, 丑午, 寅巳, 卯辰, 申亥, 酉戌이 있다.

＊육해의 작용

 육해는 특히 육친 간에 작용력이 강한 것으로 친지나 형제간에 중상모략하고 배신, 투쟁, 시비, 증오, 질투, 질병, 손실… 등이 일어난다.
육해가 일시(日時)에 있으면 평소 아픈 데가 많고 노년에는 병이 생기고 양인과 같이 있으면 동물에게 해를 당하게 된다.
사주가 좋거나, 천을귀인이나 귀인성이 있고 육해가 있으면 지조가 있으며 선한 일을 많이 하고 얼굴이 준수하게 생겼다.
사주가 나쁘고 육해가 살성과 같이 있으면 성품이 비열하고 남을 원망하고 미워하는 마음이 가득하다.

＊육해 종류별 작용

• 子未 해

　육친과의 관계가 원만하지 못하여 함께 살지 못하고 헤어져 살게 된다.
해당하는 육친과는 불화하고 원한이 생긴다.
도모하는 일이 잘 안되고 하는 일마다 장애가 있다.
척추, 요통, 자궁질환... 등이 발생한다.

• 丑午 해

　힘이 있으면 항상 노여움이 있고 자존심이 강하며 엄격하다.
힘이 없으면 독한 구석이 있고 이중인격을 가지고 있다.
대체로 부부 불화, 중풍, 뇌졸중, 건망증, 신경 장애, 정신병에 관한 질병 등이 있다.

• 寅巳 해

　사주가 강하고 좋으면 권세를 가지게 된다.
시비 구설, 폭발사고, 중상모략... 등의 일이 있고 소장, 편도, 소화불량, 황달... 등의 질병이 있다.

• 卯辰 해

　바로 옆에서 해를 당하는 것이라 가까운 사이에서 발생하는 육해다.
멸시나 배신... 등을 당하고 가산을 탕진하며 고독해진다.
위장, 간장계통의 질병이 생긴다.

• 申亥 해

　얼굴에 상처가 있거나 즐거운 일이 슬픔으로 변하는 경우가 많다.
水 일주로 태어난 사람은 물로 인한 재난이 있을 수 있다.
낙태, 산후질병, 복상사, 폐, 백혈병, 대장질환... 등을 앓는다.

• 酉戌 해

　닭은 새벽을 알려주고, 개는 도적을 지켜주는데 이들이 사람에게 사랑을 받으려고 서로 다투기 때문에 상호 간에 질투와 암투가 생긴다.
배신, 질투, 언어장애, 간장, 비장, 신장... 등에 병이 발생한다.

4. 파(破)

파	子	丑	寅	卯	巳	未
	酉	辰	亥	午	申	戌

" 깨뜨릴 '파' " 파는 상호 간에 파괴, 분리, 이별, 절단의 작용을 말한다.
형, 충, 해가 된 후에 파가 있게 되면 그 작용이 더욱 강하다.

＊파의 구성요소

寅申巳亥는 역마라 부지런히 움직여야 하는데 합이 되면 움직이지 못하므로 그 역할을 못하게 된다. 그러므로 寅亥, 巳申은 합이 되어 파가 된다.
子午卯酉는 도화로 중심 세력이라 자기밖에 모른다.
이기적인 것은 도와주게 되면 교만해져서 파괴하는 작용을 하게 된다.
午卯는 木이 火를 도와주므로 午가 더 강해져서 파가 된다.
子酉는 金이 水를 도와주므로 水가 더 강해져서 파가 된다.

辰戌丑未는 화개로서 겉으로는 같은 편이지만 음양이 다르면 속마음이 달라서 트로이 목마처럼 아군 속에 적군이 있는 것이므로 파괴하는 작용을 하게 된다.

辰丑은 水가 있는 土로 겉모양은 같지만, 辰 속에는 乙(木)이 있고 丑속에는 辛(金)이 있어서 안에서는 극을 하고 있으므로 파가 된다.
戌未는 火가 있는 土로 겉모양은 같지만, 戌 속에는 辛(金)이 있고 未속에는 乙(木)이 있어서 안에서는 극을 하고 있으므로 파가 된다.

*파의 작용

파의 작용은 형,충,해보다는 약하지만, 사주에 형,충,해가 있는데 파가 같이 있게 되면 그 작용은 강해진다. 예를 들어 丑未 충이 있고 丑午 육해가 있는데 丑辰 파가 있으면 영향력이 강해져서 사업을 하는 경우에는 부도가 나거나 엄청난 손실이 있게 되고, 몸이 아플 경우에는 입원을 하거나 수술을 하게 된다.

파는 일상적인 생활이나 경영하는 일이 파손, 변경, 이동, 분리... 등의 작용을 하게 된다. 그러나 파가 좋은 작용을 할 때는 변화, 변경, 이동... 등으로 인해 발전하게 된다.
파의 작용은 변동이므로 장기 계획을 세워서 하는 사업이나 직장 생활에는 좋지 못하다.
나쁜 것이 파가 되면 좋고, 좋은 것이 파가 되면 나쁘다.

년이 파가 되면 양친과 이별하고, 월이 파가 되면 변동이 많고, 일과 시의 파는 배우자와 자식이 불리하고, 일이 파가 되면 가정이 불안하고 배우자에게 좋지 않다.

＊파의 종류별 작용

• 子酉 파
子는 요도, 생식기, 酉는 세균인 까닭에 子酉파가 되면 요도염이 생긴다.
요통, 생리통, 간질환, 주색으로 인한 병에 취약하다.
주점, 수영장, 목욕탕, 이발소, 당구장, 세차장, 산부인과, 비뇨기과 등이 직업상 적절하다.

• 丑辰 파
조경, 주택의 수리, 축대 붕괴, 경계선 다툼, 부동산에 관한 소송, 위, 피부, 맹장염, 복막염, 비염에 취약하다.

• 寅亥 파
寅亥는 합인 동시에 파가 되므로 파의 작용이 약하다.
방광염, 담석증에 취약하다.

• 午卯 파
午卯는 도화살이므로 색정 관계나 유흥으로 인해 탕진, 명예 손실... 등이 발생할 수 있다.
색맹, 간장 질환, 화재, 시력장애, 색정으로 인한 손실이 있다.

• 戌未 파

　戌未는 형인 동시에 파가 되므로 작용력이 크다.

가까운 육친 간에 시비, 배신, 질투, 구설의 일이 생긴다.

서로 이용하려고 하다가 일어나는 쟁투이다.

신경 쇠약, 좌골신경통의 병에 취약하다.

• 巳申 파

　巳申은 합인 동시에 형도 되고 파도 된다.

처음에는 한마음으로 일을 함께하였으나 시간이 지날수록 서로 믿지 못하고 배신하게 되어 재물 손실이 있으며 사이가 멀어지게 된다.

심장 질환, 소장, 대장… 등의 질환에 취약하다.

※合, 刑, 沖, 破, 害의 해석 조건표

천간합	甲己 합 土	乙庚 합 金	丙辛 합 水	丁壬 합 木	戊癸 합 火
지지 삼합	申子辰 水	寅午戌 火		巳酉丑 金	亥卯未 木
六合	子丑 土	寅亥 木	卯戌 火	辰酉 金	巳申 水	午未 火?
삼형	寅-巳-申　　丑-戌-未 성격 이지적 냉정, 배은망덕 남속임, 자식, 부부인연 박함				
자형	(子, 卯) : 예의없고 독선적, 사람됨이 추함 (辰, 辰) : 고독, 부모 형제덕 인연 박함 (午, 午) : 부부 자식운 미약 (酉, 酉) : 경거망동하면 다침 (亥, 亥) : 베푼 것만큼 받지 못해 허무한 인생살이				
원진	子未, 丑午 원진 : 자충성, 이별수, 고독, 자식 인연 무 寅酉, 卯申 원진 : 잔병이 많고, 부부간 이별 수, 불구될 운 辰亥, 巳戌 원진 : 고독, 질병 걸림, 부모 자식간 인연 박함 　　　　　　　　　(자미, 축오 - 원진이 가장 심함)				
지충	子午-심신이 불안정하고 배우자와의 이별 및 마찰이 심함 　　　심장, 신장, 정신질환 丑未-매사에 순조롭지 못하고 중단, 방해되는 일이 많다. 위장계질환 寅申-정이 많고 감상적, 마음에 걱정이 많고 부부다툼이 많음 　　　신경계질환 卯酉-쓸데없는 일에 근심이 많고 배신당하고 부부간의 불화많음 　　　간, 폐, 골, 질환 辰戌-고집이 세고 욕심이 많음. 남과 잘 다툼 　　　피부, 위장, 신장질환 많음 巳亥-소득이 없고 분주하고 헛고생이 많음 　　　방광, 소장, 혈압질환이 많음				
육해	子-未, 丑-午, 寅-巳, 卯-辰, 申-亥, 酉-戌 처 유산, 질병, 화상, 화재, 재난당함, 부부 불화 추진 하던 일 안풀림				
상파	子-酉, 丑-辰, 寅-亥, 卯-午, 巳-申, 戌-未 파손, 파재, 파산, 이탈, 매사 방해 발생 (재산과 관계된 살)				

제 5 장
사주 통변

제 5장: 사주 통변

다음은 사주 통변의 실례에 관한 것이다. 제시된 사주는 실체가 있는 것이 아님을 밝혀둔다.

인간의 삶은 살아있는 생명체와 같아 한날한시에 태어난 쌍둥이도 환경이나 교육이나 양육 등 여러 가지 변수에 의하여 그 삶에 차이가 있다. 그리하여 같은 사주를 가진 개체 간에도 그 실질적인 삶은 차이가 있을 수밖에 없다.
통변 역시 이론적 추론을 위하여 기존에 제시된 이론에 근거를 두었기 때문에 실생활에 대입하면 차이가 있을 수도 있다.

그러므로 사주의 통변에는 기본적이 되는 이론을 바탕으로 한 융통성이 필요하다. 그러나 융통성은 항상 정확한 이론의 기초를 바탕으로 전개되어야만 정확성과 재현성(再現性)이 같아진다.
그러므로 사주 통변 역시 완벽한 기초 이론을 습득한 후 이를 바탕으로 상황에 따라 융통성을 부여해야 하며 그렇지 않으면 같은 사주이더라도 상황에 따라 중구난방(衆口難防)의 통변이 될 수도 있음을 항상 염두에 두어야 한다.

하여 다음의 통변에도 글쓴이 나름대로 가능하면 기존의 검정된 사주 풀이의 이론에 근거하여 통변을 하고자 노력하였으나 미흡한 점이 있고 다른 사람들과 의견을 달리하는 부분도 있을 것으로 생각한다.
그러나 많지는 않지만, 이 책에서 제시된 사주 풀이의 이론적 근거를 따라 통변 연습을 하다 보면 종국에는 일관되고 정확한 사주 풀이를 익힐 수 있으리라 기대한다.

사주는 오른쪽에서 왼쪽으로 年 月 日 時이며 일간은 자신(自身)이라 이름하였다. 필요한 경우를 제외하고는 성별(남=乾, 여=坤)과 대운수 만을 기재하였다.
12운성은 일간을 각 지지(地支)에 대입하여 얻었고 12신살은 연지(年支)를 중심으로 하여 얻은 것을 기재하였다.

1. 갑(甲) 일간   坤(여자)

비견	自身	정재	편관
甲	㊉	己	庚
戌	寅	丑	子
편재	비견	정재	정인
辛丁戊	戊丙甲	癸辛己	壬癸
양	건록	관대	목욕
월살	역마	반안	장성

75	65	55	45	35	25	15	5
정관	편인	정인	비견	겁재	식신	상관	편재
辛	壬	癸	甲	乙	丙	丁	戊
巳	午	未	申	酉	戌	亥	子
식신	상관	정재	편관	정관	편재	편인	정인
병	사	묘	절	태	양	장생	목욕
겁살	재살	천살	지살	연살	월살	망신	장성

  甲(木)은 곧고 강하며 위로 뻗어 오르려는 진취적 기질이 있고 적극적이며 추진력이 있으나 심성은 착하다. 특히 甲(木)의 여자는 활동력과 생활력이 강해 가정주부보다는 사회적으로 일하는 것을 선호하는 경향이 있다.

*성품

甲(木) 일간 주인공은 근본적으로는 심성이 착하고 인자하며 정이 많은데 지지에 합이 많아서 대인 관계가 원만하다. 재격이므로 돈에 대한 관심이 많고 이재에도 밝은 편이며, 일주 건록(甲寅)으로 전업주부보다는 사회생활을 하는 것이 더 낫다.

丑월, 추운 겨울에 태어난 甲(木)이다. 甲(木)이 일지의 寅(木)에 뿌리가 있고 연지 子(水)의 생을 받고 있어서 약하지 않다.
그러나 겨울의 물은 너무 차고 얼은 상태라 나무를 키워주지 못한다. 그러므로 따뜻한 열기가 우선으로 필요하다.

겨울의 甲(木)이 죽은 사목(死木)이면 동량지목(東樑之木)으로 대들보로 쓰거나 땔감으로 사용하지만 寅卯의 뿌리가 있으면 살아 있는 생목(生木)이므로 얼어 죽지 않게 봄까지 따뜻하게 보온해 주어 자라게 해야 한다.

동량지목으로 사용할 때는 庚과 丁이 필요하고, 생목으로 살려야 할 때에는 丙과 丁이 필요하다.
甲(木) 일간은 생목(生木)이므로 火가 필요한데 火는 천간과 지지에는 없지만 寅중의 丙(火), 戌중에 丁(火)이 있다. 그러므로 가장 필요한 온기가 있어서 먹고 사는 것에는 지장이 없는 사주가 된다.

*격

　격(格)은 丑월에 己(土)가 월간에 투출하였으니 정재격이다. 일간이 약하지 않고 재성이 강하여 식상 火를 상신(相神)으로 한다. 기본적으로 이 사주는 火가 있어야 하는데 火가 지장간에만 있으므로 운에서 火를 만나지 않으면 길성(吉性)이 나타나지 않는다.

*용신

　사주의 세력을 살펴보면 일간 甲(木)이 일지 寅(木)에 뿌리를 내리고 (亥)子丑이 수분으로 生하니 약하지 않다. 그러나 키워야 할 겨울나무는 따뜻하게 보온을 해주는 것이 우선이므로 세력보다는 조후(調候)가 먼저이므로 火(丙丁)가 용신이고, 木(甲)은 희신이 된다.

*배우자

　초년에 만난 남편은 연간의 庚(金)인데 편관의 성격으로 고집스럽고 권위적이며 융통성이 없다. 한편 지지에 대비한 庚(金)의 12운성을 살펴보면, 子위에 있어서 12운성의 사(死)에 해당하고, 丑에는 묘(墓)가 되고, 寅에는 절(絕)이 되고, 戌에는 쇠(衰)가 되므로 실제 행동은 조용하며 소극적인 면이 있다.

　이런 남편의 성격이나 행동이, 일주가 甲寅에 건록의 성격을 가진 주인공과는 맞지 않는다. 남편 또한 고집이 세고 자기주장이 너무 강하고 활동적인 부인이 마음에 들지 않는다.

일지가 건록이고 간여지동(甲寅)이므로 남편을 이성으로 보기보다는 같이 사는 동거인으로 생각한다.

남편 庚(金)을 배우자 자리인 일지 寅에 대입하여 보면 절(絶)이 된다. 그러므로 남편은 부인 앞에서는 기를 펴지 못하고 주인공 또한 남편이 탐탁지 않다.

그러나 배우자 자리에 있는 寅의 지장간에 사주에 필요한 丙(火)과 戊(土)가 있으므로 남편은 나름 부인에게 잘해주려고 노력하고 있으며, 남편의 임무를 다 하고 있으므로 주인공에게는 덕(德)이 된다.

일주가 갑인(甲寅) 고란살이며, 과숙살(戌)과 고신살(寅)이 함께 있으므로 혼자 고독을 즐기는 성격으로 인하여 남편과의 애정은 소원한 편이다.

*부모

火가 필요한 사주인데 월주(月柱)에 모두 축축한 습토(己丑)가 있다.

그러므로 부모의 덕이 없고, 20대 중반까지 水의 운이라 성장 과정이나 생활환경이 좋지 않다.

월간 己(土)는 아버지의 자리로 정재인데, 일간 甲(木)과 합이 되었다. 겨울나무가 차가운 습토와 합(甲己)이 되어 나쁜 작용을 하므로 아버지와 인연은 있으나 도움이 되지 않는다.

아버지인 己(土)를 12운성에 대입하여 보면 子에 절(絶)이 되고, 丑에 묘(墓)가 되고, 寅에 사(死)가 되므로 아버지는 활동적이지 않고 조용하신 분으로 생활 능력이 약하다.
인성(水)은 겨울의 차가운 물(子水)이며, 월지 역시 습하고 얼어 있는 丑(土)이므로 어머니와의 인연이나 도움 역시 약하다.

*자식
자식 운은 원국에 식상이 드러나지 않았지만 寅중에 丙(火)이 있고, 戌 중에 丁(火)이 있어서 아들도 있고 딸도 있다. 아들은 양으로 丙(火)이 되고, 딸은 음으로 丁(火)이 된다. 火는 용신으로 좋은 역할을 하는데 일시에 있으므로 말년에 자식 복이 있다.

*재물
정재격이므로 재물에 관심이 많다. 돈에 대한 욕망은 강하지만, 식상이 없어서 재물을 쉽게 벌지 못하고 힘들게 버는 양상이다. 초년에 庚(金)인 관(官)이 연간에 있으니 일찍부터 직장 생활을 할 수 있다.

*직업
官이 연간에 있어서 유명한 회사이지만 12운성 子위에 있어서 사(死)에 해당하고, 丑에는 묘(墓)가 되고, 寅에는 절(絶)이 되어 직장 내에서 인정을 받지 못하고, 주인공도 직장 생활이 마음에 들지 않아서 항상 이직을 생각하고 있다.

＊대운

연월에는 차가운 기운이 많아서 초년에는 춥고 힘든 환경에서 살았으므로 어렵게 살았다.

55세 이후 未 대운부터 겨울나무가 따뜻한 火의 기운을 만나게 되니 형편이 많이 좋아진다. 사주 원국에 火가 천간에 나타나지는 않았으나 차가운 겨울에 태어났는데도 불구하고 지장간에 丙丁(火)의 식상이 있어서 먹고살 만한 재물은 있다.

대운의 흐름은 水 – 金 – 火로 흘러 초, 중년 운은 좋지 않으나 말년은 괜찮다. 사주의 연 월주의 기운도 차고, 초년 대운도 水의 운이므로 겨울나무가 추위에 떨고 있는 모습으로 어릴 때 주변 상황과 성장배경이나 학업 운은 좋지 않다.

남편인 庚(金)은 申酉 대운에 건록, 제왕을 만나게 되니 의욕적으로 사업을 확장하게 된다. 그러나 45세 甲申 대운에 대운 지지에 있는 申이 일지 寅을 충하여 지장간에 있는 丙을 깨트려 버린다. 겨울나무가 태양이 사라지게 되니 몸도 아프고, 일지는 배우자의 자리인데 충을 맞게 되니 남편과의 사이도 멀어지게 된다.

55세부터 시작하는 癸未 대운에 丑戌未 삼형살을 만나게 된다. 천간의 癸는 정인으로 나쁜 역할을 하므로 인성인 문서로 인해 골치 아픈 일이 생길 수도 있다. 그러나 지지는 건토인 未가 들어와 습토인 丑을 충하니 얼음이 깨지므로 나쁘지 않다. 未는 火의 기운으로 丑戌未 삼형살이므로 일이 순탄치 않고 번거로움이 있을 수 있으나 결과는 좋게 된다고 생각할 수 있다.

년에서 보면 未는 천살이 되므로 하늘의 도움으로 상황이 호전된다고도 해석할 수 있다. 한편 천간은 나쁜 운인데 지지가 좋으면 처음에는 나쁜 일이 생기지만 나중에는 좋아지므로 전화위복이 되는 경우가 많다. 그러나 천간이 좋고 지지가 나쁘면 처음에는 좋으나 결과는 좋지 않은 경우가 많다.

65세부터 시작하는 壬午 대운은 상관이 재살이 되는 운이다. 상관이 재살에 해당하면 남자는 직장을 그만두거나, 여자는 이혼할 수도 있다. 그러나 주인공의 사주는 火가 좋은 역할을 하므로 午 대운에 일지 寅과 시지 戌이 함께 寅午戌 삼합 火국이 되므로 좋은 운이다.

그러므로 午(火)운에 남편(일지)과 자식(시지)이 삼합이 되면서 좋은 작용을 하므로 비록 상관이 재살이 되는 운이라도 가족이 모두 화목하고 경제적으로도 풍족해지는 것으로 해석한다.

말년에는 사주 원국 戌의 지장간에 火가 있고, 대운 또한 火운이므로 추운 겨울 丑월에 태어난 甲(木)이 火운을 만났으니 본인이 자신을 불태워 사방을 따뜻하게 하는 양상이다.

그러므로 말년에 다른 사람을 위해 봉사하는 삶을 사는 것이 바람직한 삶이라 할 수 있다.

2. 을(乙) 일간   坤(여자)

정인	自身	정인	편인
壬	乙	壬	癸
午	酉	戌	卯
식신	편관	정재	비견
丙己丁	庚辛	辛丁戊	甲乙
장생	절	묘	건록
육해	재살	천살	장성

80	70	60	50	40	30	20	10
정관	편재	정재	식신	상관	비견	겁재	편인
庚	己	戊	丁	丙	乙	甲	癸
午	巳	辰	卯	寅	丑	子	亥
식신	상관	정재	비견	겁재	편재	편인	정인
장생	목욕	관대	건록	제왕	쇠	병	사
육해	역마	반안	장성	망신	월살	연살	지살

　　乙(木)은 지하의 甲(木)이 땅을 뚫고 올라와 싹터 무성한 가지로 뻗져 자라는 상황을 말하니 곧 강인한 생명력을 의미한다.

　　위로 쭉쭉 뻗어 자란 큰 나무인 甲(木)과는 달리 乙(木)은 옆으로 번져 자라는 넝쿨, 화초, 잡초, 잔디 등과 채소, 묘목, 곡식 등 연약한 이미지의 식물로써 물을 가득 품은 습목(濕木)이다.
乙(木)의 성정은 외적인 모양과 같이 연약하며 부드럽고 아름답기도 하다. 성격이 온화하니 대인 관계가 원활하며 사람들과의 인화를 중하게 여긴다. 그러나 외적인 모양과는 달리 내면은 강인하여 어떠한 난관에도 굴하지 않고 이겨내려는 강한 정신력과 끈기가 있으며 주변의 상황에 쉽게 적응하고 이를 활용하여 잘 살아가고자 하는 끈질긴 생명력을 가지고 있다.

큰 나무는 태풍이 불어도 굽히지 않아 부러질 수 있으나 잡초나 풀은 태풍이 불면 일단 몸을 낮추어 위험을 피하여 생존을 도모한다. 이러한 특징이 부정적인 것으로 작용할 때는 주관이나 소신이 부족하며 주위의 의견에 쉽게 부화뇌동(附和雷同)하거나 남에게 의지하거나 남을 이용하려는 모양으로 비칠 수도 있다.
乙(木)은 아름다운 화초이기도 하다. 사치와 허영심이 심할 수 있으며 환경이 좋을 때는 활짝 피어 인기가 좋고 즐거운 생활을 할 수가 있으나 그 영화가 甲(木)과 같은 유실수나 대림목(大林木)과는 달리 오래가지 못하니 노후 준비를 잘해야 말년이 편안하다.

*성품

戌월의 乙(木), 서리가 내리고 추워지는 계절의 화초이다. 봄, 여름의 아름다움과 인기는 사라지고 가을의 꽃이니 마르고 향기가 없어 쓸쓸하고 외롭다. 더하여 하늘에서는 비(壬, 癸)가

내리니 마른 잎이 쳐지고 모습이 초췌하다. 소심하며 소극적이고 인성이 많아 버티니 남에게 의존하는 성격이 있으며 한편 인성이 지나쳐 문제가 되니 우울하고 부정적인 성격이 될 수 있다.

일지가 酉(金)이므로 바위에 뿌리를 두고 있는 것 같아 가정이 안정되지 않았으며, 하늘에서는 비가 내리고 추워지니 따뜻하게 하는 火가 필요한데 시지에 午(火)가 있다.

초년에는 대운이 水의 운이니 삶이 고달프지만, 말년에 火가 있으니 희망을 품고 열심히 살아야 한다.

*격

월지가 戌(土)이고 지장간이 천간에 투출하지 않아서 정재격이다. 가을꽃이 비를 맞고 있는데 태양이 없어서 조금 우울해 보인다. 천간에 인성이 많아서 의타심이 있으나 나름 성실하며 지지에 재성과 식상이 있어서 재물에 대한 관심이 많다. 겉으로는 청렴결백하고 바르게 사는 것처럼 보일 수 있으나 속내는 재물에 대한 욕구가 강하다. 이런 욕구를 충족하고 몸이 건강하기 위해서는 필요한 丙(火) 즉, 태양을 보기 위해서 밖으로 열심히 다니고 부지런하게 생활을 해야 한다. 인성인 水가 강하니 상신 火 식상으로 재성 土를 보좌하여 水를 극해야 한다.

*용신

乙(木) 일간이 연지 卯(木)에 뿌리를 두고 일지 酉(金)의 생을 받은 천간 인성 壬(水), 癸(水)가 생을 하니 신약하지 않다. 그러므로

財, 官을 감당하나 습기가 많아 습목(乙)이 썩을 수 있는 것이 문제다. 그래서 火(丙)를 용신으로 木(甲)을 희신으로 취하며 습기를 제거하는 土(戊)를 약신으로 한다.

＊배우자

배우자는 일지에 酉(金)가 있는데 편관으로 기신이며 나를 극한다. 그러므로 결혼한 뒤 성격이 많이 순화되어 여리고 순진하고 담백하게 변하지만 나름의 고집은 있다.
일간 乙(木)의 처지에서 보면 일지 酉는 12운성으로 절(絶)이 된다.
또 일지를 12신살에 대입해보면 장성살이 되고, 연지에서 일지를 12신살로 대입하여 보면 재살에 해당한다. 그러므로 겉으로 보기에는 온순한 것 같으나 속내는 소신과 고집이 있어서 만만하지가 않다.

남편(庚)을 주인공의 배우자 자리에 대입하여 보면 庚(金)은 일지 酉(金)에 양인이 되고, 12운성으로는 제왕에 해당한다.
그러므로 남편의 성격 역시 강하고 고집스러우며 이기적이어서 부인에 대한 이해나 배려가 없다. 이런 상황에서 일간 乙(木)과 일지 酉의 지장간 庚(金)이 乙庚으로 일간과 암합을 하고 있다. 이것은 마치 남편이 일간을 잡고 극을 하고 있는 모습으로, 남편은 집에만 들어오면 주인공에게 폭언과 폭행을 하므로 결혼 생활이 힘들고 불만이 많아 해로하기 힘들다.

*부모

水는 인성으로 어머니인데 가을에 물이 필요치 않은 습한 乙(木)에겐 도움이 되지 않는다. 월지에 있는 정재 戊(土)은 아버지인데 지장간에 丁(火)과 戊(土)가 있어 도움이 된다. 그러나 실제 아버지의 모습은 월간인데 이곳에 흉한 壬(水)이 있으니 실질적으로는 도움이 되지 않는다. 그러므로 부모 복은 없다.

사주에 정인과 편인이 천간에 혼잡 되어 있는 것은 어머니가 많다는 뜻이다. 아버지가 재혼했거나 혹은 바람을 피우셨거나 혹은 어머니의 형제가 많다는 뜻이 된다.
다른 해석으로는 천간에 인성이 투출되어 있어도 통근이 되지 못하고 힘이 없어서 어머니나 학업의 인연이 없다고 해석할 수도 있다. 또 인성이 많으니 여러 가지 공부를 많이 하였으나 배운 것을 유용하게 사용할 수 없는 운명이라고 해석하기도 한다.

*자식

시지 午(火)가 식신으로 자식이다. 午(火)가 용신이며, 午(火)의 지장간에 식상 丙丁과 편재 己가 있어 식신생재의 역할을 하므로 늦게 얻은 자식이 주인공에게 복과 재물을 준다.
기세등등하던 남편 庚(金)은 자식 午(火)를 낳은 뒤 午(火)가 庚(金)을 극하여 그 기세가 한풀 꺾여 유순해진다. 또한 午(火)의 지장간에 있는 丙(火)과 일지에 있는 남편 酉의 지장간 辛(金)이 丙辛 암합을 하여 남편과는 자식 때문에 헤어지지 않고 살게 된다.

결국 사주의 주인공은 자식 덕이 있어서 남편과는 애정이 없어도 자식 하나 보고 사는 운명이다.

* **재물**

일지의 酉를 일지에서 보는 신살로 대입하면 巳酉丑의 酉로서 장성살이다. 장성살은 가장 강력한 것이므로 전업주부보다는 사회생활을 하는 것이 좋으나 연지에서의 재살이 일지에 있으므로 잦은 이직(離職)을 할 수 있으니 조심해야 한다.
중년 丙寅 대운 이후에는 식신생재의 운으로 장사를 할 가능성이 있으며, 재물은 원국의 戌(土)과 午(火)의 지장간에 있고 대운이 木-火 좋은 운으로 흘러 나름대로 재물은 가질 수 있다.

* **직업**

가능한 사업을 살펴보면 식신 午(火)와 정재 戌(土)이 합하여 식신생재가 되므로 제조나 음식 관련 사업이며, 卯(木)와 戌(土)이 합하므로 나무와 관련도 있다. 또한 원국에 卯酉戌이 있으므로 건강 관련 사업도 가능하다. 卯(木)인 약초를 午(火)인 불로 끓여서 酉(金)의 그릇에 담아서 戌(土)의 墓에 보관하는 모습이다. 그러므로 임업, 목재, 가구, 섬유, 건강원... 등의 사업도 잘 맞는다.

* **대운**

원국에 초년 운이 좋지 않은데 대운 역시 초년에는 水운이라 성장 시기나 학창 시절의 생활환경이 좋지 않다.

40대부터 시작되는 丙寅 대운에는 용신 丙(火)이 寅(木)에 통근하여 세력을 얻은 상태에서 원국에 있는 午(火)와 戌(土)에 통근하고 있으며, 지지는 寅午戌 삼합 火국이 되므로 최상의 길운이 된다.
寅을 년에서 12신살로 보면 망신살이다. 망신살이 좋은 역할을 하면 사회적으로 활동이 활발해지고 사업이 번창하지만, 나쁜 역할을 하면 과욕으로 무리하게 일을 도모하다가 실패하여 망신을 당한다.
주인공의 사주에 寅은 좋은 역할을 하므로 이 시기에 나무에 관련된 사업을 하면 큰돈을 벌 수 있다.

50세부터 시작하는 丁卯 대운은 丙寅과는 달라 습목인 卯(木)는 火를 잘 생하지 못하므로 火의 작용력이 약하니 생각보다 좋지 않다. 게다가 천간 丁(火)은 원국 천간의 임(壬)과 합을 하여 제 역할을 하지 못하고, 지지 卯(木)는 월지 戌(土)과 합이 되어 午를 생하지 못하는데 일지 酉(金)에 충까지 당하므로 좋지 않다.

55세부터 시작하는 卯 대운의 연운은 丙申, 丁酉, 戊戌, 己亥, 庚子, 辛丑이다. 연운 지지의 金水 운이 사주 원국에 있는 천간 壬癸(水)의 뿌리 역할을 하게 된다.
그러므로 丁(火)은 壬(水)에 묶여서 火의 역할을 하지 못하고, 卯(木)는 酉(金)에 충을 당하여 木이 火를 도와주는 역할을 하지 못하므로 좋은 운이라 예상했던 것이 오히려 나쁘게 된다. 그래서 이 시기에는 하던 사업도 부진하고 건강도 악화하여 여러 가지로 힘든 일을 겪게 될 수 있다. 건강이 나빠지는 이유는 乙(木)이 가을에 태어나서 햇볕이 부족한데 수분이 많으므로 마치 가을꽃이 비를 맞아 초췌한 모습이기 때문이다.

60세에 시작하는 戊辰 대운에는 대운 戊(土)가 사주 원국의 戌(土)과 午(火)에 통근이 되어 강하게 된 상태에서 사주에 나쁜 역할을 하는 壬癸(水)를 합하거나 제거해주므로 좋은 운이다.
대운 辰은 천간 壬(水), 癸(水)의 뿌리가 되고 辰戌 충이 되어 戌(土) 지장간의 火를 끄는 작용을 하니 좋지 못하다.

그 후 대운은 巳午未 火의 운으로 진행하므로 말년은 유복할 것이다.

3. 병(丙) 일간   坤(여자)

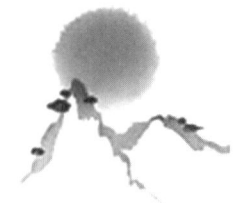

정재	自身	편재	정재
辛	丙	庚	辛
卯	申	子	丑
정인	편재	정관	상관
甲乙	戊壬庚	壬癸	癸辛己
목욕	병	태	양
재살	망신	육해	화개

73	63	53	43	33	23	13	3
식신	겁재	비견	정인	편인	정관	편관	정재
戊	丁	丙	乙	甲	癸	壬	辛
申	未	午	巳	辰	卯	寅	丑
편재	상관	겁재	비견	식신	정인	편인	상관
병	쇠	제왕	건록	관대	목욕	장생	양
망신	월살	연살	지살	천살	재살	겁살	화개

丙(火)은 아주 강한 양(陽)의 기운으로 하늘의 태양이다. 밝음과 열기를 의미하며 세상을 밝게 비추어 정의를 구현하며 열기를 뿜어내어 세상을 따뜻하게 유지하고 만물의 생장을 돕는다.

火의 근본적인 성정은 펼치고 표출하는 것이므로 丙(火) 일간의 성격은 명랑하며 속내를 감추지 못하고 밖으로 드러내며 말도 잘 하는 편이다. 하지만 때로는 불타오르는 화산같이 성격이 조급하고 다혈질적인 면도 있으나 뒤끝은 없는 편이다.
하늘의 태양은 가장 높은 곳에 있고 세상에 하나밖에 없는 유일한 것이므로 자존심이 강하여 남에게 무시당하는 것을 제일 싫어한다. 그러나 이런 성격은 사주 구성에 따라 조금씩 다르게 나타난다.

*성품

子월의 丙(火)으로 겨울의 태양이라 여름처럼 강렬하지 않으며 주변에 金水가 너무 강하여 신약하다. 본래의 성격은 밝은 편이고 지지에 합(子丑, 申子)이 있어 다른 사람들과 잘 지내려고 노력을 하나 일간 丙(火)이 지지에 뿌리가 없어 주관이 뚜렷하지 않고 소심하고 내향적이며 의기소침하고 원진살(申卯)이 있어 일이 뜻대로 되지 않으면 다른 사람을 원망하거나 좌절하며 심하면 우울증에 빠질 수도 있다.

한편 丙(火)의 원래 임무는 나무 키우기인데 주인공은 신약하여 나무를 키우기에는 능력이 부족하다. 그러나 다행스럽게 대운이 木-火 운으로 흘러 일간의 힘을 돋우니 나무도 잘 키우고 살아가면서 삶에 보람을 느끼게 되므로 성격도 활발해진다.
겨울에 나무를 키우기 위해서는 태양이 필요하므로 마치 해바라기가 태양을 따라 도는 것처럼 바깥으로 돌아다녀야 한다.

子월의 丙(火)은 추운 겨울의 불이니 약하다. 더구나 지지에 뿌리(通根)가 없고 시지에 있는 卯(木)의 도움을 겨우 받고 있을 뿐이다. 더하여 申子가 반합이 되고, 子丑은 북쪽의 차가운 기운이 모인 것이며, 卯(木)는 습목으로 사주 전체가 춥고 습하여 火의 기운이 너무 약하여 丙(火) 일간은 신약하다.

*격

월지에 子(水)가 정관이므로 정관격이다. 식상격, 재격, 관격은 일간이 강해야 이를 감당할 수가 있는데 일간이 신약하니 일간을 강하게 하는 인성과 비겁이 상신이 된다.
그러므로 격국이나 억부 용신의 관점에서는 火를 도와주는 木火가 희신과 용신이다.

*용신

물상으로 보면 추운 겨울의 태양인 丙(火)이 젖은 나무인 卯(木)를 키우려고 하는데 하늘에서는 庚辛(金)인 서리까지 내리니 더욱 한습(寒濕)해져서 우선 火로 따뜻하게 해주어야 한다.
그러므로 조후의 희, 용신 역시 木火가 된다. 습기가 많으므로 戊(土)를 제습의 목적으로 사용할 수는 있으나 庚辛(金)을 생하므로 천간으로 들어오는 戊(土)는 사용할 수 없다.

일간 丙(火)이 뿌리가 없이 신약하고 사주에 水가 왕하니 水의 기운을 따라가는 종살격(從殺格)으로 볼 수도 있으나 丙(火)은 陽

중의 陽이고 하늘의 태양이라 웬만하면 종(從)하지 않는다. 비록 약하나 연지에 있는 卯(木)의 生을 받고 있으니 종(從) 사주가 아니고 일반 사주로 봐야 한다.
종합해보면 용신은 火(丙,丁)이고, 희신은 木(甲)인데 대운이 지지가 寅卯辰 巳午未의 木-火운으로 흐르니 괜찮다.

＊배우자

배우자는 월지에 있는 子(水) 정관이다. 이 사주는 춥고 물이 많은 사주로서 따뜻한 火가 절대적으로 필요하다.
그런데 남편은 水이며 배우자의 자리인 일지 역시 水를 생하는 申(金)이 있어 차가운 기운을 더 차게 만들고 있으므로 불길하다.

결혼하면 남편인 水를 만나게 되는 것이다. 연월주는 초년의 운으로 金水가 많아서 불길한데 水를 또 만나면 더욱 나쁘게 된다. 그러므로 일찍 결혼하는 것보다 만혼하는 것이 더 바람직하다.
더하여 배우자가 능력이 있게 되면 남편인 水가 강해지는 것이므로 주인공인 丙(火)을 끄게 되니 나쁘다. 그러므로 남편이 능력이 없거나, 능력이 있으면 주말부부로 사는 것이 좋다.

정관인 子(水)와 일지 申(金) 편재가 申子 반합을 하는데 편재는 시어머니, 정관은 남편이므로 결혼하면 시어머니를 모시고 살게 된다.
또한 申子가 합이 되어 水가 되어 나쁜 역할을 하므로 시어머니

(申)와 남편(子)으로 인해 심한 스트레스를 받으면서 산다고 생각할 수 있다.

남편인 子(水)와 연지 丑(土)인 자식이 합을 한다. 일지 申(金)은 연지 丑(土)에서 보면 망신살이 된다. 이런 경우 어린 나이에 원하지 않은 임신을 하여 결혼하게 되는 것으로도 볼 수 있다. 그 이유는 연지 상관 丑(土)인 자식이 정관인 子(水)의 남편과 합을 한 상태에서 일지인 申 망신살과 합을 하였기 때문이다.

*부모
 부모를 보는 방법은 재성을 아버지로, 인성을 어머니로 보고 월주는 부모의 자리이므로 이것들을 종합적으로 보고 판단한다. 월주는 庚子로 모두 기신인 水를 생하니 일간에게 도움이 되지 않는다. 아버지는 월간에 있는 庚(金)으로 子(水) 위에 있으므로 12운성의 사(死)에 해당하여 활동성이나 적극성이 부족하다.

재성이 천간에 많은 것은 아버지가 많다고 해석할 수 있다.
그러므로 아버지의 형제가 많거나, 어머니가 재혼했거나 남자관계가 복잡하다고 볼 수 있다. 혹은 재성은 시어머니도 되므로 시아버지가 여자 관계가 복잡했거나 재혼을 한 것으로 해석하기도 한다.
어머니는 인성으로 木이고 희신인데 시지에 있다. 어머니와 인연은 자리를 보고 판단하는데 월지가 어머니다. 이 자리에 子(水)가 있는데 좋은 역할을 하지 않으므로 어머니와의 인연이 약하고 덕도 없다.

희신이 시지에 있으므로 윗사람의 덕이나 학업 운이 없다고 할 수 있다. 더구나 연월이 모두 차고 습하여 초년기인 성장기가 힘들었던 것으로 판단된다.

* 자식

여자에게 자식은 식상(食傷)으로 연지 상관 丑(土)이 자식인데 월지 정관 子(水)와 합이 되므로 일찍 얻은 자식이다. 상관 丑(土)은 찬 겨울 습토로 도움이 되지 않고, 자식 자리인 시간의 辛(金)은 水를 생하는 것인데 일간과 합을 하므로 나쁜 역할을 하고, 시지에 있는 卯(木)는 습한 나무로 火를 태워주지 못하고 있다. 그러므로 자식은 도움이 되지 않는데 일간과 합이 되므로 평생 짐이 된다.

* 재물

丙(火)의 재성은 金인데, 육친의 재성은 재물 자체이거나 재물을 어떤 방법으로 취하는지를 보는 것이다. 천간에 庚辛(金)이 많은데 일지에도 申(金)이 있어서 사방팔방 눈에 보이는 것은 모두 돈으로 재물 욕심이 많다. 그러나 일간이 약하므로 재물을 감당할 능력이 없다. 재물을 취하면 취할수록 생을 받은 관성은 강해져서 일간을 공격하여 약하게 하므로 더욱 흉해진다. 그러므로 재물에 대한 욕심을 내면 낼수록 힘들어지므로 재물에 대한 욕심을 버려야 건강하고 편하게 살 수 있다.

물상의 관점에서는 태양(丙)의 능력은 생명체를 키우는 것이다. 생명체는 木이므로 나무가 얼마나 풍성하게 잘 자랄 수 있는 조건인가 하는 것으로 丙(火) 일간의 능력을 본다.

이 사주에서는 말년에 겨울 화초인 卯(木)가 물에 젖어 있다.

이러한 卯(木)는 겨울의 약한 햇살 아래 돌멩이가 있고 얼어 있는 흙(丑土) 위에서 열심히 자라려고 하는데 다행히 대운이 木-火 운으로 흘러 얼은 흙(丑土)을 녹여 주니 나름 잘 자란다. 그리하여 먹고사는 것은 지장이 없다.

*직업

직업은 일간이 약하니 사업을 하는 것보다는 직장 생활이 더 적합하다.

財인 金이 官인 水를 생하니 직장은 재물과 관련된 직장이다. 주변에 돈은 넘치지만, 일간은 약하여 스스로 돈을 가질 능력이 없으므로 금융 계통으로 은행이나 증권사 등이 좋다.

*대운

대운이 木-火 운으로 흘러서 좋지만, 사주 원국이 대격(大格)은 아니므로 큰 부자는 아니지만 먹고사는 걱정은 없다.

연월주에 水가 강한데 18세 壬(水) 대운까지 水가 강하여 어릴 때부터 학창시절까지 생활환경이 나쁘고, 학업 운과 건강 운도 안 좋다.

그 후 寅卯辰의 木운을 만나서 비교적 순조로울 것이다. 寅 대운에는 寅(木)이 일간 丙(火)의 뿌리가 되고, 寅申 충을 하여 申子의 水국을 깨뜨리니 좋다.

33세부터 시작하는 甲辰 대운에는 천간 甲(木)이 일간 丙(火)을 도와주려 하지만 천간에 있는 庚(金)은 甲을 충하고, 辛(金)은 甲(木)을 극하여 甲(木)이 丙(火)을 도와주지 못하므로 좋지 않다. 辰(土) 상관 대운은 남편인 水(관성)를 극하는 운이다. 그러나 辰(土)은 申子辰 水국이 되므로 오히려 水인 관성이 강해져서 일간을 극하므로 더욱 힘들게 되는데 이것을 벗어나기 위해서는 水를 멀리해야 한다. 불행하게도 水가 관성인 남편이므로 별거하거나, 이혼하는 것이 나쁜 운을 피할 방법도 된다. 그래서 부부가 해로하기 어렵다.

53세부터 시작하는 丙午 대운에는 천간과 지지가 모두 용신의 운이므로 좋아 보인다. 하지만 천간의 丙(火)은 연간의 辛(金)과 丙辛 합으로 묶여 역할을 제대로 하지 못하고, 지지의 午는 子午 충이 되어 불길해 보인다. 다행히 천간의 丙(火)은 지지 午(火)에 뿌리가 있어서 강하므로 辛(金)에 묶이지 않아서 제구실하게 된다. 또 午(火)는 申子의 합을 충(子午 沖)으로 해소하여 더 이상 水의 역할을 하지 못하므로 좋다. 다만 연운이 金水로 흐르니 좋은 운을 감소시키는 작용을 한다.

4. 정(丁) 일간   乾(남자)

편인	自身	정인	편관
乙	丁	甲	癸
巳	亥	子	酉
겁재	정관	편관	편재
戊庚丙	戊甲壬	壬癸	庚辛
제왕	태	절	장생
지살	역마	육해	장성

78	68	58	48	38	28	18	8
겁재	비견	상관	식신	정재	편재	정관	편관
丙	丁	戊	己	庚	辛	壬	癸
辰	巳	午	未	申	酉	戌	亥
상관	겁재	비견	식신	정재	편재	상관	정관
쇠	제왕	건록	관대	목욕	장생	양	태
천살	지살	연살	월살	망신	장성	반안	역마

丁(火)은 陰의 불이고, 하늘에서는 별이나 은하수를 상징한다. 丙丁은 모두 火이니 빛과 열을 함께 의미하나 丙은 빛, 丁은 열기의 의미가 좀 더 강하다.

丁(火)은 지상에서는 살아있는 불인 생화(生火)나 타오르는 불인 활화(活火)이며 인공으로 만들어진 모든 불로서 호롱불, 모닥불, 난로, 등대, 용광로… 등이다. 넓은 의미로는 전열 기구, 전화, TV, 컴퓨터, 오디오, 오락기… 등 각종 전자제품도 이에 속한다.

촛불과 같은 丁(火)은 火의 성질이므로 원래는 陽의 기운이지만 陰으로 그 기세가 태양과 같지 않아 유약하다. 이처럼 겉으로 보이는 성격은 조용하고 약하게 보이지만 촛불은 약해서 바람이 불면 곧 꺼질 것 같지만 심지만 살아있으면 꺼졌다가도 다시 살아나는 것처럼 정신력이 뛰어나며 자존심과 집념이 대단히 강하다. 그러므로 평소에는 순하고 얌전하게 보이지만 어느 순간 갑자기 욱하는 성격을 폭발하는 기질도 있으며 한번 틀어지면 뒤끝이 질긴 면도 있다.

난로처럼 자신을 태워 주위를 따뜻하게 해주므로 타인에게 헌신적으로 봉사하고 따뜻한 인정을 베풀고 火의 특징인 예의도 있으므로 사람들이 좋아하고 대인 관계도 좋다. 그러나 남들에 대한 배려가 많다 보니 자신의 것을 잘 챙기지를 못해 실속이 없으며 생각의 폭이 넓지 않고 고지식하다.
본인의 관점에서 상대방이 불성실하거나 정당하지 않다고 생각하면 미워하거나 관계를 단절하며 뒤끝이 길어서 다시 관계를 회복하기 어려운 경우가 많다.

丁(火) 일간의 여자는 대체로 활발하고 친절하며 외향적이다. 생활력이 강하고 다부진 면이 있어서 책임 맡은 일을 잘 해내는 스타일로 전업주부보다는 직장 생활을 하거나 자기 능력을 발휘할 수 있는 사회생활을 하는 것이 좋다.
기본적으로 丁(火) 일간은 남녀 모두 약한 것 같지만 강하고, 강한 것 같지만 약하며 부드럽고 조용한 것 같지만 폭발적인 면도 동시에 갖고 있다.

＊성품

子월의 丁(火) 일간으로 추운 겨울의 모닥불이다. 모닥불은 겨울에 추운 세상을 따뜻하게 해주므로 다른 사람에 대한 이해와 배려심이 있고 마음은 따뜻하다.
일간 丁(火)은 시지 巳(火)에 통근하고 있지만, 지지에 酉子亥가 있어서 물이 많고 추워서 신약하다. 천간의 甲(木)과 乙(木)이 丁(火) 일간을 생하고 있으나 겨울나무라 물에 젖어서 丁(火)을 도와주지 못하므로 주인공의 생각과는 달리 세상을 따뜻하게 하는 능력이 부족하다.

丁(火)의 능력은 庚(金)을 녹여 물건을 만들어 내거나, 겨울에 모닥불이 되어 주변을 따뜻하게 하거나, 밤에 등불이 되어 사람을 인도하는 것인데 녹일 庚(金)인 재성이 없으므로 사업을 하거나 장사를 하는 운명은 아니다.

일간이 약하여 마음은 여리고 착하지만, 생각이 깊지 못하고 홀로서기보다는 타인에게 의지하려는 마음이 강한데 삶이 뜻대로 되지 않으면 지지에 巳亥 沖이 있어서 순간적으로 참지 못하고 폭발한다. 게다가 子酉 破와 귀문관살도 예민하고 반항적인 성향이므로 힘든 상황이 되면 때로는 자포자기하기도 한다.

*격

丁(火) 일간에 월지가 子(水)이며 연간에 癸(水)가 투출되어 편관격이다.
편관은 식신으로 제압을 하거나 인성으로 일간을 도와주어야 한다.
이 사주에는 식신이 없으므로 정인 甲(木)으로 약한 일간을 도와주는 것이 좋다. 만약 지지에 습기가 없는 마른 나무였다면 겨울 丁(火)이라도 강한 불이 될 수 있을 텐데 이 사주에서 甲(木)은 습기 젖은 나무라 강한 불이 되지는 못했다.
또한, 일간에게 필요한 인성인 나무는 물이 필요한데 물은 일간에게는 나쁜 역할을 한다. 아이러니하게도 나무의 도움을 받기 위해서는 어쩔 수 없이 편관(癸水)인 물도 같이 받아들여야 하므로 좋은 일과 고난을 함께 한다.

식상이 없어서 활동성이 약한데 초년에는 편관이 강하므로 소심하고 허약해서 건강이나 구설수를 조심해야 하며, 겨울에 水가 강하면 火는 자연히 약해지므로 우울증도 올 수 있다.

＊용신

　용신은 억부와 조후 모두를 종합해서 판단해보면 火가 용신이 되고 木은 희신이며, 격국의 상신이 되고 水는 기신이 된다. 그런데 이 사주의 좋은 점은 기신인 水가 木을 도와 일간(火)을 생해주는 역할을 하므로 기신이 오히려 나쁜 역할을 하지 않는다는 것이다. 특히 사주의 배치도가 水木火의 순생으로 되어 있다는 것도 이 사주가 보기보다 좋은 운명이 되는 원인의 하나이다.
천간에서 만나는 戊(土)는 水를 제거하는 약신의 역할을 하지만 이 사주에 천간 水는 나쁜 역할을 하지 않으므로 반드시 土가 水를 제거할 필요는 없다.
만약에 운에서 水를 극하는 土의 운을 만나면 戊(土)는 월간에 있는 甲(木)에 의해 극제를 당하고, 己(土)는 甲(木)과 합이 되어 제 역할을 하지 못하므로 癸(水)를 극하지 못한다.
일반적인 경우에는 기신을 극하면 좋은 것으로 볼 수 있는데 이 사주에서는 기신이 오히려 나쁜 역할을 하지 않으므로 극을 하지 않는 것도 좋은 것이다. 그래서 사주는 배치도가 매우 중요하다.

　대운 지지에서 만나는 土의 운은 土가 金을 생하고, 金이 水를 생하므로 나쁘다. 천간의 水는 木을 도와주는 역할을 하므로 좋지만, 지지의 水는 불을 끄는 역할을 하므로 나쁘다. 초년에는 대운이 金水로 나쁘지만, 중년 이후는 木火로 용신을 도와주므로 좋다. 더구나 시지에 巳火가 용신이고, 대운 또한 천간과 지지가 모두 火土의 운이므로 중년부터 말년까지 운이 좋다.

＊배우자

　배우자는 재성인데 연지 酉(金)의 편재와 시지 巳(火)중에 庚(金) 정재가 배우자가 된다. 신약 사주는 관성(水)이 나쁜데 재성(金)은 관성을 도와주는 역할을 하므로 주인공에게 돈이나 여자(재성)는 좋지 않다. 일지에 있는 亥(水)는 火가 필요한 일간 丁(火)을 더욱 약하게 하니 부인의 행동이 주인공에게 도움이 되지 않는다.
그러므로 주인공은 배우자 복이 없으며 부부관계도 원만하지 않다.

　연지에 있는 酉(金)는 초년에 만나는 여자다. 酉(金)는 나쁜 역할을 하는 子(水)를 도와주므로 주인공에게 도움이 되지 않는 여자다. 게다가 子酉는 귀문관살이 되고, 파(破)도 되므로 성격이 무척 예민하고 집착증까지 있어서 주인공을 정신적으로 무척 괴롭힌다. 배우자 자리인 일지에 있는 亥(水)는 연주 癸酉에서 보면 공망이 되고, 고신살도 된다. 그러므로 부부 인연이 약한데 배우자의 자리까지 좋지 않으므로 만혼하는 것이 오히려 좋다.

　丁(火) 일간은 재성 酉(金)와 관성 亥(水)가 천을귀인이다.
그러나 일간이 약할 때는 재관을 감당하지 못하므로 좋은 작용을 하지 못하지만 일간이 강해지면 재관을 감당하므로 좋은 작용을 하게 된다.
천을귀인은 사주에 여러 개 있으면 사람이 의타심이 생기고 이성의 문제가 생길 수 있어 오히려 좋지 않고 형, 충, 파, 해, 공망 역시 좋지 않은데 다행히 亥(水)는 巳亥 충이 되었지만 巳酉가 합이 되어 충을 해소하므로 천을귀인의 역할을 할 수 있다.

*부모

  부모는 연지에 있는 酉(金)가 편재로서 아버지가 되고, 월간에 있는 甲(木)이 정인으로서 어머니다. 酉(金)를 천간으로 보면 辛(金)이 되는데 이것을 월지 子에 십이운성으로 대입하여 보면 장생이 된다. 그러므로 아버지는 장생의 성격으로 순수하며 끊임없이 노력하는 분으로 학문과 관련이 있다. 또한, 장생은 새로운 탄생이라는 의미가 있으므로 아버지의 직업은 사람을 키우는 교수나 생명과 연관되는 직업을 가진 분으로 판단할 수 있다. 그런데 酉(金)는 水를 생하여 일간 丁(火)을 끄는 작용을 하므로 주인공은 아버지에게 거부감을 느낀다,

  월간은 아버지 자리로서 능력과는 상관없이 일간과의 인연을 보는 곳이다. 아버지의 사회적 능력은 편재로 판단하고, 주인공과의 관계는 월간의 모습을 보고 판단하는데, 월간에 있는 甲(木)인 아버지는 주인공 丁(火)의 불을 살려주기 위해 갖은 노력을 하고 있다. 하지만 甲(木)은 겨울나무인데 초년에 癸亥의 水운을 만나서 물에 젖어 있다. 젖은 나무로 丁(火)를 지피려고 하지만 불은 연기만 나고 타오르지 못하므로 주인공은 아버지의 사랑을 느끼지 못하고, 아버지 또한 타오르지 못하는 주인공으로 인해 마음 아프다.

  甲(木)이 물에 젖은 것은 월지에 있는 子(水) 때문인데, 子(水)는 천간에 癸(水)로 나타나서 추운 겨울에 눈이 되어 甲(木)을 얼게 하고 丁(火)의 불도 꺼버리게 된다. 그러므로 어머니로 인해 세상을

보는 시야도 좁아지고 자신감도 없어지고 우울하게 된다. 왜냐하면, 어머니는 정인으로 甲(木)이지만 주인공에게 하는 행동은 월지를 보고 판단하는데 그것은 월지가 어머니의 자리이기 때문이다. 이곳에 나쁜 작용을 하는 子가 있으므로 그렇게 판단한 것이다. 또한 어머니인 인성 甲(木)은 월지 子(水) 위에 있는데 이것을 12운성으로 보면 목욕에 해당한다. 목욕은 치장하여 자신을 뽐내는 것으로 자신밖에 모르는 이기적인 성향이 있게 된다. 그러므로 남이 볼 때는 甲(木)이 좋은 어머니처럼 보이지만 실질적으로는 주인공에 관해 관심이 없으며 水로 불을 꺼버리므로 좋지 않다.

＊자식

자식은 관성으로 癸, 亥, 子(水)가 되는데 시주는 乙巳다. 자식은 水로 나쁜 역할을 하는데, 자식의 자리인 시주에는 木火로 좋은 것이 있다.

초년의 자식은 일간 丁과 亥, 子의 지장간 壬과 丁壬 합을 한다. 水가 나쁜 역할을 하는데 일간과 합이 되므로 마치 자식이 주인공에게 붙어서 힘들게 하는 모습이다. 그러나 시간이 지나 대운이 火가 되고, 시주도 木火이므로 말년에는 이런 자식의 모습이 오히려 주인공에게 득이 되므로 자식이 효자 노릇을 할 것이라 생각할 수 있다.

이 사주는 부인(金)과 자식(水)이 기신으로서 나쁜 역할을 한다. 시주 乙巳가 희, 용신이니 결혼을 늦게 하면 부인과 자식으로 인한 나쁜 운을 해소할 수 있다. 더불어 시지에 있는 巳중의 庚(金)은 부인, 시간에 있는 편인 乙(木)은 어머니인데 乙庚 암합을 하므로 어머니와 관계가 원활한 부인을 만나게 된다.

*재물

  신약하므로 金(재)과 水(관)가 기신인 사주다. 연지에 재인 酉(金)가 월지와 일지의 亥子(水)인 관을 생하고 관이 일간을 극하는 양상이다. 초년에는 재물이 나쁜 역할을 하므로 재물을 감당할 수 없고, 말년에는 대운이 도와주고 시주의 乙巳도 일간을 강하게 하므로 재물을 감당할 수 있다.
그러므로 초, 중년에 재물에 대한 욕심을 가지게 되면 그만큼 건강이나 재물로 인해 나쁜 일이 생길 수 있으므로 욕심을 버리고 스스로 힘을 키워야 한다.

*직업

  신약 사주는 사업보다는 직장 생활이 좋다. 신약하면 재물을 감당하기 힘들기 때문에 조직의 울타리에서 보호를 받는 것이 낫기 때문이다.
이 사주는 일간에 비해 관이 너무 강한데 대운도 水-金으로 흘러 일간이 더 약해지므로 한 직장에서 오래 머물지 못하고 변동수가 많다.
인성이 희신이므로 공부로 실력을 쌓거나, 자격증을 획득하여 활용하는 것이 사업이나 장사를 하는 것보다 훨씬 더 좋은 방법이다.

월간의 甲(木)은 정인으로 일반적인 공부인데 甲(木)은 나무가 물 위에 떠 있는 모습으로 뿌리가 없으므로 학업 운이 약하다. 시간에 있는 乙(木)은 편인으로 특수한 기술이나 공부다.

巳월의 乙(木)은 마치 5월의 장미처럼 꽃이 활짝 핀 모양이며 火木 모두 좋은 역할을 하는데 乙(木)은 디자인이며 건물도 된다. 그러므로 나무에 관련된 특수한 기술을 가지고 디자인을 하거나 직장 생활 혹은 개인 사업을 하는 것도 좋다. 만약에 사업을 한다면 시지에 巳亥 충이 있으므로 도시보다는 지방 혹은 해외에서 하는 것이 좋다.
또한 巳亥 沖과 子酉 破가 있어서 木인 건물이나 火인 컴퓨터를 부수고 해체해서 새롭게 만드는 직업도 잘 맞는다.

* 대운
  사주 원국을 보면 연월의 초반은 金水가 강해서 나쁘고, 일시의 후반은 木火가 강해서 좋다. 대운의 흐름도 48세 己未 대운 전까지는 金水가 강해서 나쁘고, 그 뒤는 火木 운이 들어오므로 좋아진다.
8세부터 시작되는 癸亥 대운과 18세부터 시작되는 壬戌 대운에서는 천간이 水의 운이다. 지지의 亥(水) 운은 시지와 巳亥 沖이 되고, 戌(土)의 운은 火의 묘(墓)가 된다. 이렇게 되면 물은 많아지고 불은 꺼지는 모습으로 甲(木)인 인성이 물에 젖어서 아무런 역할도 하지 못하게 된다. 이것은 젖은 나무로 불을 지피려고 하는 것과 마찬가지이므로 아무리 노력을 해도 성적이 오르지 않아서 결국 공부에 흥미를 잃고 포기하게 된다.
초년에 子酉 破와 귀문관살이 있어서 생각이 많고 예민한데 공부도 마음먹은 대로 되지 않는다. 엎친 데 덮친 격으로 대운에서 巳戌의 원진까지 만나게 되니 매사 남 탓을 하게 되므로 대인 관계도 원만하지 못해서 학창 생활이 즐겁지 않다.

8세부터 시작하는 癸亥(水) 대운은 역마의 운으로 해외에서 생활하면 좋다. 이렇게 초년 운이 좋지 않을 때는 해외로 나가는 것도 액운을 피하는 방법의 하나다.

18세부터 시작하는 戌(土) 대운을 연지 중심으로 12신살을 대입하면 반안살에 해당한다. 반안살이 좋은 역할을 하면 매사가 편안하다. 일간에서 12운성을 대입하면 戌은 양(養)에 해당하는데 사주가 신약할 때 양을 만나면 무기력해진다. 더구나 대운에서 巳戌 원진을 만났으므로 비록 반안살의 운이지만 무기력해지고 힘들다.

28세부터 시작하는 辛酉 대운과 38세부터 시작하는 庚申 대운은 財의 운이다. 이것은 돈을 벌고자 하는 욕구가 생기는 운이다.
천간으로 들어오는 庚辛(金) 재성은 癸(水)의 관을 생하고, 인성인 甲乙(木)을 친다.
지지의 酉(金) 대운은 巳酉(丑)으로 金국이 되고, 申(金) 대운은 申子(辰)와 巳申 합이 水가 되므로 사주 전체에 水가 너무 많아져 불(丁火)이 꺼질 지경이다.

원국이 신약하니 재관을 감당할 수 없는데 재성의 운이라 돈을 벌고자 하는 욕망이 생긴다. 설령 돈을 번다고 하여도 관을 생하니 왕한 관이 일간을 극하여 관재나 질병이 생길 수 있고, 재성이 인성을 극하니 돈을 벌려고 무리하게 일을 벌이다가 문서를 날릴 수 있다. 혹은 강한 金은 木을 손상하니 甲(木)의 인성인 어머니나 또 월간의 아버지 자리를 극하므로 부모에게 문제가 생길 수 있다. 더구나 연지에서 酉(金) 대운은 장성살의 운이므로 고집이 세어지고 멋대로 하는 성향이 있어서 주변 사람과의 인간관계, 관재구설, 재물 시비 등을 주의해야 하며 과로로 인한 건강 역시 조심해야 한다.
申(金) 대운은 망신살의 운으로 과욕으로 무리하게 일을 진행하면 실패하고 망신당할 수 있다.

재성은 재물이기도 하며 여자이기도 하다. 辛酉, 庚申 대운에는 재물과 여자 모두 나쁜 작용을 한다. 돈 욕심으로 무리하게 일을 벌이거나 여자를 잘못 만나면 문서를 날리고 재앙을 맞을 수 있으니 수신(修身)하고 욕심을 삼가는 것이 바람직하다.

48세부터 시작하는 己未 대운은 천간은 甲이 己를 합하여 甲(木)의 희신 작용이 감소하여 나쁜 것처럼 보이지만 다행히 乙(木)이 未(土)에 뿌리를 내리고 亥未가 합이 되어 甲의 뿌리가 되므로 甲은 己에 묶이지 않고 일간을 도와줄 수 있으므로 좋다. 또한 지지 未(土)는 일간 丁(火)의 뿌리가 되고 水를 극하여 주니 좋다.

58세부터 시작하는 戊午대운은 戊癸 합하여 癸(水)인 기신을 합거(合去)하므로 좋다. 지지의 午(火)는 기신 子(水)를 충하여 제거(沖去)하니 역시 길하다.

사주의 주인공은 초년 운은 힘들지만, 중년은 좋은 운으로 辛酉, 庚申 대운만 욕심을 부리지 않고 수신하면 노년은 편안하게 잘 살 수 있는 운명이다.

5. 무(戊) 일간   坤(여자)

상관	自身	정인	비견
辛	戊	丁	戊
酉	子	巳	午
상관	정재	편인	정인
庚辛	壬癸	戊庚丙	丙己丁
사	태	건록	제왕
육해	재살	망신	장성

77	67	57	47	37	27	17	7
겁재	식신	상관	편재	정재	편관	정관	편인
己	庚	辛	壬	癸	甲	乙	丙
酉	戌	亥	子	丑	寅	卯	辰
상관	비견	편재	정재	겁재	편관	정관	비견
사	묘	절	태	양	장생	목욕	관대
육해	화개	겁살	재살	천살	지살	연살	월살

   戊(土)는 산과 같이 높고 넓으며 속 안에 火의 기운이 있어서 건조하고 굳어 있는 땅인 조토(燥土)를 의미한다. 땅에서는 높은 산, 성곽, 제방, 축대... 등에 비유되며 하늘에서는 바람, 안개(霧)나 먼지 등을 나타낸다.

土는 모든 것을 수용하여 키우고 받아들인다.
그러므로 성격은 주위의 것들을 포용하고 중화하며 중용을 지키고 성실하고 책임감이 있으며 신용을 중하게 여긴다.

戊(土)는 낮은 논밭과 같은 己(土)와는 달리 높은 산으로 태산과 같이 중후하고 믿음직스러우며 온후하고 후덕하다. 어지간해서는 흔들리지 않는 주관과 개성이 뚜렷하며 주체의식이 강하나 때로는 아집과 독선이 심해 타인의 말을 듣지 않아 고집불통이며 교만하다는 인상을 주기도 한다.

*성품

주인공은 戊(土)로 巳월의 마르고 건조한 조토(燥土)가 초여름의 열기가 있는 계절에 태어나 더욱 딱딱하고 건조한 땅이 되었다.
무뚝뚝하고 융통성이 없고 자기 주장만 강하고 남의 말을 듣지 않는 성격이 되기 쉬워서 대인 관계가 원활하지 못할 수 있다.
게다가 신왕한데 이를 제어해주는 관성 木이 사주에 없으니 자신을 스스로 자제하는 인내심이 없어서 수양하지 않는다면 대인 관계나 사회생활에 문제가 많을 수 있다.

일지에 재성이 있으므로 재물에 관한 관심과 이를 취하고자 하는 욕구가 강하다. 특히 신강 사주인데 12운성으로 일지가 장성살에 해당하면 전업주부보다는 사회생활이 더 잘 맞다.
장성살은 장군의 기질로 지기 싫어하는 성향이 강하므로 고집과 독선이 심하여 남편과 불화하기 쉽다. 또한 일지 子를 연주 기준의 12신살로 보면 재살이 된다. 재살이 좋은 역할을 하면 꾀돌이로 두뇌 회전이 빠르고 학문을 좋아하고 재치가 있으나 나쁜 역할을 하면 변덕과 변화가 심하여 삶에 파란과 기복이 심하다.

*격

戊(土) 일간이 巳(火) 월에 태어나서 월주는 丁巳, 연주는 戊午로 火土의 기운이 아주 강하므로 신왕 사주다. 월지 巳(火)중에 辛(金), 戊(土), 丁(火)이 天干에 투간하였으나 월간에 丁(火)이 투간하였으므로 정인격이다. 정인격은 학문에 관심이 많고 탐구적이며 현실 감각이 좋은 편으로 여자는 현모양처이며 인자한 어머니가 된다. 그러나 신강할 때 정인은 흉한 작용을 하므로 좋은 점보다는 나쁜 점이 나타난다. 또한 신강한 사주에 정인은 불필요하므로 재성인 水로 인성 火를 극하여 힘을 빼는 것이 좋다. 그러므로 이 사주에 상신은 水다.

*용신

억부와 조후 격국으로 볼 때 水(壬癸)가 용신이며, 金(辛)이 희신이다.

*배우자

배우자는 남편인 관성 木이 없으므로 사주에 관성을 대입하여 보거나 용신을 남편으로 본다. 초년의 운을 보는 연간은 戊(土)의

메마른 땅이고, 월간은 巳월의 여름, 丁(火)의 열기로 가득하다. 천지에 모두 열기가 가득하므로 여기에 나무 관성이 있다면 아마 말라 죽을 것이다. 또한 연주 戊午에서 보면 子丑이 공망인데 일지가 子로 공망이다.

더하여 정관 乙(木)을 일지 子에 12운성으로 대입하여 보면 병(病)이 된다. 사주 원국의 초년에는 남편 운이 약하니 결혼은 가능하면 늦게 하는 것이 좋고, 관성은 병(病)이 되므로 남편의 성격은 조용하고 이해와 배려심이 많은 사람일 것이다. 만약에 37세 전에 일찍 결혼하게 되면 관성인 木이 사주에 왕한 인성 火를 더 강하게 하여 주인공은 힘들게 될 것이다. 37세 이후에는 필요한 癸가 일간 戊와 합을 하여 도움을 주므로 이 시기에 결혼하면 무난할 것이다.

＊부모

월주는 부모의 자리인데 丁巳로 기신인 火가 자리 잡고 있다. 인성 火가 강하므로 가정에서의 주도권을 어머니가 잡고 있으며, 편재 壬을 월지 巳에 12운성으로 대입하여 보면 절(絶)이 되므로 아버지는 힘이 없으시다. 강한 어머니가 지나치게 간섭하면서 자식을 교육하는 방법이 도리어 주인공에게는 해악(害惡)이 된다.

아버지(壬)는 이러한 어머니의 행동을 제지하고자 하나 어머니(火)의 기에 눌려 꼼짝을 못하고 사시거나 그렇지 않으면 단명하셨을 것이다. 그것은 연월이 火의 기운으로 너무 조열한데 초년의 대운도 木火의 운이라 水가 너무 약해지기 때문이다. 만약에 단명을 하지 않으면 몸이 불편하시거나 능력이 전혀 없다.

부모의 인연이 약한 상황에서 형제 자리인 월주에도 기신인 火가 있으므로 나쁜데 연주의 戊午는 비견으로 형제가 된다. 일간이 강한 주인공에게 비견은 도움이 되지 않고 오히려 재물을 뺏어가는 것이므로 형제로 인해 손해를 보게 된다.

＊자식

자식은 시간의 辛(金)으로 陰干이어서 늦게 얻은 딸이다. 辛에서 지지의 酉는 12운성으로 보면 건록이 되므로 자식이 힘이 있다. 더하여 일간이 너무 조열하여 水가 필요한데 金은 水를 도와주는 역할을 하므로 자식은 능력도 있고 효녀다.
일시에 子酉 破, 귀문관살이 있으나 金水가 좋은 역할을 하고 신강하므로 破나 귀문관살의 나쁜 작용은 나타나지 않는다.

＊직업

사주가 강하고 일지에 장성살이 있으니 전업주부보다는 사회생활을 하는 것이 좋다. 신강한데 관성이 없으므로 남에게 명령을 받게 되는 직장 생활과는 인연이 적은 편이다. 연지에서 보면 일지 子는 재살이다. 일지에 재살을 깔고 있으면 영리하고 꾀가 많으나 자기 꾀에 넘어가 직업이나 말 등 여러 가지를 자주 바꾸는 성향이 있다. 그러므로 설령 직장 생활을 하더라도 주변 사람과 부딪침이 많고 이직(離職)을 자주 하게 된다.

정인격인데 재가 용신이므로 공부를 한다면 경제와 관련이 있는 것을 하면 좋다. 그러나 초년에 인성이 나쁜 작용을 하고 운도 따르지 않으므로 공부와는 인연이 없다.

*대운

27세부터 시작하는 甲寅 대운에는 천간의 甲(木)은 丁(火)을 생하고, 지지의 寅(木)이 천간 丁을 도와주어 火가 너무 강해지므로 나쁜데 편관의 운이므로 관재 구설이나 재앙, 질병… 등의 일이 생길 수 있다.

37세부터 시작하는 癸丑 대운에는 癸(水)가 천간의 戊(土)와 합이 되어 水의 역할을 하지 못하므로 나쁜 것처럼 보인다. 그러나 癸가 대운 丑에 뿌리가 있고, 사주 원국의 子에도 뿌리가 있으며 巳酉丑 金局이 되어 戊癸 합이 되어도 癸(水)가 묶이지 않는다.
그러므로 水의 역할을 할 수 있으므로 괜찮다.
더구나 대운이 겨울의 水로 가는 길목의 丑이라 좋다.

47세부터 대운이 水-金으로 흐르고, 사주 원국도 일시에 水金이 있으므로 말년이 좋다. 초년부터 36세까지 시련이 많았지만 37세 이후 말년까지 운이 순조롭다.
초년에는 남편 운이 약하지만 중년 이후 일지의 子(水)가 불을 꺼주는 역할을 하므로 말년에는 해로하는 부부가 된다.

6. 기(己) 일간 乾(남자)

정인	自身	정재	편인
丙	己	壬	丁
寅	巳	寅	丑
정관	정인	정관	비견
戊丙甲	戊庚丙	戊丙甲	癸辛己
사	제왕	사	묘
겁살	지살	겁살	화개

75	65	55	45	35	25	15	5
정관	편관	정인	편인	겁재	비견	상관	식신
甲	乙	丙	丁	戊	己	庚	辛
午	未	申	酉	戌	亥	子	丑
편인	비견	상관	식신	겁재	정재	편재	비견
건록	관대	목욕	장생	양	태	절	묘
연살	월살	망신	장성	반안	역마	육해	화개

　己(土)는 습한 토양으로 바탕이 선하고 착하며 신용을 중시하고 한쪽에 치우치지를 않고 중용을 잘 지켜 화해나 중계의 명수이다. 한편 끈질긴 노력과 참고 견디는 힘도 강하여 힘든 고난이 있어도 이것을 조용히 이겨내어 결국에는 성공하는 성품도 있다.

*성품

 이 사주의 일간 己(土)는 巳(火)와 丙(火)의 생을 받아 戊(土)의 기질도 있으며, 재와 관을 감당할 수 있는 충분한 힘도 있다.
일지 巳(火)의 지장간 속에는 상관인 庚(金)이 있고, 정인인 丙(火)도 있어 인정이 많고 인품이 준수하며 활동적이고 학문을 활용하는 것에도 능하며 지도자의 자질과 통솔력도 있다.

*격

 寅월 초봄의 己(土) 일간이다. 己(土)는 농토로서 나무를 키우는 것이 책무인데 寅(木)이 있으므로 할 일이 있는 좋은 토양이다.
寅월의 己(土)는 신약하나 연지 丑(土)과 일지 巳(火)에 뿌리를 두고 있으며, 寅(木)과 巳(火)에 뿌리를 둔 시지 丙(火)의 생을 받아 나름 대로 힘이 있다.
월령이 寅(木)이라 연간 丁과 월간 壬이 丁壬합으로 木이 되므로 사주에 木이 제일 강해졌다. 월령이 寅(木)이고, 寅중의 丙(火)이 시간에 투간하여 정인격으로 볼 수도 있지만, 월에 寅(木)이 세력이 강하므로 정관격이다. 정관이 강하고 일간이 약한 양상이어서 인수(印受)인 丙(火)을 상신(相神)으로 하여 정관패인(正官佩印)이 되었다. 정관패인은 일간이 신약할 때 관성으로 극을 당하고 있는 것을 인성으로 보호해주는 것을 말한다.

*용신

 물상의 관점에서 보면 己(土) 일간이 쌀쌀한 초봄 寅월에 나무를 키우는 양상이다. 寅월의 나무는 한창 자라기 시작하는 나무로서 火와 水가 필요하다. 寅월의 나무는 지나치게 우거지지 않으면 아직은 연약하므로 金으로 잘 치지 않는다. 이 사주는 火가 水보다 강한 것처럼 보이지만 壬(水)이 丑(土)에 뿌리를 두고 있으며 이른 봄에는 아직 추위가 있어 水보다는 火가 좀 더 필요한 상황이다. 이와 같은 상황을 고려하면 용신은 丙(火)이고, 희신은 甲(木)이 된다.

*배우자

일지에 정인이 있으므로 배우자는 생각이 반듯하고 조용한 성품이지만 巳(火)중에 丙(火)이 내재하여 화려하고 사치스러운 면도 있으며, 상관인 庚(金)에 의해 가끔 일탈(逸脫)할 수도 있다. 그러나 일지에 있는 巳(火)가 용신이므로 내조는 잘하는 부인이다. 寅이 고신살인데 월일에 있고, 일지 巳(火)를 재성인 壬(水)에 12운성으로 대입하면 보면 절(絶)지여서 결혼은 늦게 하는 것이 바람직하다.

*부모

아버지는 월간에 있는 壬(水) 정재로 지지에 寅을 만나면 12운성의 병(病)이 되며, 丑은 쇠(衰)가 되고, 巳는 절(絶)이 되므로 생활 능력이 강하지 않다. 또한, 정재 壬(水)과 편인 丁(火)이 합을 하므로 외정(外情)이 많아 아버지로서 할 역할을 제대로 못 한다고 할 수 있다. 그러나 어머니는 월지 寅(木) 정관으로 용신 火를 도와주는 희신의 역할을 하므로 주인공에게 바른 훈육을 하면서 잘 키운다고 생각할 수 있다.

사주 원국 연월에 丁(火)이 壬(水)에 합으로 묶여서 길신 丁(火)이 자유롭지 못한데 丁壬합이 월령 寅(木)에 뿌리가 있으므로 木으로 변한다. 비록 木이 火에게 좋은 작용을 하지만 연월에는 火가 없고 시에 丙(火)이 있으므로 초년의 木은 火를 생하는 좋은 작용을 하지 못하고 己(土)를 공격하게 되니 도리어 나쁘다.

火가 필요한 사주인데 연월에 火가 없는 상태에서 木이 강하면 나쁘다. 게다가 대운도 金-水로 흐르면 어린 시절에는 부모덕이 없고, 학창시절에는 학업 운도 나쁘다. 그러나 용신 丙(火)이 월지의 寅(木)에 뿌리를 두고 있어서 좋은데 월지는 어머니의 자리이므로 어머니로부터 강한 정신을 물려받아서 비록 초년 운이 나쁘지만, 그것을 스스로 극복할 수 있는 능력은 있다.

초년에는 운이 따르지 않아서 자신의 능력을 충분히 발휘할 수 없지만, 용신인 인성 火가 뿌리가 있고 관성의 뒷받침을 받고 있다. 그러므로 인성이 강해 능력이 있으므로 비록 다른 사람보다 훨씬 큰 노력을 해야 하므로 힘은 들겠지만, 학업 운은 좋은 편이다.

이렇게 사주 원국에 인성이 좋은 역할을 하고 강하면 비록 초년 대운이 나빠도 학업 운을 타고 났으므로 좋은 대학에 들어가게 된다.

＊대운

5세부터 시작하여 24세 전의 대운은 辛丑과 庚子의 운인데 대운 천간에 庚辛의 金이 원국에 있는 壬(水)을 도와주어서 火의 기운을 더욱 약하게 하므로 불길하다. 더구나 辛 대운은 시간에 있는 丙(火)을 묶어서(丙辛 合) 태양이 사라지게 되므로 땅에 습기가 많아져서 자연히 한기도 강하게 된다. 그러므로 조후가 어긋나게 되어 병도 자주 걸리고, 土가 약해지므로 소화기 계통에도 문제가 생긴다.

25세부터 시작하는 己亥 대운은 천간의 己(土)가 월간의 壬(水)을 극하려고 하지만, 己(土)가 亥(水)에 뿌리가 없으므로 힘이 없다. 게다가 월간의 壬(水)은 대운 亥(水)에 뿌리를 내려서 강하므로 己(土)는 壬(水)을 극하지 못하므로 나쁘다.
대운 지지의 亥(水)는 월지와 시지에 있는 寅(木)과 합이 되고, 일지와는 巳亥 충이 된다. 지지는 寅巳寅으로 火의 기운이 강하므로 巳亥 충이 되었을 때 巳(火)가 깨지는 것이 아니라 亥(水)가 증발하게 된다. 또한, 水는 木을 생하고, 木은 火를 생(亥生寅生巳火)하는 원리이므로 나쁜 것이 변하여 전화위복이 된다.
이 시기에는 木인 관이 강해지므로 자연히 용신 火가 강해진다. 이 상태에서 약한 亥(水)가 巳(火)를 충하면 巳가 움직여서 일간을 도와주므로 좋은 운이다. 巳(火)는 인성으로 문서인데 좋은 역할을 하므로 이런 경우에는 직장에서 뜻하지 않게 승진을 하게 된다. 그것은 역마가 좋은 작용을 하므로 생각지도 않게 좋은 일이 생기는 것이다.
일지 巳(火)를 기준으로 亥(水)는 역마가 되는데 이 경우는 12신살은 년을 기준으로 본 것이 아니라 일을 기준으로 본 것이다.

또한 亥(水)는 편재로 원래는 나쁜 역할을 하는 것이었지만 巳(火)를 충하여 일간을 도와주게 하는 좋은 역할을 하므로 생각지도 않게 재물이 증가하게 된다.

　35세부터 시작하는 戊戌 대운은 대운 천간의 戊(土)가 지지 戌(土)에 뿌리가 있어서 강한데 사주 원국에 있는 일지 巳에도 뿌리를 내리므로 힘이 아주 강하다. 월간에 있는 壬(水)은 대운 戊(土)에 뿌리가 없고, 원국에도 힘이 없으므로 대운 戊(土)에 의해 극을 당하므로 그동안 壬(水)에 묶여 있었던 丁(火)이 풀려나서 火의 역할을 하게 된다.
또한, 대운 지지의 戌(土)은 월지의 寅과 일지의 巳와 寅巳戌로 합이 되어 삼합의 역할을 하게 된다. 원래 火의 삼합은 寅午戌인데 가장 중심이 되는 午(火)는 사주에 없지만 午(火)를 대신하는 巳(火)가 있으므로 寅巳戌도 火의 역할을 한다.
그러므로 천간에는 기신이 되는 壬(水)이 제거되고 지지는 삼합 火의 운으로 대운 천간과 지지가 모두 사주에 좋은 역할을 하므로 戊戌 대운이 좋다. 戊戌 대운은 겁재의 운인데 겁재가 좋은 역할을 하므로 친구 등 타인으로 인해 좋은 일이 생긴다.
또한 비겁은 새로운 변화이므로 직장이나 주거지에 이동수가 있다. 비록 일지인 배우자의 자리와 巳戌로 원진이지만 나쁜 역할을 하지 않으므로 크게 문제가 되지 않는다.

　45세부터 시작하는 丁酉 대운은 천간에 丁壬합이 또 다른

丁(火)이 들어와서 壬(水)이 투합을 하느라 힘을 쓰지 못하므로 丁(火)이 자유로워진다. 그런데 대운 지지의 酉(金)는 연지의 丑(土)과 일지의 巳(火)와 巳酉丑의 삼합이 되므로 중요한 역할을 하는 巳(火)가 묶이게 되어 불길하다.

그러므로 남이 보기에는 좋은 운으로 보이지만 실속이 없으며 용신인 丙(火)의 입장에서 酉는 12운성으로 사(死)가 되므로 활동성이 약해진다. 게다가 巳酉丑 金局은 육신으로 상관이 되고, 寅酉가 원진인데 나쁜 역할을 하므로 사기를 당하거나 구설수로 인해 명예가 손상되는 일이 있을 수 있다. 천간에 丁(火)은 편인의 운이므로 문서 매매는 특히 조심해야 한다.

55세부터 시작하는 丙申대운은 대운의 천간 丙(火)이 지지의 寅巳에 뿌리를 내리고 있으므로 매우 강하다. 더구나 월간에 있는 壬(水)을 충하는데 壬(水)보다 丙(火)의 힘이 더 강하므로 壬(水)이 丁(火)을 묶는 힘이 약해져 火가 제 역할을 하게 된다.

대운의 지지에서 만나는 申은 사주 원국에 있는 寅巳와 寅巳申 삼형이고 역마이므로 충돌과 변화가 많이 생기는 운이다. 지지에 있는 寅이 丙(火)의 뿌리 작용을 하는데 申이 충을 하므로 안 좋아 보인다. 그러나 사주에 寅(木)은 힘이 강하고 일지에 있는 巳(火)를 생해주므로 火의 힘은 강하고, 대운 지지의 申(金)은 힘이 약하다. 처음에는 형살로 나쁜 것처럼 보이지만 강한 寅(木)이 申(金)에 충을 맞아 움직여서 火를 생하는 역할을 한다. 그러므로 힘들고 어려운 가운데 구설수도 생기지만 전화위복이 되는 것으로 오히려 힘든

가운데 좋은 일이 생긴다. 마치 전쟁을 하여 승리를 하면 오히려 전리품이 많이 생기는 것으로 처음에는 힘들어서 여러가지 어려움이 있지만 결국 해결될 것이다.

 65세 대운 이후 대운의 천간은 木의 운이고, 대운의 지지는 木火의 운이다. 천간은 용신인 丙(火)을 도와주고, 지지도 火의 운이므로 천간과 지지가 모두 좋다. 사주 원국도 용신이 시간에 관인상생이 되어 힘이 있고 대운도 좋으므로 말년에는 편하고 사람들에게 존경받고 이름을 날리게 된다.

7. 경(庚) 일간 乾(남자)

정관	自身	겁재	편관
丁	庚	辛	丙
亥	寅	丑	申
식신	편재	정인	비견
戊甲壬	戊丙甲	癸辛己	戊壬庚
병	절	묘	건록
망신	역마	반안	지살

76	66	56	46	36	26	16	6
정인	편인	정관	편관	정재	편재	상관	식신
己	戊	丁	丙	乙	甲	癸	壬
酉	申	未	午	巳	辰	卯	寅
겁재	비견	정인	정관	편관	편인	정재	편재
제왕	건록	관대	목욕	장생	양	태	절
연살	지살	천살	재살	겁살	화개	육해	역마

　庚(金)은 팽창하던 모든 만물의 기운이 수축하고 수렴되는 것으로 땅에 존재하는 제련되지 않은 모든 것, 단단한 금속이나 바위... 그리고 가을의 완숙된 오곡백과를 말한다.
하늘에서는 달을 나타내거나 우박이나 서리를 의미하기도 한다.

이처럼 庚(金)의 성질은 강하고 단단하며 굳센 것(堅剛)으로 이러한 기운을 숙살지기(肅殺之氣)라 하며 살상이나 억압 또는 변혁을 의미하는데 이것이 곧 庚(金)을 대표하는 기운이다.
庚(金)은 가공되지 않은 원석(原石)으로서 火로 제련되어 빛나는 보석이 되거나 생활에 필요한 물건이 되는 것이 최상의 자기 가치의 표현이다.
항상 壬(水)인 물로 깨끗하게 씻기거나 물을 생성하는 역할인 金생水하는 것을 기쁘게 생각한다.

庚(金)의 성정은 단단한 바위와 같아 소신이 분명하여 주위의 여건에 쉽게 흔들리지 않으며 의리를 중하게 여기나 한편 유연성과 융통성은 부족하여 고집이 세다는 인상을 주기도 한다.
판단력과 결단성이 강하나 때 묻지 않은 원석으로서 천진난만하고 순수하며 계산적이지 않고 때로는 여린 마음을 보이기도 한다.
이와 같은 성정 때문에 사람들과 쉽게 인연을 맺지는 못하나 한번 인간관계를 가지면 의리를 중시 여겨 그 인연을 끝까지 유지하고자 노력하며 어떤 난관에 부닥쳤을 때도 이를 스스로 해결하고자 하는 노력과 의지가 강하다.

*성품

이 사주는 丑월의 庚(金)으로 한겨울의 얼어있는 庚(金)이다. 金도 차고 계절도 겨울이니 마음이 차고 냉혹하다. 마음이 닫혀 있고 사람을 억압하려는 성질이 있어 인간관계가 원만하지 않을 수 있다.

신강이어서 고집이 세고 겨울의 金이라 얼어있어 잘못하면 무모한 고집 때문에 부러지거나 깨질 수 있다.

*격

 월지가 丑(土)으로 정인격인데 인성이 천간에 투출하지 않았고, 초년에 관성 丙(火)이 辛(金)에 합이 되어 인성을 生하지 못한다. 연간에 용신인 관성 火를 도와주는 기운이 전혀 없으므로 초년 운이 안 좋아서 학업 인연이 없다.
학업 운을 볼 때는 연월에 있는 인성과 관성이 중요한데 丙(火) 관성이 묶여서 제 역할을 하지 못하고 火가 없으므로 인성(土)도 힘을 쓰지 못하여 대학 진학은 힘들 것이다. 만약에 진학을 한다면 명문대는 힘들다.

 寅 지장간의 丙(火)과 丑중에 있는 辛(金)이 암합이 되었으므로 재물(寅)과 인성(丑)이 합이 되어있다. 그러므로 공부는 재물 취득을 위한 것이므로 상업고등학교와 인연이 있다. 이런 구성을 가지게 되면 대학교에 진학하는 것보다 오히려 상업고등학교에 진학하는 것이 더 낫다.

*용신

 추운 겨울에 얼어있는 庚(金)이다. 庚(金)이 겨울에 태어나면 신강 신약을 논하기 이전에 조후의 해결이 시급하다. 조후를 해결하지 않으면 金은 얼어서 아무것도 할 수 없게 되므로 戊(土)로서 제습하고 丙, 丁의 火로 따뜻하게 해주어야 한다.
그러므로 이 사주는 억부나 격국보다는 조후가 우선이므로 용신은 丙, 丁(火)이며, 희신은 甲(木)이고 戊(土)는 약신이다.

＊배우자

배우자는 일지에 있는 편재로 寅(木)이다. 재성이 일지인 배우자 자리에 있으므로 부인이 제자리에 있다. 寅(木)의 지장간에는 이 사주에 필요한 戊, 丙, 甲이 모두 있으므로 좋은 배우자를 만난다. 배우자의 성품은 총명하고 활발하며 대인 관계도 좋고 재물을 모으는 능력도 있다.

겉으로는 일간인 庚(金)이 배우자의 자리에 있는 寅(木)을 억눌러는 모습이지만 寅(木)중 지장간에 있는 丙(火)이 庚(金)을 극하므로 부인 또한 만만하지 않다. 그리고 庚(金)은 일지 寅에 12운성으로 절(絶)이 되어 약하고, 부인인 정재 乙(木)은 일지 寅에 12운성으로 제왕이 되므로 아주 강하다. 그러므로 주인공은 부인을 이길 수 없으며 배우자 자리에 자신에게 꼭 필요한 戊, 丙, 甲이 다 있으므로 시간이 지나면 지날수록 부인의 소중함을 알게 되어 말년에는 부인에게 의지하게 된다.

＊부모

부모인 아버지는 편재, 어머니는 정인이다. 일지에 寅(木) 편재가 있으나 배우자 자리에 있으므로 아버지로 해석하는 것보다 부인으로 해석하는 것이 마땅하다.

또 다른 방법으로 부모의 인연을 살펴보면 월주에서 월간은 아버지가 주인공을 대하는 모습이고, 월지는 어머니가 주인공을 대하는 모습인데 월주가 辛丑이다. 火가 필요한 사주에서 辛丑은 기신으로 나쁜 작용을 한다. 월간의 아버지 자리에 있는 辛(金)은 겨울의 찬 서리로 주인공에게는 냉혹한 기운이다, 특히 용신 丙(火)을 묶어서 용신의 작용을 기반되게 하므로 몹시 나쁜 작용을 한다. 그러므로 아버지와 인연도 없고 서로 정도 없는 사이가 된다. 어머니 자리에 있는 월지 丑(土)은 습토이며, 아버지 辛(金)의 뿌리가 되는데 나쁜 작용을 하는 辛(金)을 도와주고 있다.

비록 丑(土)이 일간의 천을귀인이지만 나쁜 작용을 하므로 귀인의 작용이 반감된다. 어머니가 천을귀인이라 주인공은 많은 기대를 하지만, 겨울에 태어나 추위에 떨고 있는 주인공에게 난로처럼 따뜻하게 대해주는 것이 아니라 丑은 겨울에 차가운 얼음으로 냉정하게 대하니 어머니에게 대한 서운함이 클 것이다. 또 다른 해석으로는 비록 어머니는 따뜻하게 대해 주셨더라도 주인공이 느껴지는 감정은 그렇게 느끼지 못했을 수도 있다. 이것은 사주의 배치도에 의해서 느껴지는 감정으로 월지 어머니의 자리에 있는 丑이 얼음이므로 그렇게 느낄 수도 있다.

그러므로 부모와의 인연이 약해서 자수성가해야 할 팔자이다.

＊자식

자식은 관성 火로 연간에 있는 편관 丙(火)과 시간에 있는 정관 丁(火)이다. 초년에 일찍 낳은 자식 丙(火)은 양(陽)이므로 아들이고,

늦게 낳은 자식 丁(火)은 음(陰)이므로 딸이다. 모두 일지 寅(木)에 뿌리를 두고 있어 부인의 양육과 관심으로 잘 성장한다. 그러나 아들 丙(火)은 주인공과 소원(寅申 충)해질 수 있고 딸 丁(火)은 함께 잘 지낸다(寅亥 합)고 볼 수 있다. 한편 자식들은 좋은 작용을 하는 火이므로 자식 복이 있다. 연간에 있는 아들 丙(火)은 월간 辛(金)에 묶이고 바로 밑인 연지에는 申(金)을 깔고 있다. 丙(火)이 申을 만나면 12운성으로 병(病)이 되므로 아들은 조용한 성격으로 활동성이 많은 육체적 직업보다 두뇌를 쓰는 차분한 직업을 갖는 것이 좋다.

시간에 있는 정관 丁(火)은 시지 亥(水)가 丁(火)의 관성이며 천을귀인에 해당하여 반듯한 성격이므로 직장 생활을 하면 성공할 수 있다. 그리고 丁(火)이 용신이며 시지에 있는 亥와 일지에 있는 寅이 寅亥 합이 되므로 딸자식과 배우자가 합이 되어 주인공의 밑에 모여 있는 모습으로 노년에 가족과 화목하게 잘살게 된다.

*재물

일간 庚(金)은 일지에 편재 寅(木)을 두고 있어 주인공은 재물에 대한 관심이 많다. 원국의 연월에는 재물인 木이 없어서 초, 중년에는 재물에 관한 관심이 없다가 부인 寅(木) 편재가 재물을 안고 들어와 결혼 후부터 재물에 관한 관심을 두게 된다.

시지에 있는 식신 亥(水)가 일지 寅(木)과 식신생재로 합을 하며 일지 寅(木)은 시간 정관 丁(火)의 뿌리가 되므로 재성이 식신과 정관 사이를 통관시켜주므로 재복과 부인복이 있다. 그러나 재성이 식상과 관성을 통관시켜주지 못할 때는 재복은 있으나 부인복은 없다. 시지에 있는 식신 亥(水)가 일지에 있는 寅(木)을 생하므로 자식의 도움으로 재물이 생길 수도 있다. 그러므로 주인공은 부인과 자식 복이 있으며 이로 인해 재물복도 있다고 할 수 있다.

*직업

직업은 정인격(丑)에 관성 火가 년과 시에 있어 직장 생활을 한다. 일지 재성 寅중에 암장되어 있던 관성인 丙(火)이 년 천간에 드러나 있으므로 초년 직장은 누구나 알만한 회사가 될 것이다.
또한 관성이 겁재와 합을 했는데 겁재는 회사 동료이므로 직원이 많은 회사에 다닐 확률이 높다.
직장 생활은 丙(火)인 관성이 연월에 힘이 없고 동료인 월간 辛(金)에게 丙辛합이 되어 힘을 쓰지 못하고 나와의 인연이 적다.
그러므로 아무리 열심히 일해도 실력을 인정받지 못하고 동료에게 밀리게 되므로 직장 생활에 갈등을 느끼게 된다. 그러나 결혼을 한 뒤에는 일지에 있는 재성 寅이 관성인 火를 도와주므로 직장에서도 인정을 받게 되어서 직장으로 인한 만족도가 높아지게 된다.
말년에는 시간에 있는 정관 丁(火)이 亥의 천을귀인을 만나게 되므로 나름대로 편하고 도움이 되는 직장 생활을 하게 될 것이다.

직장은 관성이 재성에게 뿌리가 있으므로 재물과 관련이 있는 은행이나 금융, 보험이거나 寅이 역마이므로 교통이나 통신도 된다.

혹은 火가 관성이므로 火와 관련이 있는 전기, 전자, 통신, 인터넷, 언론 매체 등도 적절하다. 그러나 관성이 힘이 없으므로 지위가 높지는 않다.

＊대운

대운이 봄(木), 여름(火), 가을(金)로 흐르므로 용신이 火고, 희신이 木이라는 관점에서는 초, 중장년이 좋은 운이며 말년은 나쁘다고 할 수 있다.
사주 원국은 특별히 좋지 않지만, 대운의 흐름은 좋다.
연월의 가정이나 생활환경은 좋지 않지만, 대운의 흐름은 좋아서 본인의 노력으로 이를 극복한다고 볼 수 있다.
26세부터 65세의 대운은 천간과 지지가 모두 용신인 火와 희신인 木의 운이므로 좋은 운으로 편안한 시기이다.

26세부터 시작하는 甲辰 대운은 辰월의 왕성한 甲(木)이 천간의 용신 火를 도와주므로 좋은 운이다. 甲(木)은 재성이고, 辰을 연지에서 12신살로 보면 辰은 화개살이 되는데 화개살은 과거와 연관이 있으므로 과거에 알던 여자와 결혼(辰의 乙과 일간 庚이 乙庚 합)할 확률이 높다. 또한, 재성이 좋은 역할을 하므로 좋은 여자와 결혼할 것이다.

36세부터 시작하는 乙巳 대운은 천간에 있는 乙(木)이 일간 庚(金)과 乙庚으로 합을 한다. 甲(木)은 마른 木이라 火를 도와줄 수 있지만, 乙(木)은 습기가 있는 습목(濕木)이라 火를 도와줄 힘이 부족하므로 좋은 것이 반감된다. 지지의 巳(火)도 원국의 亥(水)와 巳亥 충이 되고, 寅巳 형도 되고 巳申의 합도 되므로 巳가 火의 작용을 완벽하게 하지 못하므로 운이 좋고 나쁜 것이 동시에 일어나서 반은 좋고, 반은 나쁘다.

46세부터 시작하는 丙午 대운은 최고로 좋은 운이다.
천간 丙(火)은 원국에 있는 寅(木)에 뿌리를 내리고, 지지의 午는 일지에 있는 寅과 천간에 丙丁이 있어서 삼합 火국의 역할을 한다.
용신 丙(火)이 월간에 있는 辛(金)에 묶였으나 운에서 丙(火)을 또 만나면 辛은 두개의 丙을 감당할 수 없다. 그러므로 辛은 운에서 들어오는 丙을 묶지 못하므로 丙은 火의 역할을 충실하게 할 수 있게 되어 직장에서 승진 등 좋은 일이 있다.

56세부터 시작하는 丁未 대운은 未(土)에 통근한 丁(火)이 운에서 들어와 천간의 金을 극한다. 지지에 있는 未(土)는 월지의 丑(土)과 丑未 충이 되며 일지 寅과 寅未로 원진이 된다.
월지는 어머니의 자리이므로 충이 되면 부모님에게 문제가 생길 수 있으나 부모님이 이미 돌아가신 경우에는 환경에 변화가 생길 수 있다.
또한, 월지 丑은 일간 庚의 墓인데 丑未 충이 되어 주인공 자체에 어떠한 변화가 있을 수도 있는데 그 결과는 未가 丑인 얼음을 깨줌으로 충격은 있으나 좋을 것이다.

한편 일지 寅과는 寅未 원진으로 불화가 생길 수 있으나 未중에 丁(火)이 있어서 좋은 역할을 하므로 큰 문제는 없을 것이다.
년에서 未를 12신살에 대입하면 천살이 되는데 나쁜 작용을 하지 않으므로 나쁜 일은 없을 것이다.

66세부터 시작하는 戊申 대운에서 천간 戊(土)는 용신 火의 힘을 설기하고 기신인 金을 강하게 하여 일간이 강해지므로 쓸데없는 고집을 부리게 되고 안하무인이 된다.
대운 지지의 申(金)은 일지에 있는 편재 寅(木)과 寅申 충을 한다.
비겁(申)인 동료나 형제 혹은 친구가 나의 재물(寅)을 치니 손재(損財)가 생기거나 부부 불화 혹은 주인공에게 교통사고나 질병 혹은 변동 수가 생긴다.

76세 이후는 金水운이므로 삼가 경계하고 수신하는 것이 좋다.

8. 신(辛) 일간　　乾(남자)

상관	自身	식신	정인
壬	辛	癸	戊
辰	亥	亥	戌
정인	상관	상관	정인
乙癸戊	戊甲壬	戊甲壬	辛丁戊
묘	목욕	목욕	관대
월살	겁살	겁살	화개

73	63	53	43	33	23	13	3
비견	겁재	편인	정인	편관	정관	편재	정재
辛	庚	己	戊	丁	丙	乙	甲
未	午	巳	辰	卯	寅	丑	子
편인	편관	정관	정인	편재	정재	편인	식신
쇠	병	사	묘	절	태	양	장생
반안	장성	망신	월살	연살	지살	천살	재살

　辛(金)은 庚(金)과는 달리 제련된 광석, 금속으로서 다이아몬드와 같은 보석, 날카로운 칼 등을 의미한다. 하늘에서는 찬 서리(霜)나 짙은 구름이며 가을의 오곡백과이고 완숙된 庚(金)이 땅에 떨어져 생긴 씨앗에 비유되기도 한다.

칼이나 보석과 같으니 辛(金)의 성정은 예리하고 예민하며 깔끔하다. 그리고 金의 본질이 결정체이니 속은 단단하고 야무지며 어떤 일을 수행할 때는 정확하고 치밀하며 단호하게 실행하는 성격이 있다. 보석이므로 남녀 모두 용모가 단아하며 자존심이 강하고 자기가 최고라는 자아도취의 성향이 있어서 여자는 공주병, 남자는 왕자병의 기질이 있고 항상 빛나기를 좋아한다.

*성품
亥月의 辛(金)이며 초겨울의 보석으로 금수(金水) 상관격이다. 사주 원국에 亥亥 자형이 있고 일시에 辰亥 귀문관살과 원진살이 있으며 연월에 戌亥 천라도 있다.

辛(金)은 예리하고 예민하며 까다로운 성미인데 더하여 귀문관살과 원진살이 있어서 예민함이 더욱 심하고 일이 잘 되지 않으면 亥亥 자형으로 인해 자신을 스스로 자학하고 남 탓을 잘하고 원망하기도 한다.

상관격이므로 총명하고 영리하며 다재다능하다. 언변과 화술에 뛰어나고 자만심이 강하고 유아독존(唯我獨尊)과 반골(反骨)의 성향이 있어 타인과 불화하며 관재 구설에 휩싸이기 쉽다. 辛일간이 겨울에 金水가 많으므로 성격은 차고 냉정하며 날카롭다.

*용신
금수 상관격은 조후가 급선무이므로 火가 필요한데 사주 원국에 火가 없으므로 土로 습기라도 제거해야 하므로 용신은 戊(土)이며 희신은 丙(火)인데 용신이 癸(水)와 합이 되어 제 역할을 하지 못하므로 원국이 불길한 사주다.

사주에 재성인 木과 관성인 火가 없으므로 직장 생활이나 사업과는 거리가 멀고 현실 감각이 조금 떨어져 있다.
辛 일간에서 일지 亥를 12운성에 대입하여 보면 목욕(沐浴)에 해당한다.
그러므로 감정의 변화가 심하고 변덕이 잦으며 쉽게 싫증을 내므로 한곳에 몰입하여 꾸준히 지속하는 인내심을 키우는 것이 중요하다.

*배우자

재성인 부인은 辰과 亥의 지장간에 있는 乙(木)과 甲(木)인데 천간으로 나타난 것이 없으므로 떳떳하게 내세울 부인이 없다.
일주 辛亥는 고란살로 여자에게만 해당하는 살성이지만 일지가 나쁜 역할을 할 때는 남자에게도 적용한다. 또한, 연지 戌을 기준으로 월지와 일지의 亥가 고신살이 되고, 사주 원국에 재성이 없고 일지에 고신살도 있으므로 부부가 애정 없이 덤덤하게 살거나 그렇지 않으면 해로하기 힘들 수도 있다.

火가 필요한 사주에 일, 월지 亥(水)는 나쁜 역할을 하는데 비록 지장간에 戊, 甲이 있으나 바깥에 드러나지 않으므로 火에게 도움이 되지 않는다.

또 사주에 재가 없고 식상이 많으면 식상은 재를 만드는 것이므로 정식 부인보다는 다른 여자에 대한 호기심이 많아서 자칫하면 여자로 인해 시끄러운 문제를 일으킬 수도 있다.

*부모

월주는 부모의 자리인데 나쁜 것이 있으므로 조상은 부귀하였으나 아버지는 식신이 관을 극하므로 직장을 그만두시고 사업을 하셨는데 하는 사업마다 실패를 거듭하여 조상으로부터 받은 유산을 다 까먹고 말았다고 볼 수 있다. 그러므로 어릴 때 성장 환경이 좋지 않았고 학창시절이 힘들었으며 부모와의 사이도 원만하지 않아서 힘든 시절을 보낸다.

*자식

자식은 관성인데 사주에 火의 官이 없으니 자식이 없는 것으로 볼 수도 있다. 자식은 아들을 말하는 것으로 자식이 없다는 것은 아들은 없으나 딸은 있다고 해석할 수도 있다. 시간이 壬(水) 상관인데, 자식인 관성이 있어야 할 시주에 자식을 극하는 상관이 있으니 이 또한 자식과의 인연이 없다고 할 수 있다.

또한, 사주에 官이 없으니 직장 생활과 인연이 없거나 직장 생활을 하더라도 여러 번 이직할 수 있다. 상관은 관을 극하니 직장 생활이 힘들고 직장 생활을 하더라도 조직 생활에 적응이 힘들어 쉽게 그만둔다.

＊직업

 이 사주는 재와 관이 없고 상관격에 인성이 중요한 역할을 하므로 교육, 언론, 출판, 육영 사업… 등이 적합하다(傷官佩印).
연주에 있는 戊戌이 용신으로 정인이므로 조상이 번성했고 사람들에게 존경을 받았다. 월주 癸亥는 식상으로 나쁜 역할을 하는데 연월의 戌亥가 천라에 해당한다. 火가 필요한 사주에 戌亥는 火의 묘(墓)와 절(絶)이므로 몹시 나쁘다.

＊대운

 일지는 배우자 자리인데 亥(水)인 상관이 있으므로 겨울에 추워서 떨고 있는 주인공에게 부인은 차고 냉정하여 잔소리만 하고 남편 알기를 아랫사람 대하는 것처럼 하므로 집에 들어갈 마음이 없. 시주에 있는 자식 자리에도 壬辰의 차가운 기운으로 상관이 있으므로 노년의 생활도 기대하기 어렵다. 비록 대운이 木-火로 흘러 좋아 보이나 원국에 용신이 합이 되어 제 역할을 하지 못하므로 좋은 운이 들어오더라도 사주 원국의 불길함을 완전히 제거할 수는 없으므로 삶이 고달프다.

 23세 전의 대운은 천간 木이 용신 戊(土)를 극하고 지지는 (亥)子丑 水의 운으로 흘러 흉하다. 戊가 용신일 경우 천간에 火가 있다면 木은 火를 도와주고, 火는 土를 도와주므로 좋지만, 火가 없으면 木은 土를 직접 극하므로 나쁘다.
그러므로 초년에 부모 운도 없고 학업 운도 없다.

23세부터 시작하는 丙寅 대운은 寅(木)에 뿌리가 있는 강한 丙(火)이 일간 辛(金)과 합을 하는 운이다. 이 경우 일간이 합으로 변하는 것이 아니라 丙(火)이 일간을 향해 전적으로 구애하는 모습이므로 좋은 운이다.
丙(火)은 정관의 운이므로 원하는 직장에 들어가거나 남자는 자식의 운이므로 결혼을 하게 된다.

 33세부터 시작하는 丁卯 대운은 丁(火)이 사주 원국에 있는 戌(土)에 뿌리를 두고 천간에 있는 용신 戊(土)를 도와주고 丁壬합으로 기신 壬(水)을 묶는 것은 좋지만, 지지에 있는 戌(土)을 대운의 卯(木)가 합으로 묶어서 역할을 못 하게 한다. 사주에 火가 없으므로 木은 직접 土를 극하므로 보기에는 좋아 보이지만 실속은 없다.

 43세부터 시작하는 戊辰 대운은 대운의 천간 戊(土)가 월간 癸(水)를 묶으니 그동안 묶여 있던 원국의 용신 戊(土)가 합에서 벗어나서 자유롭게 되므로 좋은 일이 생긴다. 戊(土)는 정인으로 좋은 운이므로 매매나 문서로 기쁜 일이 생길 수 있다.

 53세부터 시작하는 己巳 대운은 천간에 있는 己(土)는 癸(水)를 극하고 지지의 巳는 火의 운이므로 좋다. 원국에 있는 辰과 辰巳 지망이 되고, 일지와 월지의 亥와 巳亥 충이 되고, 연지 戌과 巳戌 원진이 된다.

辰巳의 지망은 水가 필요한 사주에서는 나쁜 작용을 하지만 火가 필요한 사주에서는 水를 없애는 작용을 하므로 오히려 좋다.
巳戌의 원진 운은 길신인 巳(火)가 戌(土)에 입묘되어 나쁜 것 같지만 火가 水를 제거하는 역할도 하므로 무난한 운이다.

巳亥 충은 巳와 亥의 힘의 강약을 비교하여 길흉을 판단한다.
巳(火) 대운에 만나는 연운은 金水이므로 火의 힘이 약하다. 그러므로 巳亥 충이 될 때 巳(火)가 제 역할을 충분히 하지 못한다. 그러나 천간 戊(土)의 뿌리 역할을 해주므로 충으로 인한 변동수는 있지만, 이 또한 무난한 운이다. 이 모든 것을 종합하여 보면 지망과 충과 원진의 운이라 여러 가지 변동이나 시끄러운 일이 있지만, 결과는 무난한 대운이다.

63세 이후 대운은 火의 좋은 운으로 진행하므로 큰 문제는 없을 것이다,

9. 임(壬) 일간   坤(여자)

정인	自身	식신	정관
辛	壬	甲	己
丑	午	戌	亥
정관	정재	편관	비견
癸辛己	丙己丁	辛丁戊	戊甲壬
쇠	태	관대	건록
월살	육해	천살	지살

74	64	54	44	34	24	14	4
비견	정인	편인	정관	편관	정재	편재	상관
壬	辛	庚	己	戊	丁	丙	乙
午	巳	辰	卯	寅	丑	子	亥
정재	편재	편관	상관	식신	정관	겁재	비견
태	절	묘	사	병	쇠	제왕	건록
육해	역마	반안	장성	망신	월살	연살	지살

壬(水)은 陽의 물(水)로서 모든 생명체의 기원이며 새로운 생명을 잉태(姙)하여 생장하는 데 절대적으로 필요하다.

땅에서는 바다, 큰 강, 호수... 등을 의미하며 하늘에서는 눈, 비, 먹구름 등을 나타내나 대부분의 지상에 있는 물을 의미한다.

물은 지혜를 의미하고 높은 곳에서 낮은 곳으로 흐르며 담는 그릇에 따라 모양이 달라진다. 그러므로 壬(水)의 성정은 역마성이 있으며 상황에 따라 적절히 대응하는 유연성과 융통성이 있고 임기응변에 능하다. 총명하고 지혜로우나 때로는 자만심이 강하여 사람을 무시할 수 있으며 겸손한 것 같으나 홍수같이 범람하면 모든 것을 쓸어버리는 것처럼 남에게 피해를 줄 수도 있다.

바다와 같이 마음이 넓고 깊어 심오한 지혜를 가질 수도 있으나 속을 알 수 없어서 음흉하다는 인식을 주기도 하며 사주의 구성이 나쁘면 사기성이 있거나 본능적으로 행동하여 성적인 문제를 일으키기도 한다.

＊성품

壬(水) 일간으로 술(戌)월 겨울로 넘어가는 시기에 태어났다. 시지 丑(土)과 연지 亥(水)에 통근하고 시간 辛(金)이 생을 하여 약하지 않으며 사주는 전체적으로 차고 습하다. 지혜롭기는 하나 고집과 자존심이 강하고 인성은 있으나 식신 甲(木)은 己(土)와 합이 되어 제 역할을 못 하므로 받기만 하고 베풀 줄을 모르므로 자기중심적인 성격이다. 월지에 戌 천살(연지, 亥卯未)을 두고 있으니 성격이 까다롭고 방자하며 남을 무시하는 성향이 있어 남편과 대립하여 갈등과 불화를 초래할 수 있다.

水는 근본적으로 차가우므로 따뜻함을 그리워하는데 겨울로 넘어가는 늦가을이므로 마음은 더욱 차고 우울하다. 또한, 늦가을에는 나무를 키울 시기가 아니므로 특별히 할 일도 없고 날씨도 쌀쌀하여 물이 필요치 않으니 사람들에게 인기가 없다. 水가 봄, 여름에 태어나면 나무를 키워주거나 혹은 더운 날 주변을 시원하게 해주는 등 조후에 필요하므로 사람들에게 인기가 있다.

일지가 午(火) 재성이고, 월지가 戌(土) 관성이니 재물과 명예에 대한 관심과 욕구가 많고 현실적이다. 그런데 늦가을 戌 월에 나무인 甲(木)을 키우려고 하지만 태양인 丙(火)이 없고 甲(木)이 己(土)와 합하여 나무가 썩어 흙이 되는 모습이므로 결실이 없어진다. 열심히 노력은 하나 헛된 고생만 하고 결실은 없어서 좌절하는데 일시에 丑午 원진이 있으므로 이를 남의 탓으로 돌리고 원망할 수 있다.

*격. 용신
월지 戌(土)이 편관이고, 戌중에 辛(金)이 시간에 그리고 연간에 己(土)가 투간하였다. 월간에 甲(木)과 연간의 己(土)는 합을 했으므로 격으로 삼을 수 없으므로 편관격 (戌)에 인수(辛)가 있는 사주가 되며 상신은 陽木이다.

늦가을에 辛(金)이 천간에 투간하여 壬(水)을 도와주고 지지에는 戌과 午의 火가 있지만, 하늘에는 따뜻한 기운이 없으므로 운에서 火를 만나야 좋다.
신강 사주에 용신은 丙(火) 희신은 甲(木)이다. 다행히 대운의 흐름은 木-火로 흐르므로 나이가 들면서 운이 좋아진다.

*배우자

 일지를 제외하고는 전체적으로 습하고 물이 많다. 그런데 지지의 지장간 속에 모두 관성인 土가 있으므로 드러나지 않은 남자가 많다. 초년에 만난 남자인 연간의 己(土)는 甲(木)인 자식을 임신하면서 헤어지게 되었다. 甲(木)은 자식으로 연지에 있는 亥에 뿌리를 두었는데 亥를 甲(木)의 십이운성에 대입하여 보면 장생이므로 초년에 임신을 한 것으로 판단하게 된다.
그리고 연, 월 지지가 戌亥로서 천라가 되어 초년의 사람과는 인연이 적다.

 남자인 편관 戌(土)이 정재인 午(火)와 합을 하고 있으므로 주인공은 돈과 능력을 남자를 선택하는 기준으로 생각한다. 또한, 일지의 午(火)중에 있는 丁(火)이 일간과 합을 하였고, 편관인 애인 戌(土)과도 합을 하였다. 그런데 천간에 드러난 관성과는 달리 지지의 관성(戌)과 암합을 하고 있으므로 비밀스럽게 관계를 유지하고 있는 남자도 있을 수 있다. 연간에 있는 정관 己(土)는 甲과 합이 되어 제 역할을 하지 못하고, 시지에 있는 정관 丑(土)인 남편은 천간에 辛(金)을 투간하여 냉기를 주고 있다. 더구나 일지와 丑午 원진이 되므로 비록 일지에 필요한 午(火)가 있어서 남편은 능력은 있지만 부부 사이는 원만하지 못하다.

 반면 편관인 戌(土) 애인은 재성인 午(火)와 합이 되고 지장간에 있는 丁(火)으로 주인공을 따뜻하게 대하므로 애인에게 더 많은 애정을 느낀다. 정관(丑)인 남편은 丑午의 원진살과 탕화살이 되므로 성격은 반듯하지만, 화가 나면 폭발하므로 자제가 잘 안 된다.
정관 丑(土)속에 있는 辛(金)이 천간에 투출하여 인수가 되므로 남편이 공부와 인연이 많거나 연지에서 12신살로 보면 丑이 월살이 되므로 종교나 철학에 관심이 많다.

*부모
 부모궁인 월주는 甲戌로 천간은 식신이고, 지지는 편관이다. 木火가 희, 용신이라는 관점에서 甲戌은 길하며 부모의 덕이 있다. 그러나 火의 재성이 지장간에만 있고, 월간 아버지 자리에 있는 甲(木)이 己(土)에 묶여 작용을 못 하니 아버지의 덕은 적다. 월지 戌(土)에는 丁(火), 戊(土)가 있으므로 어머니와의 인연이나 덕이 더 많다고 볼 수 있다, 혹은 아버지보다 어머니가 좀 더 가정에서 주도권을 가지고 있다고도 볼 수 있다. 아버지는 丙(火) 편재로서 월지 戌(土)에 입묘 되니 아버지가 일찍 돌아가셨다고 통변 할 수도 있다.

*자식
 자식은 월간에 있는 식신 甲(木)으로 戌(土) 위에 있고, 연간 己(土)에 묶여 있으니 활동성이 적고 능력이 부족하다. 戌(土)은 건조하고 마른 땅이라 나무가 잘 자라지 못한다.
자식의 자리인 시주의 辛丑은 나쁜 역할을 하고 구신(仇神)이며,

일지와 시지가 丑午 원진살이라 자식과의 관계도 원만하지 못하다.

＊재물

壬(水) 일간에게 재물은 火 재성이다. 이 사주는 일간이 약하지 않아 財와 官을 감당하는데 火인 재성이 용신이다. 일지가 정재 午(火)니 재물에 대한 관심이 많으며 일지 午의 지장간에 丙, 丁 火의 재물이 들어 있으며 일간 壬과 丁壬으로 합이 되었다.
배우자의 자리가 재성이고 용신이므로 남편이 주인공에게 재물을 제공하는 보물창고라고 할 수 있다.

월지는 어머니의 자리인데 여기에 있는 편관 戌(土) 지장간의 丁과도 일간이 丁壬 합이 되어 어머니의 재물이나 편관인 애인의 재물을 주인공이 취하는 양상이다. 대운 역시 중년 이후 木-火로 흘러서 火가 강해지므로 주인공은 재복이 많다고 할 수 있다.
식신인 甲(木)이 己(土)와 합해서 역할을 제대로 하지 못하므로 본인이 노력하여 버는 것이 아니라 타인이 번 것을 가지는 것이다.

＊직업

월지 戌(土)에서 정인 辛(金)이 천간에 투출하였으므로 교육과 관련된 일을 하거나 자격증을 취득하여 전문적인 일을 하는 것이 좋다. 일지기준 12신살로 보면 午는 삼합 寅午戌의 장성살이다. 일주 장성살의 여자는 대장이므로 성정이 강하여 전업주부보다는 직장생활하는 것이 좋다.

＊대운

 원국에서 연월에 戌亥 천라가 있는데 火가 필요한 사주에 천라가 있으면 나쁘다. 대운도 초년에는 亥子丑의 水운이므로 좋지 않아 삶에 막힘이 많다. 이를 해소하려면 해외로 나가는 것도 하나의 방법이다.

 초년의 乙亥에서 24세 丁丑 대운까지는 천간이 火운이므로 겉보기에는 좋으나 지지는 水의 운이므로 실제는 고난이 많다.

 34세부터 시작하는 戊寅대운은 천간에 있는 戊(土)가 기신 水를 극하고, 지지에 寅午戌 삼합 火국이 되므로 일반적으로 좋은 운이다. 관성(戊土)인데 좋은 운이므로 결혼할 수도 있으며 연지의 12신살로 보면 寅은 亥卯未 삼합에서 망신살 운이다. 망신살은 "옷을 벗다"라는 의미가 있어 미혼에게는 결혼을 기혼에게는 불륜을 의미하기도 한다. 寅이 희신이니 좋은 운으로서 미혼이라면 결혼과도 연관이 있다.

 44세부터 시작하는 己卯 대운은 월간에 있는 甲戌과 천간 지지가 합이 되어 합기대운(合氣大運)으로 木이 묶이는 양상이다.
식상이 묶이니 활동성이 줄어들거나, 자식이 묶이는 것이므로 자식이 무력해질 수도 있다.

 54세부터 시작하는 庚辰 대운은 월간에 있는 甲戌과 천간과 지지가 충이 된다. 천충지충이니 정신적 물질적으로 변화 변동이 많은 대운이라 할 수 있다. 강한 庚(金)이 약한 甲(木)을 충한다. 기신 庚(金)이 희신 甲(木)을 치니 나쁜 운으로 식신인 자식이나 월간에 있는 아버지에게 문제가 발생할 수 있으며 본인이 아프거나 재산상의 손실이나 문서상의 불이익이 있을 수 있는데 이렇게 인성이 식상을 극하는 것을 도식(倒食)이라고 한다.

辰 대운을 일지 午에서 12신살로 대입하면 월살이 되는데 월살은 원국에 있는 화개인 戌과 충한다. 그러므로 하는 일마다 중단수가 따르며 직업이나 부부 문제로 갈등이 있을 수 있다.

64세부터 시작하는 辛巳 대운은 巳(火) 용신 운이다.
巳(火)가 연지 亥(水)와 충이 되나 세운이 木-火 운으로 흘러 용신의 기운이 보존되니 무난하지만 巳亥충이 되고 巳戌 원진살이 되어 쓸데없는 일에 개입하게 되면 구설이나 손재가 따를 수 있다.

이후 대운이 火운으로 흐르므로 말년은 좋을 것이다.

10. 계(癸) 일간 坤(여자)

겁재	自身	편관	상관
壬	㊋癸	己	甲
戌	亥	巳	寅
정관	겁재	정재	상관
辛丁戊	戊甲壬	戊庚丙	戊丙甲
쇠	제왕	태	목욕
화개	겁살	망신	지살

75	65	55	45	35	25	15	5
편인	겁재	비견	상관	식신	정재	편재	정관
辛	壬	癸	甲	乙	丙	丁	戊
酉	戌	亥	子	丑	寅	卯	辰
편인	정관	겁재	비견	편관	상관	식신	정관
병	쇠	제왕	건록	관대	목욕	장생	양
육해	화개	겁살	재살	천살	지살	연살	월살

癸(水)는 丙(火)이 陽중의 陽인데 반해 陰중의 陰으로 음수(陰水)이며 약한 물인 약수(弱水)로서 하늘에서는 비, 땅에서는 조용히 흐르는 시냇물이나 옹달샘 물을 상징한다.

水는 지혜이므로 癸(水) 일간인 사람은 성품이 조용하고 온순하며 지혜롭다. 물처럼 흐르므로 모든 것에 거슬리지 않고 순종하는 성격으로 자애롭고 환경에 잘 적응하는 능력이 있다. 그러나 때로는 이렇게 유연한 모습이 주관이 흐리거나 소신이 부족하거나 감정 변화가 심하여 변덕스럽다는 인상을 줄 수도 있다.

*성품

巳월의 초여름에 태어난 癸(水)다. 여름의 癸(水)는 더워지는 날씨를 시원하게 해주고 나무를 잘 자라게 하므로 해야 할 일도 있고 사람들에게 인기도 있다. 癸(水)는 음수로 온순하고 순종적이며 배려심이 있어 남을 위해 일하려고 하나 초여름 햇볕이 강하므로 수분이 증발하여 힘들어한다.

*격

巳월의 癸(水)는 약하다. 월지 巳(火)에서 월간 己(土)가 투간하여 편관격인데 甲과 합이 되었으므로 월지의 巳(火) 정재를 격으로 정한다.
식재관(食, 財, 官)격은 일간이 강해야 좋은데 지지에 寅, 巳, 戌이 있고 천간에 甲己가 있어서 일간이 약하므로 재관(財官)을 감당할 능력이 부족하다.

*용신

물상의 관점으로 보더라도 巳월 초여름에 癸(水)가 나무를 키우려고 하는데 지지에 寅, 巳, 戌로 火기가 많아서 땅은 메마르고 물은 부족하다.

그러므로 일간을 도와주는 비겁인 水나 인성 金이 필요한데 巳월이라 火가 강하므로 이것을 제압하는 억부 용신은 壬(水)이고, 金이 희신이다.

이를 근거로 운의 흐름을 살펴보면 사주 원국 연월에 木火가 많은데 초년의 대운도 木火의 운이고, 일시에 水가 있는데 대운도 중년 이후에는 水-金의 운으로 흐르므로 초년에는 힘든 운이고, 중년 이후는 좋은 운이다.

＊배우자

 남편은 월간 己(土)로 편관이다. 己(土)는 음토(陰土), 습토(濕土)로서 조용하고 부드러우며 타인에 대한 이해와 배려가 많은 성격이다. 그러나 이 사주에서는 남편 己(土)가 좌하에 巳(火)를 두어 마르고 딱딱한 戊(土)가 되었고 12운성으로 보면 제왕이 되므로 자존심이 강하고 고집스러우며 권위적이고 융통성이 없는 편이다.

옆에서 주인공을 극하려고 하나 다행히 초년에 얻은 자식(甲木)과 합(甲己)을 하느라 극하지 못하고 있다.

 일지 亥를 편관 己(土)의 12운성에 대입하여 보면 태(胎)가 되고 더불어 일지 亥(水)가 용신이라는 관점에서 본다면, 戊(土)와 같은 이런 고집스러운 남편도 집에 들어오면 성질을 죽이고 가정을 위해 열심히 노력은 한다. 그러나 배우자 자리에 있는 亥(水)를 월지 巳(火)가 巳亥 충을 하고 시지 戌(土)이 극을 하니 남편은 주변으로 인해 마음이 항상 불편하다.

일주는 癸亥로 간여지동이 되어 일간은 나름 고집이 있고, 지지가 원진(巳戌)과 형(寅巳), 충(巳亥)이어서 잠재되어 있는 성격은 부드럽고 자애롭기보다는 감정 변화가 심하고 예민하고 까칠하며 일이 잘되지 않을 때는 남을 잘 원망하는 성향도 있다.

일주 癸亥는 음양차착살이고 연주는 甲寅으로 고란살이며, 월지의 巳는 고신살이다. 또한 지지의 寅, 巳, 亥, 戌의 지장간에 있는 戊(土)와 일간이 戊癸로 합을 하므로 일간의 마음에는 현재의 남편보다 다른 남자를 품고 있을 수도 있다. 이런 사주일 경우에 직장 생활을 하게 되면 다른 남자로 인한 문제는 해결될 수도 있다. 비록 애정이 돈독한 부부는 아니지만 일간 癸가 일지 亥의 지장간 戊와 戊癸 합이 되고 용신이 배우자의 자리에 있으므로 부부 사이는 유지될 수 있다.

*부모

부모는 월지 巳(火)가 정재로서 아버지인데 주인공을 극하는 흉신 己(土)를 생하고 인성인 어머니는 사주에 없으니 부모의 덕은 없다고 할 수 있다. 궁(宮)의 관점에서 보면 월간은 아버지, 월지는 어머니 자리인데 월주가 己巳로 흉신이다. 아버지인 己(土)가 나를 구박하는데 어머니인 巳(火)가 이것을 부추기는 양상이다. 초년 대운도 木火이니 부모의 덕이나 초년 생활환경은 좋지 않다.

＊자식

　자식은 초년의 상관 甲寅이다. 甲寅은 건록으로 성격이 강하다. 그리고 木은 이 사주에서 흉신이다. 그러므로 초년에 자식을 낳게 되면 성격이 강하고 고집이 센 자식을 신약한 주인공이 감당하기가 힘들므로 속을 썩는 일이 있을 것이다. 그러나 시주는 壬戌로서 壬(水)은 용신이고, 戌(土)은 火의 묘(墓)이며 일지와 시지가 戌亥로서 천라가 된다. 火가 필요한 사주는 戌亥가 천라로 나쁜 작용을 하지만 水가 필요한 사주에서는 나쁜 작용을 하지 않는다.
그러므로 水 용신인 이 사주에서 戌亥는 천라의 의미가 없다.
노년에 자식은 나에게 도움이 되기도 하고 시지가 일지를 극하니 부딪치기도 하지만 戌과 亥가 丁壬으로 암합을 하므로 나름 잘 지낸다.

＊재물

　연지 寅(木) 월지 巳(火)와 시지 戌(土)의 지장간에 있는 丙丁(火)이 재물이다. 조상인 寅에서 물려받은 월지 巳(火)의 재물이 일간 癸와 월지 巳의 지장간 戊와 암합을 하여 오는 양상이나 일간이 신약하여 감당할 능력이 없다. 월지 巳(火) 재물이 월간 편관 己(土)를 생하여 일간을 극하니 부모로부터 유산을 받게 되면 재산을 다 잃게 되거나 재앙이 있을 수 있으므로 유산을 받지 않는 것이 도리어 좋다.
중년 이후 대운이 水-金의 운으로 흐르면 일간이 강해지므로 재물을 취득하고 감당할 수 있으며 말년에 재고(財庫)인 戌(土)의 지장간에 편재인 丁(火)과 인성인 辛(金)이 있으므로 투자보다는 저금이나 문서인 부동산으로 재산을 관리해야 한다.

*직업

巳월의 癸(水)이니 할 일이 있는 癸(水)이며, 일주가 癸亥 간여지동이어서 전업주부보다는 밖에서 일하는 것이 낫다. 지지에 형, 충이 있고 戌亥가 있으니 의료나 제약, 미용, 활인업 등이 적절하다고 생각된다.
신약인데 정재격이므로 혼자 재물을 감당하기는 어려우므로 홀로 자영업을 하기보다는 동업을 하거나 직장 생활이 좋다. 월간이 편관(己)인데 상관(甲)과 합을 했으므로 일반직보다는 기술직이다.

*대운

원국 초년의 상관이 지살(寅)인데 寅巳 형이 되고, 일지의 亥도 일지 기준으로 지살이 되고 巳亥 충이 되며 시주에는 壬戌 백호살이 있으므로 중년 이후에는 특히 교통사고를 조심하여야 한다.

35세 전의 대운은 戊辰, 丁卯, 丙寅으로 천간과 지지가 모두 木火의 운으로 癸(水)가 말라 버린다.
丁卯 대운에서 시간 壬(水)과 丁壬 합이 되므로 좋지 못하고, 丙寅 대운은 寅에 뿌리를 두고 힘을 받은 강한 丙(火)이 원국 巳(火)에 통근하여 편관 己(土)를 생하고, 대운 지지 寅은 寅巳戌로

火국을 이루어 열기가 무척 심하여 전체적으로 火土가 강하므로 최악의 운이다.
財(火)는 어릴 때는 아버지가 되고 커서는 시어머니가 되고 재물도 되는데 이 사주에서는 나쁜 역할을 한다. 더구나 초년에 寅巳형도 있으므로 아버지가 살아계신다면 능력이 없으시거나 몸이 불편하여 주인공에게 짐만 될 뿐이다.

35세부터 시작하는 乙丑대운은 지지가 水의 운이므로 좋다. 乙은 사주 원국에 있는 寅과 亥에 뿌리를 두고 편관인 己(土)를 극하니 좋고, 지지의 丑(土) 운은 편관으로 戌(土)과 형살이 되지만 丑(土)은 겨울의 차가운 土로 초여름의 더위를 없애주고 용신 壬(水)의 뿌리가 되어주므로 번거로움은 있으나 대체로 괜찮은 운이다.

45세부터 시작하는 甲子 대운에서는 대운의 甲(木)이 원국의 己(土)와 합을 할려는 양상이나 음간인 己(土)는 두개의 양간 甲(木)을 감당할 수가 없다. 이런 경우에는 甲의 세력이 己의 세력보다 강하므로 己가 힘을 쓰지 못하는 것으로 판단하면 된다.
지지의 子(水) 운은 寅(木)을 생하여 다시 巳(火)를 강하게 하는 나쁜 점도 있으나 용신 壬(水)의 뿌리가 되므로 어려운 상황에서도 나름 괜찮다.

55세부터 시작하는 癸亥 대운은 일주와 같은 복음 운이다. 복음 운은 대체로 일이 진전되지 않고 제자리에서 맴도는 경향이 있으나 용신 운이므로 상관이 없다. 다만 같은 글자가 반복되는 것이므로 이동수가 있고 寅亥가 합이 되고, 巳亥 충도 되므로 여러 가지로 복잡한 일이 생기지만 비겁의 운이므로 주변 사람의 도움으로 좋은 결과를 얻어낼 수 있다.

65세부터 시작하는 壬戌 대운은 천간의 용신 壬(水)이 지지의 戌(土)에 극을 당하는 상태이므로 사주 원국에 있는 亥(水)에 통근 했어도 壬(水)의 역할을 다 하지 못한다. 그러므로 기대한 만큼 좋지 않고, 지지에 戌(土)은 기신인 寅巳戌 火국을 이루므로 나쁘다.

그 후 75세 辛酉 대운부터는 金의 운이므로 길하다.

참고문헌

당신도 성공한다 (김민조 저, 이안애)

백민의 명리학 개론 (양원석 저)

사주공부 (서민욱 저, 동학사)

신살 명리학 (안태옥 저, 좋은 땅)

陰陽五行思惟體系論 (노병한 저, 안암문화사)

팔자 성형 (김민조 저, 이안애)

그외 다수…